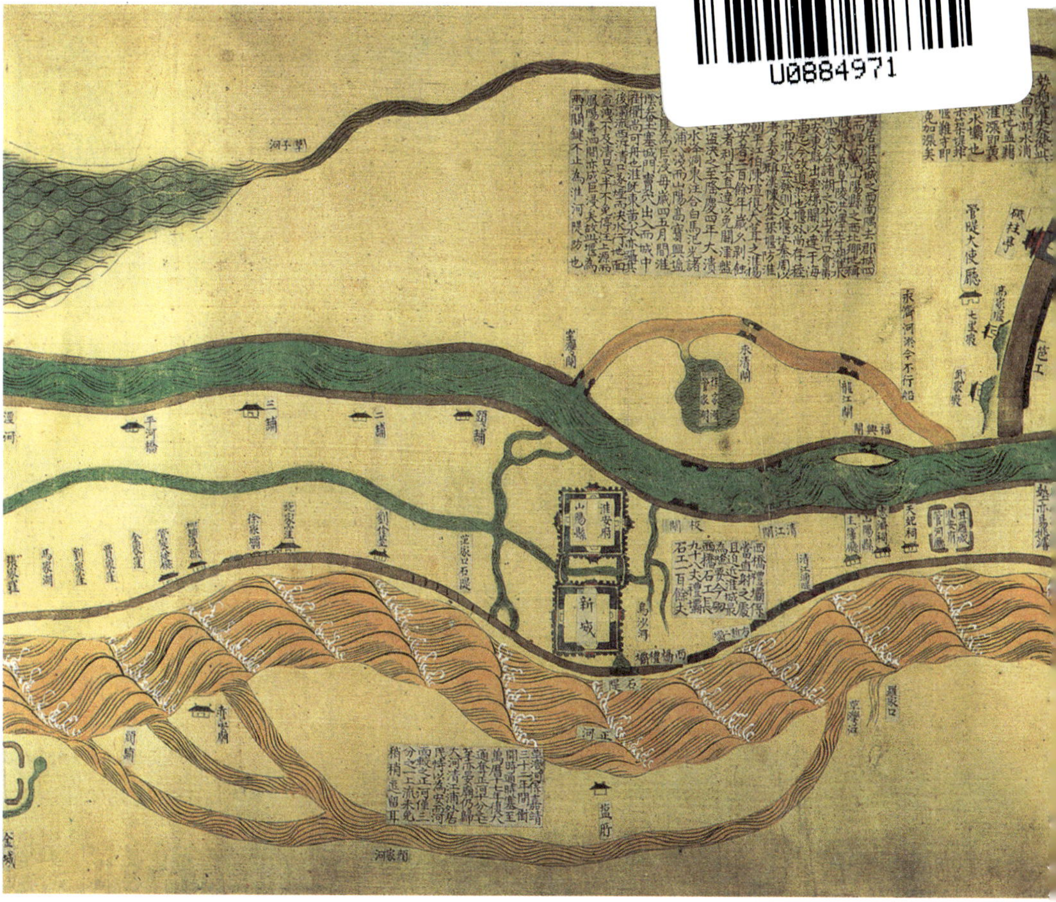

◎ 华夏民族的“高祖河”：黄河　潘季驯　彩色摹本　明代

“君不见黄河之水天上来，奔流到海不复回。”——即使是诗仙李白的吟咏，也不能描摹尽黄河的

黄河以“高祖河”的雄姿——雄浑、刚劲、咆哮、澎湃、浩荡……在漫长的岁月中奔腾不息，涤荡

黄河是华夏文化的主脉。在神话传说中，黄河以种种阳刚的形象出现，其中最为人熟知的形象是河

黄河发源于青海省巴颜喀拉山，流经四川、甘肃、宁夏、内蒙古、陕西、山西、河南，最后由山

水、洛水、渭水、汾水等。它不愧为养育华夏民族的“高祖河”。

◎ 帝颛顼部落图

◎ 黄帝部落图

◎ 少昊部落图

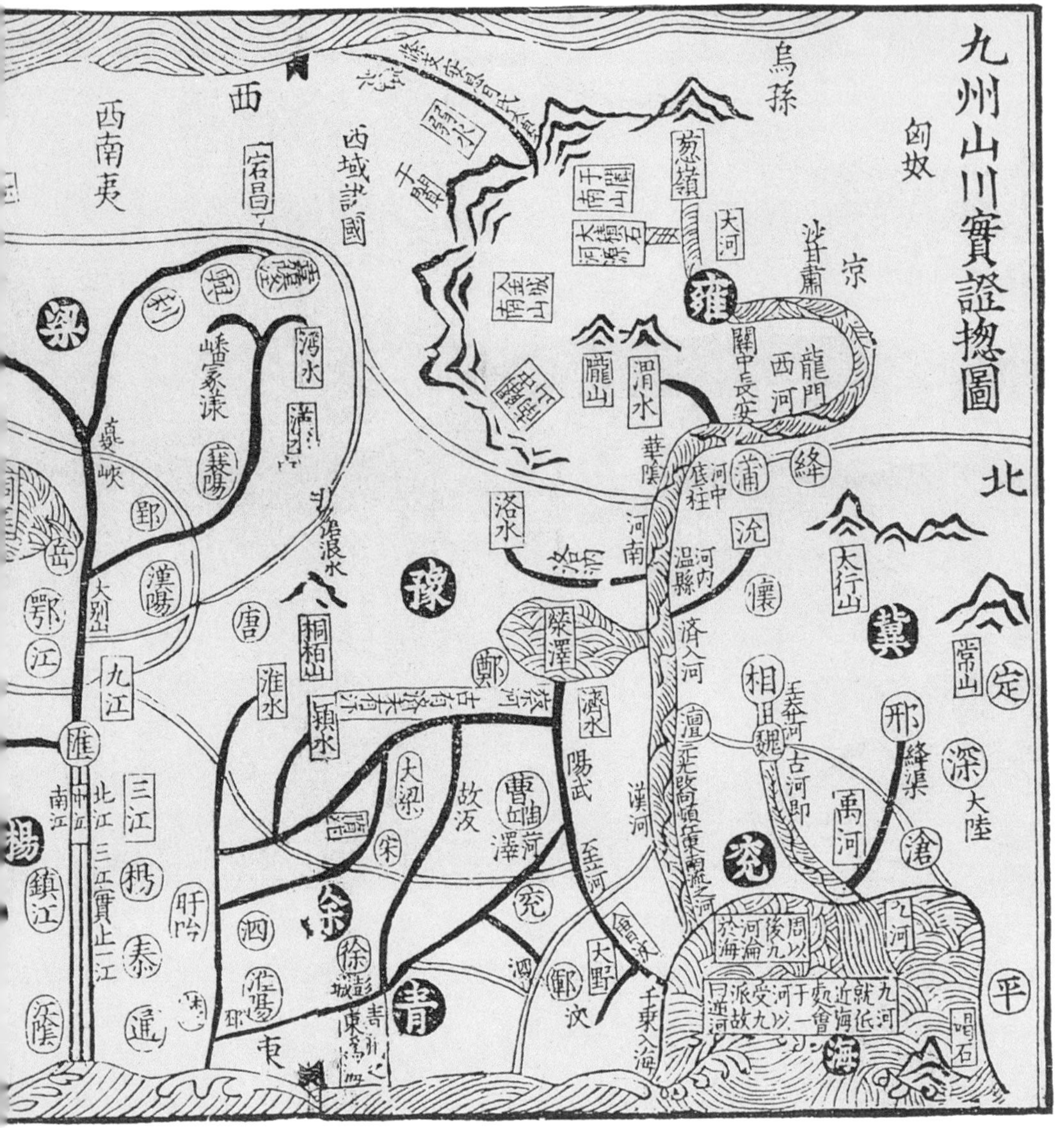

青乐动千门，皇风被九州。”在古代，九州泛指全中国。

“九州”一说起源于春秋战国时代。具体说法不一。西汉以前，人们认为九州系大禹治水后所划分，

青、徐、扬、荆、豫、梁、雍；《吕氏春秋》有幽州而无梁州；《周礼·职方》有幽、并州而无徐、梁

梁州。《汉书·地理志》始以《职分》九州为周制；三国魏孙炎注《尔雅》，始以《尔雅》九州为殷

理图》。原图彩绘，雕版时改为墨印。刻工精细，印制清晰，为我国现存最早的雕版墨印地图实物。图

文字注记区别古今内容，如《禹贡》九州用阴文表示，宋代建置用阳文显示，地名套以黑圈，山河名加

句不一，因图制宜。

◎ 帝禹部落图

◎ 帝禹山河图

◎ 山海经天文景观图

◎ 群巫祭祀图

◎ 五藏山经方位图

◎ 九州山川图　雕刻　墨印　宋代

唐代著名诗人王昌龄《放歌行》：“

九州是传说中的中国上古行政区划。州名未有定说。《书・禹贡》作冀、兖、州；《尔雅・释地》有幽、营州而无青、制；后世经学家遂合称为三代九州。

此图选自宋代地理名著《禹贡山川地采用中国古代地图传统形象绘画法，又以方框，河道变迁处辅以文字说明。图的方

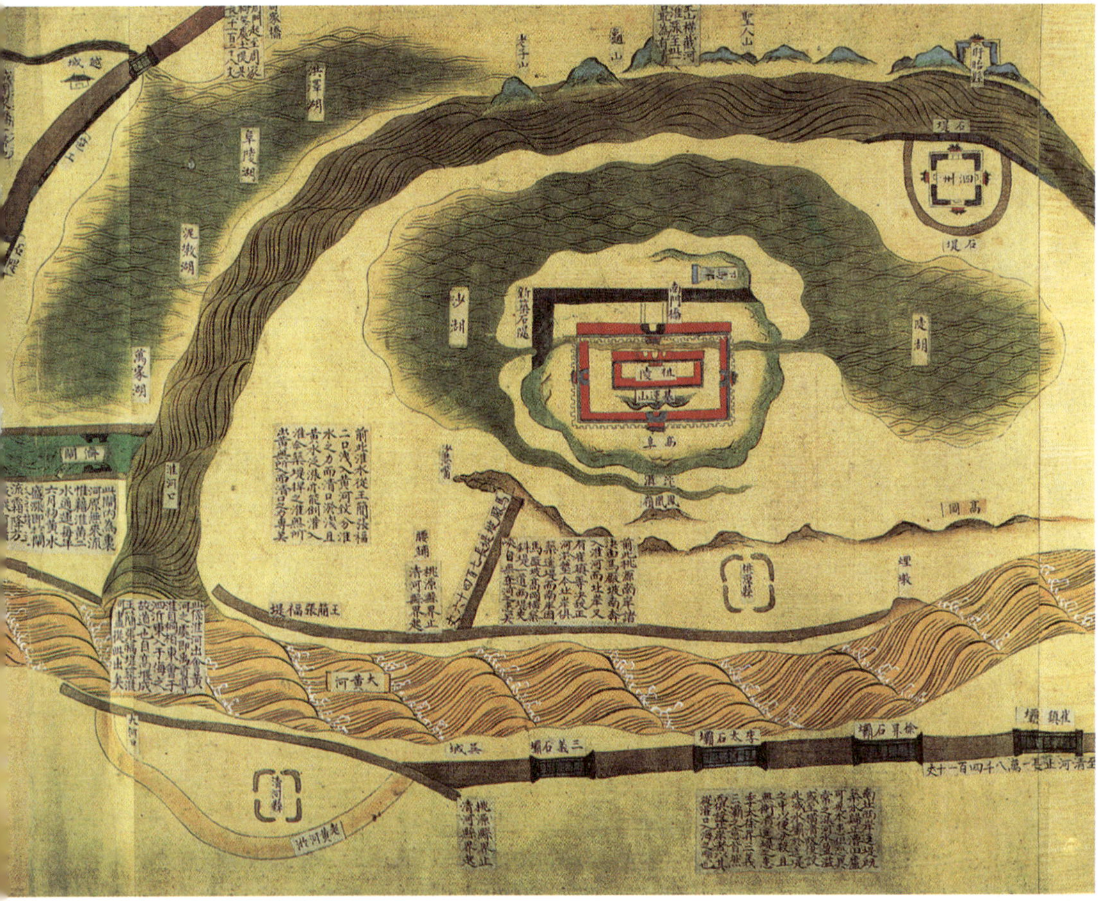

豪放、黄河的沧桑，又岂能用纤柔或激荡的文字刻画尽述！

了中国千年文明的风霜。

伯与龙神，他们是黄河的水神，人们对其又敬又畏。

东奔流入海。黄河全长五千四百多公里，汇聚了许多重要的支流——伊

◎ 帝俊部落图

◎ 炎帝部落图

◎ 帝舜部落图

The Classic of Mountains and Seas

山海经

一部想象力非凡的创世巨著

倪泰一　编译

重庆出版社

图书在版编目（CIP）数据

山海经 / 倪泰一 编译. —重庆：
重庆出版社，2017.8（2025.7重印）
ISBN 978-7-229-12315-4

Ⅰ.①山… Ⅱ.①倪… Ⅲ.①历史地理 — 中国 — 古代
②《山海经》— 译文 Ⅳ.①K928.631

中国版本图书馆CIP数据核字（2017）第126492号

山海经
SHANHAIJING
倪泰一 编译

策 划 人：刘太亨
责任编辑：陈 婷 肖化化
版式设计：曲 丹
责任校对：杨 婧
特约编辑：方 玲
封面设计：日日新

重庆出版社 出版
重庆市南岸区南滨路162号1幢 邮编：400061 http://www.cqph.com
重庆博优印务有限公司印刷
重庆出版社有限责任公司发行
全国新华书店经销

开本：720mm×1000mm 1/16 印张：29 字数：450千
2006年4月第1版 2017年8月第2版 2025年7月第10次印刷
ISBN 978-7-229-12315-4
定价：68.00元

PREFACE | # 序

《山海经》被称为中国最早的具有百科全书性质的文化典籍。它所涉及的学科十分广泛，令人叹为观止。举凡地理、历史、宗教、文学、哲学、民族、民俗、动物、矿物、医药……无所不包。迄今为止，仍是前人留下的最为玄奇、怪异的不朽名著。

根据《尚书》《吕氏春秋》《史记》等书记载，大禹治水之后，曾率众考察山川大地、物产风情，根据考察结果，绘制了一幅在当时看来非常精确的"国土资源分布图"，将国土明确分为九州。我们现在看到的《山海经》中的《山经》就是大禹考察的结果。传说与《山海经》同时成书的还有《山海图》，《山海经》则是《山海图》的文字说明。《山海图》曾被铸在九鼎之上，春秋战国时期社会动荡、战争频仍，九鼎失踪，《山海图》也随之消泯世间。

公元前526年秋冬的一个夜晚，发生了影响中国历史记叙的一个重大事件：晋国出兵支持周敬王复位，王子朝在占据王城数年后，携带大批周王朝档案、典籍投奔楚国。从此，这批珍贵的上古典籍不知下落，人们猜测很可能已被王子朝密藏于地下。有学者认为，我国上古史之所以模糊不清，与此事件关系极大。而《山海经》极可能正在这批遗失的典籍中。

秦统一中国后，在楚地重获遗失的《山海经》。因《山海经》所述的山川地理、河流走向在当时具有很高的军事价值，故此书被秦始皇深藏皇宫，秘不示人。汉灭秦时，萧何派人取走秦朝所藏的全部文献资料，《山海经》与更多秘籍一样，从此得以重见天日，也使众多学者得以重习此书，后经刘向、刘歆父子整理，形成了我们今天看到的《山海经》范本。

《山海经》由于内容过于博杂，历史上曾给学者造成了归类上的困难。《汉书·艺文志》将它归入术数略的形法类；《隋书·经籍志》将其列在史部的地理类；《宋史·艺文志》又将它分在史部的五行类；清代的《四库全书总目提要》

则认为它是“小说之最古者”，将其列入子部的小说家类；而鲁迅《中国小说史略》则将它归为“古之巫书”。用现在国际通行的学科划分规则来看，这些分类并非不可，但都不够确切。《山海经》不属于任何一门学科，但它同时又属于所有学科。

今传本《山海经》为18卷，包括《南山经》《西山经》《北山经》《东山经》《中山经》各一卷，此五卷合称《五藏山经》，简称《山经》；另外有海外南、西、北、东经各一卷，海内南、西、北、东经各一卷，大荒东、南、西、北各一卷，海内经一卷，这13卷合称《海经》。《山经》叙述海内的山川物产、神怪异兽，共记述了26条山脉，447座山，其中能够实指方位的约140余座，这是《山海经》中最具价值部分，为历代学者所重视。记述水系258处，地望348处，矿物673处，植物525处，动物473处，面积达数百万平方公里。这是中外历史上人类最早的地理考察活动。

《山海经》表现了早期人类最为奇特、高超的想象力，迄今为止，还没有哪一部书能像《山海经》这样，对神、仙、鬼、怪、山、川、天、地、物作过如此精彩的，具有高度艺术魅力的想象和夸张。历史上，不少名士，特别是文学之士都喜爱此书，并深受其影响。据记载，西汉孝武帝时，曾有异国人奉献了一只奇鸟，其名无人能知，也不知如何喂养，给它食物，它亦不吃。后来，著名辞赋家东方朔说出了奇鸟的名字，并指出了它应吃的食物。试之，果如东方朔所言。于是，孝武帝问东方朔：“你从何处得知此鸟名字？”东方朔说：“臣读过《山海经》，其中记载了这种鸟的知识。”孝武帝大为感慨，对东方朔多有嘉许，一时间，朝中上下竞相争阅《山海经》。鲁迅从少年时便对《山海经》爱不释手，并四处寻觅《山海经》的不同版本，作为终生收藏。毫无疑问，《山海经》是培养孩子想象力、增强知识面的最佳典籍。无论是谁，想要了解古代山川风物、奇兽怪鸟、金玉珍宝、部族分布、神话传说，《山海经》应该是最佳选择。

也许，在《本草纲目》问世之前，只有《山海经》能与《神农本草》之类医药、养生奇著相提并论。它记载了中华大地种类繁多的动植物的药性，甚至指出了各种鸟兽的出没场所及其对自然灾害的预测。这种用动物的出没预知地震、风暴、旱汛的方法，至今仍为科学家和民众所采用，其绝妙之处，甚至令当今众多的研究者折服。学者对《山海经》的研究结果也表明，在西班牙探险家哥伦布发现美洲大陆之前几千年，中国人已经发现美洲和太平洋中现今的许多岛国。这正是《山海经》的伟大之处。

《山海经》文图古奥，今人很难通读。我们在大量参阅袁珂先生、张步天先生研究成果的基础上，编译了这部瑰奇的古代名著。我们还选用了各家所绘插图，以便于读者参阅。其中，“白话全译”部分还参见了任孚先、于友发二位先生所译注的《白话插图山海经》一书，在此谨表谢忱。

全书各卷均参考张步天先生对《山海经》的研究成果，重新绘制了地理方位示意图，需要说明的是，所示山川位置与原文所述略有差异，其正误尚待考证，在此仅供有兴趣的读者参阅。同时对张步天先生的研究成果再次表示诚挚的敬意。

编译者

2015年7月13日

目 录 CONTENTS

卷四　东山经

卷五　中山经

卷六　海外南经

卷十五　大荒南经

卷十六　大荒西经

卷十七　大荒北经

卷十八　海内经

原　文

卷一　南山经

JUANYI NANSHANJING

《南山经》主要以南次一经、南次二经、南次三经三个篇目为主线，记述了三大山系的地理环境，包括草木、矿石、河流及各山系的图腾等。三大山系共四十座山，蜿蜒一万六千三百八十里。

《南山经》所述第一个山系，为䧿山山系，在今广西、湖南、广东、福建境内。此山系西起招摇山，至箕尾山，共十座，蜿蜒二千九百五十里。这里的神皆龙头鸟身。

第二个山系，为南方第二列山系，在今贵州、湖南、江西、浙江、福建境内。此山系西起柜山，至漆吴山，共十七座，蜿蜒七千二百里。这里的神皆鸟头龙身。

第三个山系，为南方第三列山系，在今广西、广东境内。此山起于天虞山，至南禺山，共十四座，蜿蜒六千五百三十里。这里的神皆人面龙身。

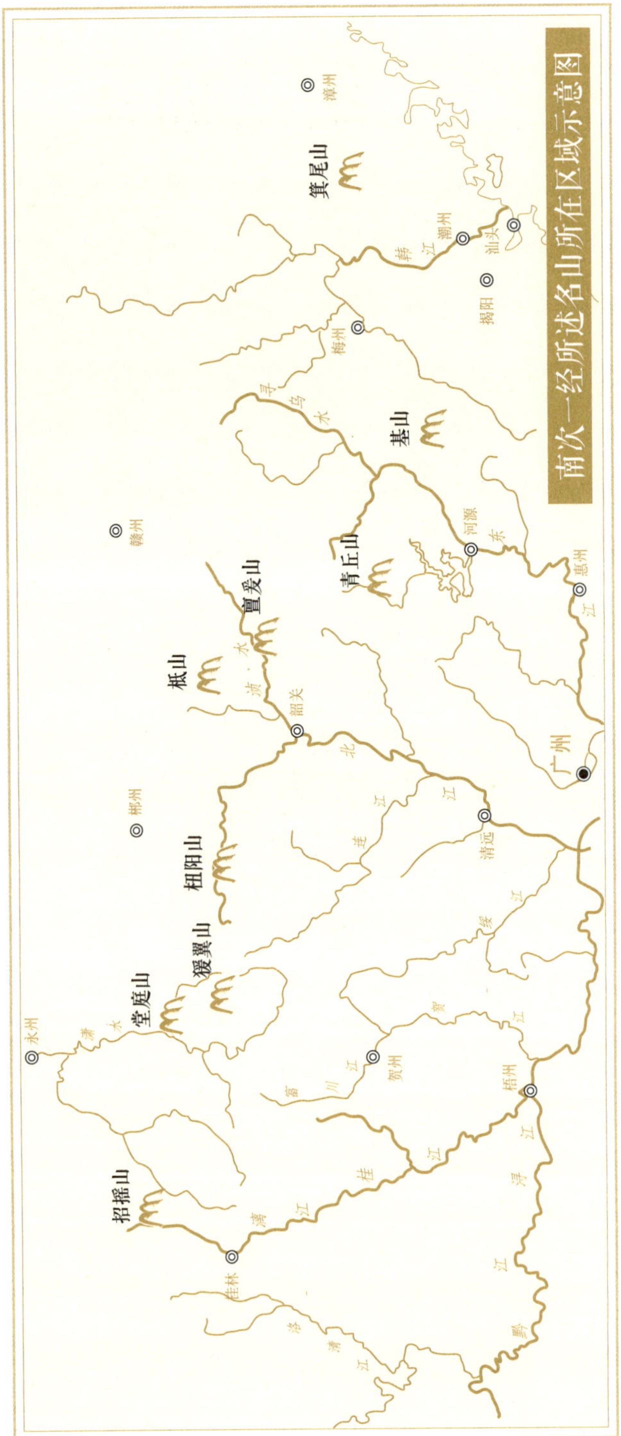
南次一经所述各山所在区域示意图
箕尾山
基山
青丘山
亶爰山
柢山
杻阳山
猨翼山
堂庭山
招摇山
漳州
潮州
汕头
揭阳
梅州
赣州
惠州
广州
韶关
郴州
清远
永州
贺州
梧州
桂林

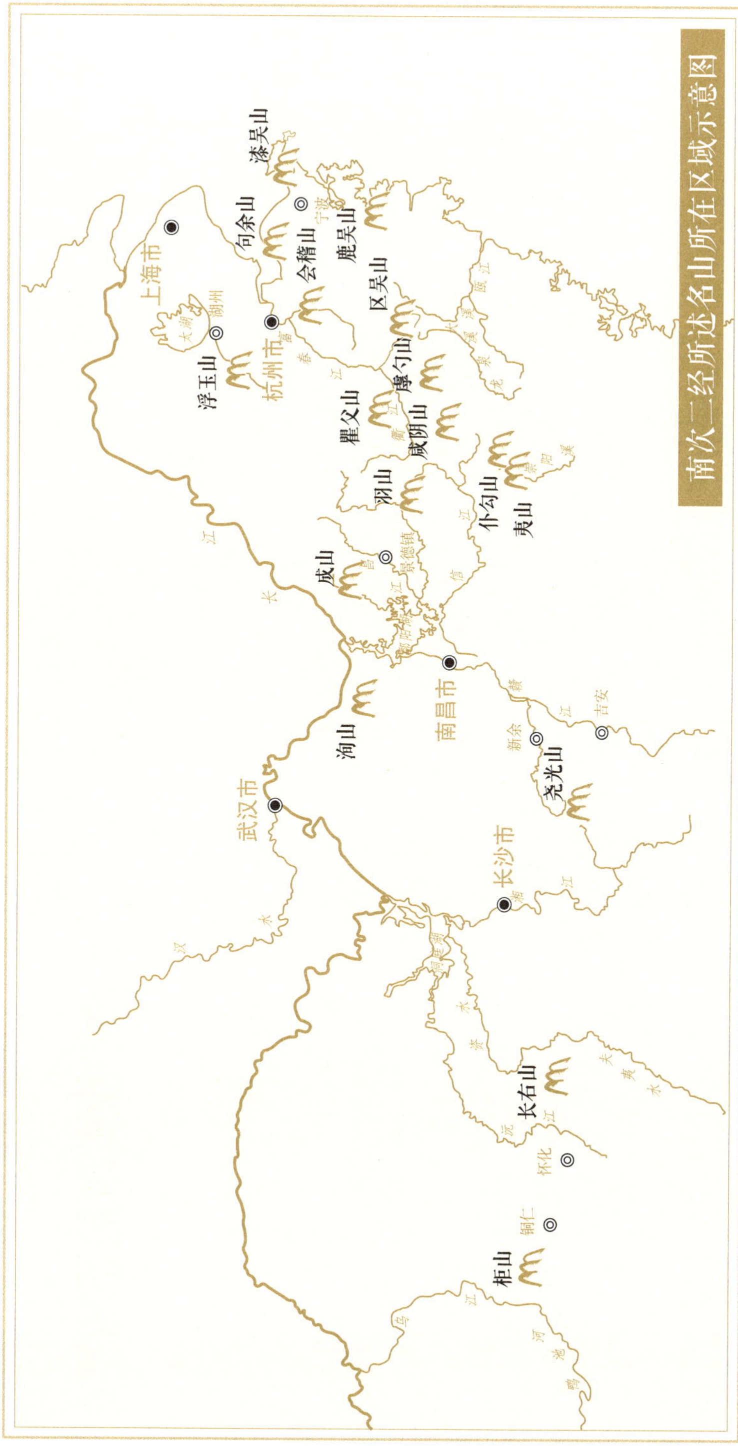

南次二经所述名山所在区域示意图

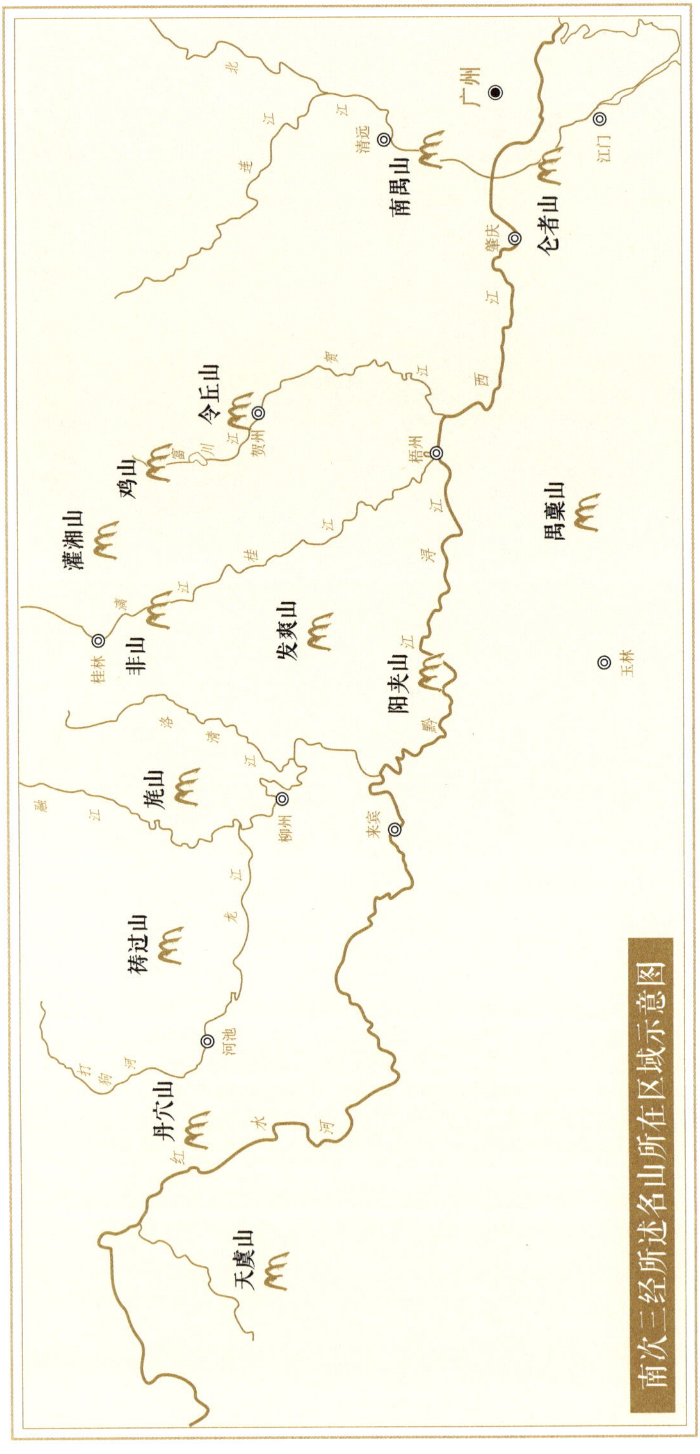

南次三经所述名山所在区域示意图

南次一经

䧿山　招摇山

南方的第一个山系是䧿山，䧿山的第一座是招摇山（《吕氏春秋·本味篇》高诱注："招摇，山名，在桂阳。"——编者注）。招摇山屹立在西海岸边上，山上不仅生长着茂密的桂花树，而且蕴藏着丰富的金属和玉石。山中生长着一种奇异的草，它的样子像韭菜，叶子细长、扁平而柔软，开着青色的花朵，它名叫祝余（即贝母，多年生草本植物,其鳞茎供药用。本经多有记载，吃了某种动物，就会得到某种特殊能力或功效，这些都是先秦时期民间封建迷信所致。——编者注），人们若是吃了这种草，就不怕饿。山中生长着一种树，形状很像构树，枝干是黑色的，其光辉照耀四方，它名叫迷谷，人们若是把它佩戴在身上，就不会迷路。

招摇山上有一种奇怪的野兽，长得很像猿猴，耳朵是白色的，有时伏地爬行，有时像人一样站立起来行走，这种野兽名叫狌（xīng）狌（狌狌是一种人面兽，能知过去，却不能知未来。它能与人交流，而且能知道对方的姓名，它还特别喜欢喝酒，当地的土人在山路中放置酒、酒糟和草鞋，如果它见到了这些物品，便能知道放置这些物品的人是谁，还能知道这些土人祖先的名字。——编者注）。据说人们如果吃了它的肉，就会成为一个健走的人。丽麂（jǐ）水（马王堆古图指出，丽麂水源于今广东连县以北。——编者注）就发源于这座山，之后滔滔向西流去，注入大海。水中多育沛（即琥珀。《石雅·珍异》云："育沛即琥珀也。"《本草纲目》又云："琥珀率产海岸，而育沛亦见于丽麂注海之处，其产状又同，育沛即琥珀无疑。"——编者注），人们如果佩戴它，便不会

□ 狌狌

这是一种长着人脸的野兽，也有说它就是猩猩。传说它能知道往事，但不能知道未来。

生蛊胀病。

堂庭山

由招摇山向东三百里是堂庭山。山上生长着茂盛的棪（yǎn）木和许多白猿。山中盛产水晶（神农时代的雨师赤松子食用了这种水晶，才可以引导神农，并能遇火不侵，炎帝之女效法赤松子，也成了神仙。——编者注），另外山中还蕴藏着很多黄金。

猨翼山

再向东三百八十里有座猨（或作“即”。——编者注）翼山，山中多怪兽。水中有很多奇怪的鱼，山里盛产白玉，有很多身上有带状纹理、鼻子上有针刺的反鼻虫，还有很多怪蛇和奇形怪状的树木。这座山奇诡险峻，人们根本不敢攀登。

杻阳山

再向东三百七十里有座杻（niǔ）阳山。山的南坡盛产赤金，山的北坡盛产白金。山中有一种野兽，样子像马，它的头是白色的，身上长有虎纹，尾巴却是红色的，叫声美妙，像是人在吟唱，这种野兽名叫鹿蜀。如果人们将它的毛皮披在身上，便能保佑他们多子多孙。怪水发源于这座山，向东注入宪翼水。水中有很多红黑色的乌龟，这种龟的身体与普通的龟很相似，但头却像鸟头，尾巴像蛇尾，它的名字叫旋龟（即今鹗龟，性凶猛，生于南海，长二三尺，两目在侧如鹗。——编者注）。旋龟的叫声像是在敲击木头。人们将它佩带在身上，就可以治耳聋，同时还可以治疗脚底的老茧。

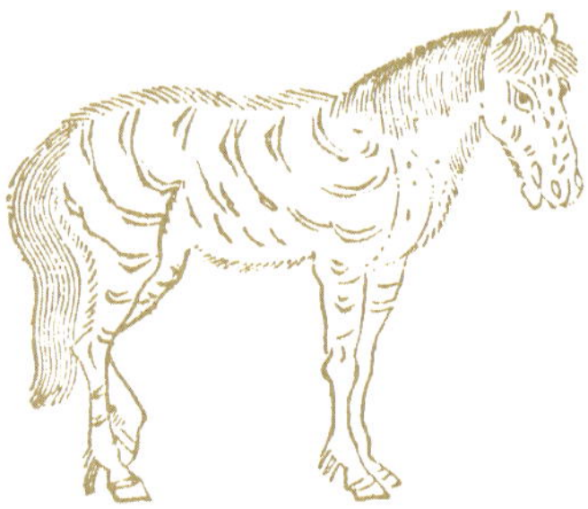

□ **鹿蜀**

它的样子像马，头部白色，身上斑纹犹如虎斑，长有一条红色的尾巴，鸣叫的时候就像人们在唱民歌。

□ **旋龟**

旋龟的体形与普通的乌龟相似，但颜色为红黑色，并长着鸟的头、毒蛇的尾巴。据说它的叫声像锯木头的声音。人们将其佩带在身上，便会耳不聋，还可以治疗足底的老茧。

柢山

再向东三百里是柢（dǐ）山。山中多水流，但不生长花草树木。水中有一种鱼，形状像牛，栖息在山坡上，尾巴像蛇尾，肋下还长着翅膀，它的叫声像耕牛，这种鱼名叫鯥（lù）鱼。鯥鱼冬伏夏出，人们吃了这种鱼，可以预防痈肿病。

□ **鯥鱼**

它的体形像牛，栖息在山坡上，长着蛇一样的尾巴，并且有翅膀，翅膀长在肋骨上，鸣叫的声音像耕牛。

亶爰山

再向东四百里是亶（chán）爰山。山间多水，但不生长草木，而且陡峭得无法攀登。山中有种奇特的野兽，体形像野猫，长有头发，它的名字叫类。这种野兽具有雄雌两性器官，人们若吃了它，便不会生妒忌之心。（明朝时，在云南蒙化府一带还可以见到这种野兽，当地人把它叫作香髦。——编者注）

□ **类**

它的体形像野猫，却长着像人一样的长头发，具有雌雄两种器官。

基山

再向东三百里是基山。山的南坡遍布着玉石，山的北坡生长着各种奇异的树木。山中有一种野兽，长得很像羊，但有九条尾巴，四只耳朵，两只眼睛长在背上，这种野兽名叫猼訑（bó shī）。佩带它的皮毛，可以让人无所畏惧。山上有一种鸟，形状与鸡相似，却长着三个头、六只眼睛、六只脚、三只翅膀，它的名字叫鵸鵌（chǎng fū）。人们吃了它的肉就会失眠。

□ **猼訑**

它的样子像羊，有九条尾和四只耳朵，眼睛长在背上。有人说取它的皮披在身上，就不知畏惧。

青丘山

再向东三百里是青丘山。山向阳的南坡遍布着玉石；山背阴的北坡盛产一种优质的颜料，叫做青雘（huò）。山中有一种野兽，形状与狐狸相似，却长着

□ 第一图，（清）《山海经绘图广注》刻本，成或因绘图，咸丰五年（1855）刻印。

□ 鹇鸺

它的体形像鸡，长着三个头、六只眼睛、六只脚和三只翅膀。

九条尾巴，声音如同婴儿在啼哭。这种野兽会吃人，但人们若吃了它的肉，便能平安吉祥，不会沾染妖邪之气。山上有一种鸟，形状与鸠相似，它的声音像人们在对骂，这种鸟的名字叫灌灌（《吕氏春秋·本味篇》云："肉之美者，猩猩之唇，灌灌之炙。"灌灌即今天的鹳。炙，爪子。——编者注）。人们若携带它，可以不受迷惑。英水发源于这座山，向南注入猨翼泽。水中有很多赤鱬（rú）鱼，这种鱼的形体与普通的鱼一样，但却有着一张人的面孔，声音很像鸳鸯的叫声，人们若吃了这种鱼肉，可预防疥疮。

箕尾山

再向东三百五十里是箕尾山（疑在今福建省东南。——编者注），这座山的尾部蹲踞在东海岸上，山中多沙石。汸（fāng）水发源于这座山，向南流去，注入淯（yù）水，水中有许多白色的玉石。

总览

䧿山山系，自招摇山起，至箕尾山止，总共十座大山，蜿蜒二千九百五十里。这些山中的神灵，都是龙头鸟身。祭祀神仙的礼仪是将一块璋、一块玉和祀神时用的牲畜一起埋在地里，祭祀的精米用稻米，拿白茅来做神的坐席。

南次二经

柜山

南方第二列山系的第一座山是柜（jǔ）山（疑在今贵州境内。——编者注）。这座山的西边，靠近流黄酆（fēng）氏和流黄辛氏两个国家。若站在山巅，往北可看到诸𪊨（pí）山和诸𪊨河，向东可以看到长右山。英水从山中流出，向西南方向流去，注入赤水。水中有很多白色的玉石，还有很多像谷粒一样的细沙，这些细沙是红色的。山中有一种奇特的野兽，名叫狸力。它的形体像猪，有像鸡爪一样的脚，它的叫声像狗吠，它的出现征兆着来年会有洪涝之灾。还有一种鸟，形状很像鹞鹰，而爪子像人手，叫声像雌鹌鹑，这种鸟的名字叫鴸（zhū）（这种叫鴸的鸟，是尧帝的儿子变的，因为他不务正业，尧便没有将天下传给他，而传给了舜。他因此而与三苗国合兵反对尧，战败后因羞愧投南海而死，化为鴸。——编者注）。据说它常自呼其名，它出现的地方多有才智之士会被放逐。

□ **狸力**

狸力的样子像猪，脚上长着鸡距，叫起来像狗吠。

□ **鴸**

这是一种不吉祥的怪鸟，体形像猫头鹰而长着人手。

长右山

再向东南四百五十里是长右山。山上非常荒芜，但水源丰富。山中有一种野兽，它的体形像猴子，却长着四只耳朵，名叫长右。它的叫声很像人在呻吟，它一旦出现，便会发生水灾。

□ **长右**

长右是大水的征兆，它的样子像猴，有四只耳朵，吼叫声像人在呻吟。

□ 第二图，（清）《山海经绘图广注》刻本，成或因绘图，咸丰五年（1855）刻印。

□ 猾褢

它长着人脸，全身长满猪一样的鬣毛，冬季蛰居夏天活动，其声音如同砍木头时发出的声音。

尧光山

再向东三百四十里是尧光山。其向阳的南坡，遍布着玉石；背阴的北坡，遍布着金属。山上有一种野兽，名叫猾褢（huái）。它的体形很像人，身上却长着像猪身上那样的长鬣毛。它居住在洞穴之中，冬季蛰居不出，它的叫声很像伐木的声音，它一旦出现即预示着当地会出现繁重的徭役。

羽山

再向东三百五十里是羽山（疑在今江西境内。——编者注），因为经常下雨，以致山下有许多溪流。山中没有生长树木花草，有很多蝮虫（蝮虫是一种有毒的蛇，它的俗名叫“草上飞”。——编者注）。

瞿父山

再向东三百七十里是瞿父山。山上没有生长树木花草，却盛产金属和玉石。

句余山

再向东四百里是句余山（位于今浙江余姚县南、句章县北。《水经注·沔水》云：余姚因句余山得名，此山在余姚之南、句章之北也。——编者注），山上没有生长树木花草，却遍布着五颜六色的玉石和黄金。

□ 彘

彘是一种长着牛尾、身状似虎、头如猴而叫声如犬的怪兽。

浮玉山

再向东五百里是浮玉山（即今浙江省西北部的天目山。“天目”之名始于汉，有东西两峰，顶上各有一池，长年不枯，故名。——编者注）。登上浮玉山顶，可北望具区（具区即太湖。——编者注），向东可以望到诸毗河。山中有一种像老虎却长着牛尾巴的野兽，名叫彘（zhì），叫声很像狗吠，能吃人。苕水（即浙江境内的苕溪，因两岸多苕，故名。——编者注）发源于浮玉山的北坡，朝北方流去，注入具区湖，湖水中生长着很多刀鱼（鱼头很长，大者一尺以上。——编者注）。

成山

再向东五百里是成山。这座山的形状像人工修筑的三个坛，高高地耸立着。山上遍布着金属和美玉，山下盛产色彩艳丽的青雘。阏（zhuō）水从山中流出，向南流去，注入虖勺水。河内的沙石中蕴藏着丰富的黄金。

会稽山

再向东五百里是会（kuài）稽山（位于今浙江绍兴，天目山东南。——编者注）。这座山为四方形，山上遍布着许多金属和美玉，山下有很多像玉石一样晶莹的武夫石。勺水从山中奔涌而出，向南流去，注入湨（jú）河。

夷山

再向东五百里是夷山。山上光秃无花草树木，遍布着沙土、石块。湨水发源于这座山，向南流去，注入列涂水。

仆勾山

再向东五百里是仆勾山。山上遍布着金属、美玉，山下生长着茂密的花草树木，山中没有鸟和野兽，也没有河流和水源。

咸阴山

再向东五百里是咸阴山。山上没有生长花草树木，也没有水源。

洵山

再向东四百里是洵山。其向阳的南坡，遍布着金属；背阴的北坡，遍布着玉石。山中有一种野兽，名叫䍺（huán）。它的形体很像羊，却因没有嘴巴而不能进食，但它不会因此饿死，仍然能生活下去。洵水发源于这座山，向南流去，注入阏泽（可能是鄱阳湖，但证据不足。——编者注）。阏泽水中生长着很多紫色的螺。

□ 第三图，（清）《山海经绘图广注》刻本，成或因绘图，咸丰五年（1855）刻印。

□ 鵝

鵝长得像羊，没有嘴巴而不能进食，但不会饿死。

虖勺山

再向东四百里是虖勺山。山上生长着茂密的梓树和楠木，山下生长着许多荆棘和枸杞。滂水从山中流出，向东流去，注入大海。

区吴山

再向东五百里是区吴山（疑在今浙江境内，另说在今苏州一带。《史记·吴太伯世家》：“太伯之奔荆蛮，自号句吴。”“区”在东夷方言通“句”。——编者注）。山上遍布着沙土和石块，没有生长树木花草。鹿水发源于这座山，向南流去，注入滂水。

□ 蛊雕

这是一种似鸟非鸟的食人怪兽，样子像雕，头上长角，叫声像婴儿的啼哭声。

鹿吴山

再向东五百里是鹿吴山。山上没有花草树木生长，但蕴藏着丰富的金属和宝石。泽更水发源于这座山，向南流去，注入滂水。水中有一种野兽，名叫蛊雕，其外形很像大雕，但头上长着角，叫声像婴儿啼哭的声音，这种水兽会吃人。

漆吴山

再向东五百里是漆吴山。山上没有花草树木生长，也没有玉石，但有很多博石。这座山位于东海之滨，远望是一片起伏的丘陵，神光闪耀，是太阳停息的地方。

总览

南方第二列山系，自柜山起，到漆吴山止，共十七座大山，蜿蜒七千二百里。这些山中的神仙都是龙身鸟头。在祭祀神灵时，将牲畜鸡鸭等祭品置于玉器中埋掉，用精米供神仙享用。

南次三经

天虞山

南方第三列山系的第一座山是天虞山。山下多水流，山势陡峭不能攀登。

祷过山

再向东五百里是祷过山。山上盛产金属和美玉，山下有很多犀牛和大象。山中生长着一种鸟，形貌很像䴔（jiāo），头为白色，三只脚，长着人脸，名叫瞿如。它的叫声，如同自己呼喊自己的名字。浪（yín）水（位于今广西东北与湖南怀化交界处。《水经注·浪水》：浪水出武陵郡镡县北界沅水谷……过番禺县南入于海。——编者注）发源于这座山，然后向南流去，注入大海。其中有水兽，名字叫虎蛟，它的形体同鱼一样，但尾巴却与蛇尾相似，它的叫声像鸳鸯。人们如果吃了它的肉，便不会患浮肿病，也可以治痔疮。

□ 瞿如

它的形状像䴔，白色的脑袋，长着三只脚，人一样的脸。

丹穴山

再向东五百里是丹穴山。山上遍布着金属和美玉。丹水（疑在今广西境内。——编者注）从山中流出，向南流去，注入渤海（郭璞注：“渤海，海岸崛崎头也。”“渤”，指海岸的弯曲。此处并非指辽东的渤海，而是中国南海。——编者注）。山中生长着一种鸟，形貌很像鸡，身披五彩羽毛，名叫凤凰。凤凰头上的花纹呈“德”字，翅膀上的花纹呈“义”字，背上的花纹呈“礼”字（或作“翼文曰顺，背文曰义”。——编者注），胸脯上的花纹呈“仁”字，腹部的花纹呈“信”字。凤凰生活自由自在，经常一边唱歌一边跳舞，它是吉祥和仁爱的象征，只

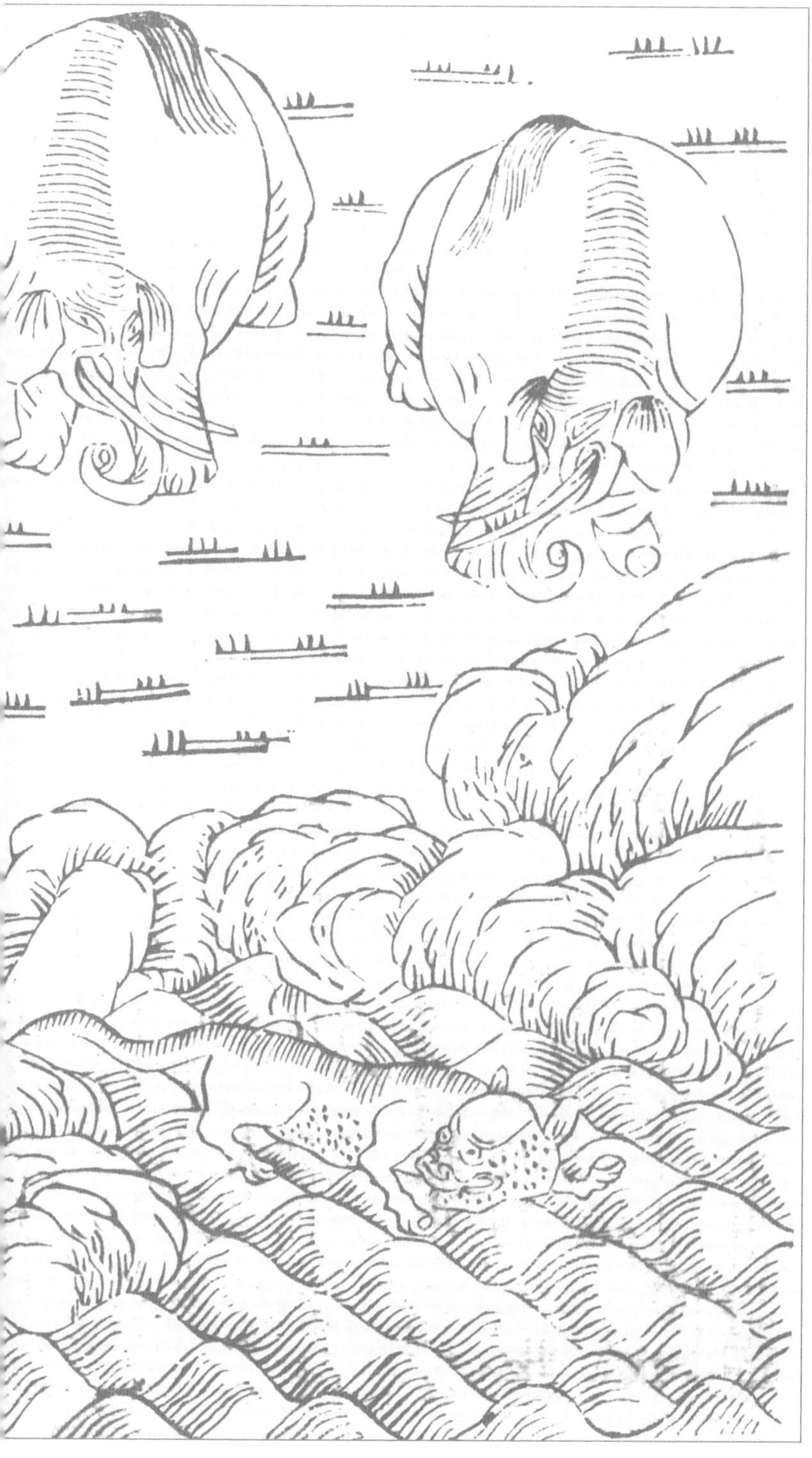

□ 第四图，（清）《山海经绘图广注》刻本，成或因绘图，咸丰五年（1855）刻印。

□ 凤凰

据说，凤凰长着鸡的头，蛇的脖颈，燕子的下颔，乌龟的背，鱼的尾巴，五彩颜色，高六尺左右。

要它一出现，天下就会太平。（凤凰，雄者为凤，雌者为凰。黄帝当政以后，施行德政，举世太平，但却没有见凤凰到来，黄帝便召天老问："凤凰长什么样子?"天老告诉他："凤凰的头部像大雁，后半身像麒麟，蛇颈鱼尾，燕颔鸡嘴，身上披着花纹，头上顶着'德'字，翅上有'义'字，背上有'礼'字，胸部有'仁'字，腹部有'信'字，脚踏着'正'字，尾上系着'武'字。它的鸣叫声好似敲击金属，声大时像擂鼓。当它昂首展翅时，五彩缤纷。"于是，黄帝便穿黄袍，系黄带，戴黄帽，站立在殿中，乞求凤凰的到来。不久，凤凰果然遮天蔽日而来，黄帝立刻叩头再拜。凤凰便栖于黄帝东园的梧桐树上。另在周成王时，天下大治，凤凰降临而舞蹈于朝廷，成王高兴地弹琴唱道："凤凰呀翱翔于皇庭，我有什么大的德行啊，感动圣灵?"晋代郭璞曾赋诗赞曰："凤凰是神之鸟，万鸟之首，身上有人像，花纹有五德，展翅来朝仪，是应圣明君主的感召。"——编者注）

发爽山

再向东五百里是发爽山。山上光秃，没有花草树木，山中多流水，还有很多白猿。汎（fàn）水从山中流出，向南流去，注入渤海（应为今广州的增江。——编者注）。

旄山

再向东四百里，便到了旄山的尾部。山的南边有一个山谷，名叫育遗谷。谷中多奇鸟，强劲的南风从山谷中吹出来。

非山

再向东四百里，便到了非山的最头部，这座山蕴藏着丰富的金属和美玉，山上缺水，山下有很多反鼻虫。

阳夹山

再向东五百里是阳夹山。山上没有生长树木花草，但水源却很丰富。

灌湘山

再向东五百里是灌湘山。山上生长着茂密的树林，但不生杂草。山中有很多奇异的怪鸟，却无野兽出没。

鸡山

再向东五百里是鸡山。山上蕴藏着丰富的金属，山下盛产红色的颜料。黑水发源于这座山，向南流去，注入大海。水中生长着一种鱼，名叫鱄（tuán）鱼，它的形体与鲫鱼很相似，却长着猪尾，声音像猪，它一旦出现，就会天下大旱。

□ **鱄鱼**

鱄鱼的体形与鲫鱼相似，却长着猪尾，其叫声也和猪一样。当鱄鱼出现时，天下便会大旱。

令丘山

再向东四百里是令丘山。山上没有树木花草，因为这座山经常喷射火焰，是一座活火山。山的南边有一座幽谷，它的名字叫中谷，从山谷中常常刮出强劲的东北风。山谷中有一种鸟，它的形貌很像枭鸟。它长有一副人脸，有四只眼睛，还长着耳朵，这种鸟的名字叫作颙（yú），它的叫声像是在自呼其名。这种鸟一旦出现，就会天下大旱。

□ **颙**

颙的体形像猫头鹰，长着人脸，有四只眼睛。它发出的叫声就是自己的名字。

仑者山

再向东三百七十里是仑者山。山中蕴藏着丰富的金属和美玉，山下盛产青雘。山上生长着一种树木，样子像构树，而树干里面却是红色的，从树干中渗出的水，像漆一样，它的味道像用麦芽做的糖浆的味道，吃了这种东西的人，可以永远不饿，还可以解乏，它名叫

□ 第五图，（清）《山海经绘图广注》刻本，成或因绘图，咸丰五年（1855）刻印。

白蓉（gāo）。人们可以用它来染红玉石。

禺稾山

再向东五百八十里是禺稾（gǎo）山。山中有很多奇异的怪兽，大蛇也多。

南禺山

再向东五百八十里是南禺山。山中蕴藏着丰富的金属和美玉，山下有很多溪流。山中多洞穴，水从洞中流出，又重新流进去。夏季，水从洞穴中往外流，入冬则停止。佐水发源于这座山，向东南流去，注入海中。这里有凤凰、鹓（yuān）雏（鹓雏鸟从南海飞往北海，沿途非梧桐树不栖息，非练食不吃，非甘泉不饮。它和凤凰是同一类鸟。——编者注）。

总览

南方第三列山系，自天虞山起，到南禺山止，一共十四座大山，蜿蜒六千五百三十里。居住在这些山中的神仙，都是人面龙身（《山海经》中多人面龙身或人头马身神，这都是古部落图腾而不应简单理解为仙人。——编者注）。祭祀这些神灵时，都是用白狗作祭品。祭祀所用的米要用精米。

以上所列《南山经》中的群山，大大小小总共四十座，蜿蜒一万六千三百八十里。

卷二　西山经

JUANER XISHANJING

《西山经》主要以西次一经、西次二经、西次三经、西次四经四个篇目为主线，记述了四大山系的地理环境，包括河流、矿石、众多品物及各山系的图腾的药用价值。四大山系共七十七座山，蜿蜒一万七千五百一十七里。

《西山经》所述第一个山系，为西方第一列山系，在今河南、陕西、甘肃、青海境内。此山系东起钱来山，至䰠山，共十九座，蜿蜒二千九百五十七里。这里的神形貌各不相同。

第二个山系，为西方第二列山系，在今陕西、甘肃、青海境内。此山系东起钤山，至莱山，共十七座，蜿蜒四千一百四十里。这里的神皆人脸马身。

第三个山系，为西方第三列山系，在今青海、新疆、甘肃、塔吉克斯坦境内。此山系东起崇吾山，至翼望山，共二十三座，蜿蜒六千七百四十四里。这里的神皆人面羊身。

第四个山系，为西方第四列山系，在今陕西、内蒙古、宁夏、甘肃境内。此山系东起阴山，至崦嵫山，共十九座，蜿蜒三千六百八十里。这里的神形貌各不相同。

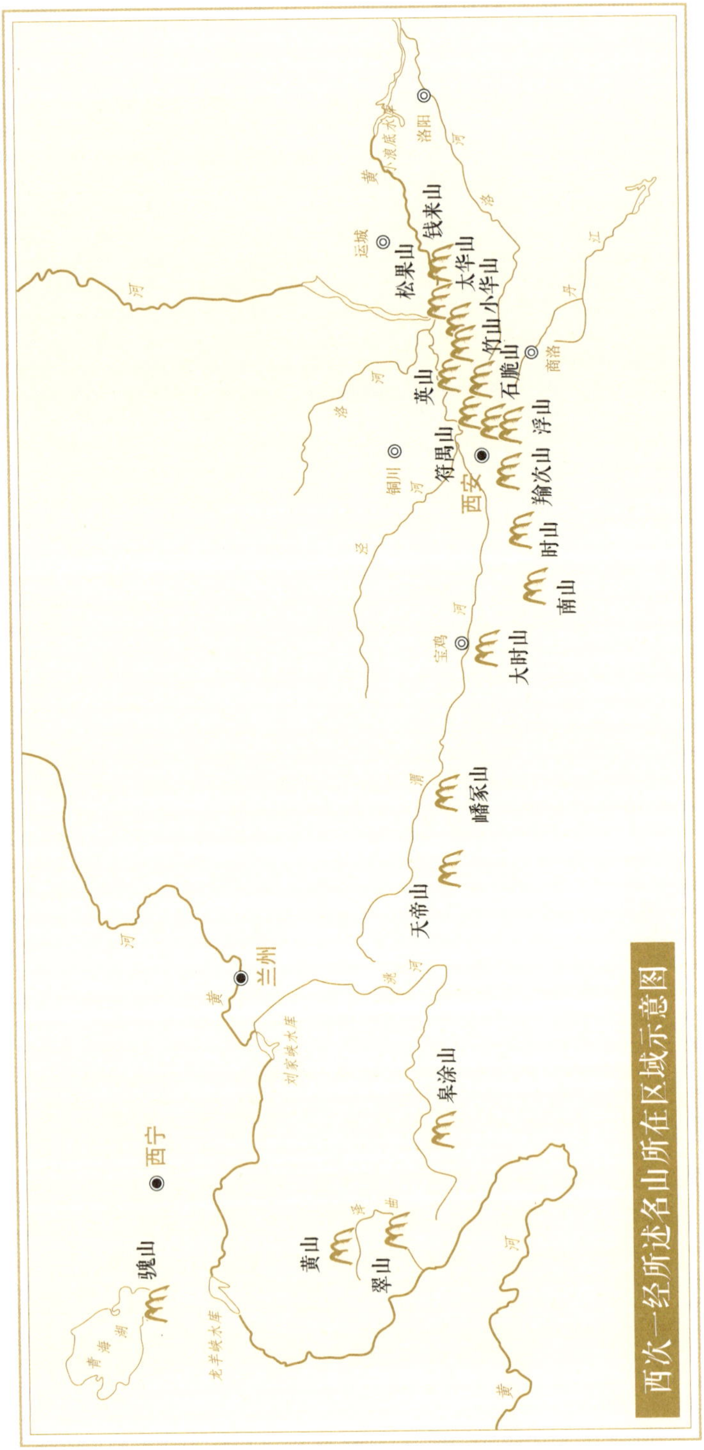

西次一经所述名山所在区域示意图

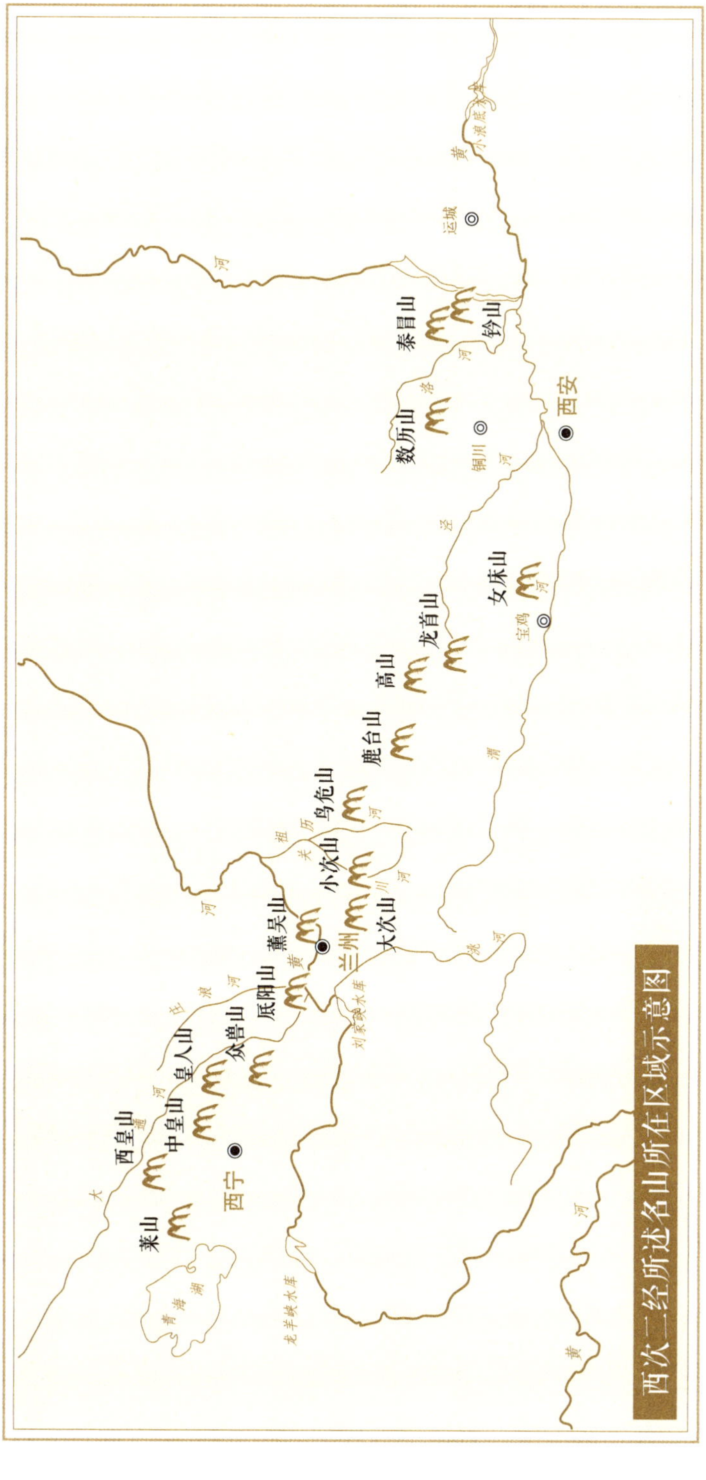

西次二经所述名山所在区域示意图

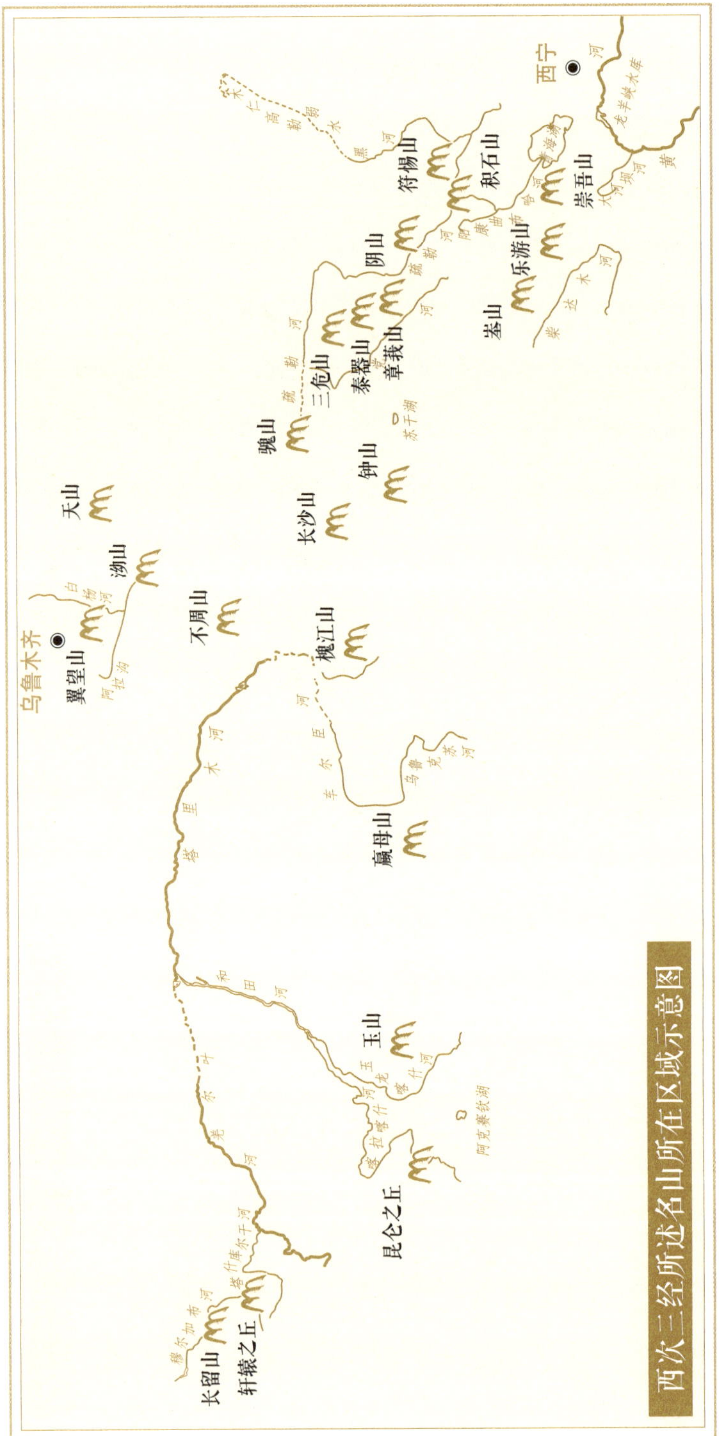

西次三经所述名山所在区域示意图

西次四经所述名山所在区域示意图

西次一经

华山　钱来山

西方第一列山系为华山山系，华山的头一座山是钱来山（指陕西省华山和秦岭山脉一带。——编者注）。山上生长着茂密的苍松翠柏，山下遍布洗石（这种洗石是一种瓦片，在洗澡时用来搓掉身上的污垢。——编者注）。山中有一种野兽，它的形貌很像羊，而尾巴却像马尾，它的名字叫做羬羊。将这种羊的油脂涂在皮肤上，可以治疗体皴，润泽干皴的皮肤。

□ **羬羊**

羬羊出自钱来山，它的体形像羊，却长着马的尾巴。其油脂可以滋润干裂的皮肤。

松果山

再向西四十五里是松果山（今陕西潼关县治南10公里的安乐乡的松果山。——编者注）。濩水（濩水应为今西安临潼区的潼河。——编者注）发源于此，向北流去，注入渭水。水中蕴藏着丰富的铜矿。山中生长着一种鸟，名字叫作䳋（tóng）渠，它的形貌很像山鸡，羽毛是黑色，爪子为红色（即黑鹳，这种鸟“黑身赤足”，目前仍然生活在潼关附近的小秦岭国家自然保护区，属国家一级保护动物。——编者注）。这种鸟可作药材，治皮皴。

□ **肥𧔥**

这种蛇长着六只脚和四只翅膀，它一出现就会天下大旱。

太华山

再向西六十里是太华山（即西岳华山。——编者注）。山壁陡峭，像刚被刀削过，呈四方形，山高五千仞，方圆十里的飞鸟和野兽都不会来此聚居。山中有一种蛇叫肥𧔥（wèi）（或作“遗”。——编者注），这种蛇长着六只脚、四只翅膀，它在哪里出现，哪里就会大旱。

小华山

再向西八十里是小华山（位于今陕西省华阴西南，太华山西南。——编者注）。山上树木多为荆棘和枸杞，山中多㸲（zuó）牛（即羚牛，是一种分布在秦岭一带以及喜马拉雅山东麓密林地区的大型牛科食草动物。——编者注）。山背阴的北坡，遍布着磬石（这是一种可以用来制造乐器的石头。用山上的磬石制作的乐器挂在架子上，敲击就会鸣响。——编者注）；山向阳的南坡，遍布着一种名叫㻬琈（yú fú）的美玉。在鸟群中，大多是一种叫做赤鷩（biē）的鸟，有防避火灾的作用。山中还生长着一种叫萆（bì）荔的香草，其形状像乌韭，生长在石头上面，也能攀缘着树木而生长，这种草能治心痛病。

符禺山

再向西八十里是符禺山（在今陕西省华阴西南。——编者注）。山向阳的南坡，遍布着很多铜矿；山背阴的北坡，遍布着铁矿。山上生长着一种树木，名叫文茎。其果实像枣，能治耳聋。山上生长着一种叫做条的草，形状与葵相似，但开的花是红色的，结的果实是黄色的，像小孩舌头的样子，人们吃了这种果实，可以不受妖邪迷惑。符禺水发源于此山，向北流去，注入渭水。山上有很多野兽，其中最多的是葱聋（即藏羚羊。——编者注），其形貌与羊很相似，却长着红色的长鬣毛。山中的群鸟，以鴖（mín）鸟最多，这种鸟很像翠鸟，但嘴是红色的，饲养这种鸟，就能预报火警。

□ **葱聋**

葱聋即藏羚羊，形貌与羊相似，长着红色的长鬣毛。

石脆山

再向西六十里是石脆山。山上生长着茂密的树林，其中以棕树和楠树最

□ 第六图，（清）《山海经绘图广注》刻本，成或因绘图，咸丰五年（1855）刻印。

多。山上杂草丛生，其中以条草最多。这种条草的形状和韭菜相似，开着白色的花朵，结着黑色的果实，这种果实作药材，治疗疥疮。在山向阳的南坡，遍布着叫做瑦玗的美玉；山背阴的北坡，蕴藏着丰富的铜矿。灌水发源于这座山，向北流去，注入禺水。水中流动着赤土，如果把这种赤土涂抹在牛马身上，可以使牛马健壮、兴旺，不生病。

英山

再向西七十里是英山。山上生长着很多杻树和橿（jiāng）树。山向阳的南坡，遍布着黄金；山背阴的北坡，蕴藏着丰富的铁。禺水发源于这座山，向北流去，注入招水，其中有很多鲜（bàng）鱼。这种鱼的形状同鳖很相似，叫声却像羊叫。山向阳的南坡，生长着很多箭竹和䉋（mèi）。（箭竹是竹子中的一种，这种竹子节长、皮厚、根深，其笋用于食用则味十分鲜美。——编者注）在兽群中以㸲牛、羬（qián）羊为最多。山上有一种鸟，它的形貌似鹌鹑，羽毛为黄色，嘴是红色的，它名叫肥遗。这种鸟如果药用，能够治疗恶疮，还可以杀灭毒虫。

□ 鲜鱼

鲜鱼体形像鳖，发出的声音如同羊叫。

□ 豪彘

豪彘即豪猪。体形像小猪，长着白色的毛，毛如簪子粗细而尖端呈黑色。

竹山

再向西五十二里是竹山（在今陕西省蓝田县。——编者注）。山上多乔木。山背阴的北坡，蕴藏着丰富的铁矿。山上生长着一种草，名叫黄雚（guàn），形状像臭椿树，叶子像麻叶，白色的花朵，红色的果实，果实的形状像赭石。用这种果实浸泡洗澡，可以治疗疥疮及浮肿病。竹水发源于这座山，然后向北流去，注入渭水。山向阳的南坡也生长着茂密的箭竹，遍布苍玉。丹水发源于这座山，向东南流去，注入洛水，水中有很多水玉和人鱼。山中有一种野兽，它的长相与猪相似，长着白色的毛，如古代妇女头上插的簪子，顶端是黑色的，这种兽叫做豪猪。

浮山

再向西一百二十里是浮山（清末地理学家杨守敬先生认为在西安临潼一带。——编者注）。山上多盼木，其叶子像枳树叶，但没有刺，树中有虫子。山中有一种草，名叫薰草，这种草长着麻叶一样的叶子，茎是方的，开红色的花朵，结黑色的果实，它的气味像一种叫蘼芜的香草，同时也像兰花，佩带它可以治麻风病。

羭次山

再向西七十里是羭（yú）次山。漆水（《水经注·漆水》："漆水出长安西南雩县。"又有人认为此即宝鸡市麟游县的漆水。——编者注）从山中流出，向北流去，注入渭水。山上生长着茂密的棫（yù）树和橿树，山下则是葱茏的箭竹。山向阳的南坡，遍布着玉，可以用来做颈饰；山背阴的北坡，盛产赤铜。山中有一种野兽，它的形貌酷似猿猴，但臂很长，善于投掷石物，这种野兽名叫嚣（即猕猴。——编者注）。山中有一种鸟，形貌像猫头鹰，长着一副人脸，却只有一只脚，名叫橐𩇯（tuó féi），它冬天出现，夏天蛰居，人披着用它羽毛做成的衣服，就不会畏惧打雷。

□ **橐𩇯**

它的样子像猫头鹰，有人的面孔，一只脚。冬天出没，夏天蛰睡，披上用它的羽毛做成的衣服便不怕打雷。

时山

再向西一百五十里是时山（应在今陕西省周至县南。——编者注）。山上没有生长花草树木，逐水发源于这座山，向北流去，注入渭水，水中有很多水晶。

南山

再向西一百七十里是南山（疑为太白山，在今陕西眉县东南。——编者注）。山上到处是粟米粒大小的丹沙。丹水发源于这座山，向北流去，注入渭水。山中的兽群中，以猛豹（猛豹的体形与熊相似，但较熊小，它能吃蛇，还能吃铜和铁。——编者注）为最多。在山中的鸟群中则以布谷鸟为最多。

□ 第七图，（清）《山海经绘图广注》刻本，成或因绘图，咸丰五年（1855）刻印。

□ 第八图，（清）《山海经绘图广注》刻本，成或因绘图，咸丰五年（1855）刻印。

大时山

再向西一百八十里是大时山（疑在今陕西宝鸡市南部。——编者注）。山上多构树和柞树，山下则多杻树和橿树。山向阳的南面，遍布着白色的玉石；山背阴的北面，蕴藏着丰富的银。涔（qián）水发源于这座山，水向北流，注入渭水。清水从北山中流出，向南流去，注入汉水。

嶓冢山

再向西三百二十里是嶓（bō）冢山（有两种可能，一是在今甘肃天水，《禹贡》："嶓冢山，西汉水所出焉。"第二个可能是在今陕西省嶓冢县，后改称宁强县，是汉水的源头。——编者注）。汉水发源于这座山，向东南流去，注入沔（miǎn）水。嚣水也发源于这座山，向北流去，注入汤水。山上生长着茂密的桃枝竹和钩端竹。在山里的兽群中，有很多犀牛、熊、罴（pí）和兕。（罴，是熊的一种，俗称人熊。兕是犀牛一类的野兽，它厚厚的皮可以用来制作盔甲。——编者注）此外，鸟群中最多的是白翰鸟和赤鷩。山中生长着一种草，它的叶子像蕙草（蕙草是一种香草，香气如蘼芜，佩带它可以预防疾病。——编者注），它的根部像桔梗，开黑色的花朵，却不结果实，名叫蓇（gū）蓉，人们如果吃了这种草，便会失去生育能力。

天帝山

再向西三百五十里是天帝山。山上有茂密的棕树林和楠木林，山下生长着很多菅和蕙。山中有种野兽，其形貌与狗相似，名叫谿边，用这种兽皮做成褥子铺在身下，人可以不生寄生虫。山中有一种鸟，形状像鹌鹑，长着黑色的羽毛，颈毛是红色的，它的名字叫栎，人们吃了这种鸟肉，可以治痔疮。山中生长着一种草，形状像葵，味如蘼芜，名叫杜衡，马吃了这种草，就能成为千里马，人吃了这种草，可以治颈瘤病。

皋涂山

再向西南三百八十里是皋涂山。蔷水从这座山中流出，向西流去，注入诸资水；涂水也发源于这座山，向南流去，注入集获水。山向阳的南坡遍布粟米粒大小的丹沙；山背阴的北部，遍布着白银和黄金。山上生长着茂密的桂树。山中有白石，名叫礜，磨成石粉可以毒死老鼠。山中有一种草，形状像藁茇，它的叶子像葵花叶，而叶子的背面是红色的，名字叫无条，它也可以用来灭鼠。山中有一种野兽，形貌像鹿，但尾巴却是白色的，后蹄像马蹄，而前蹄像人手，头上长着四只角，它名叫玃（jué）如。山中有一种鸟，形体像鹞鹰，而爪子像是人的脚，名叫数斯。人们吃了它，也可以医治颈瘤病。

□ **玃如**

它的体形像普通的鹿，但长着白色的尾巴，马一样的脚蹄，人一样的手，并有四只角。

黄山

再向西一百八十里是黄山。山中只有茂密的箭竹。盼水从这座山中流出，向西流去，注入赤水，水中蕴藏着丰富的美玉。山中有一种野兽，体形像牛，黑色的毛皮，眼睛很大，它名叫犛（mǐn）。山中有一种鸟，它的体形同猫头鹰很相似，青色的羽毛，红色的嘴，有和人一样的舌头，能学人说话，它名叫鹦鹉。

□ **鸓**

这种鸟长得像喜鹊，但羽毛为红黑色，并有两个脑袋、四只脚，人们饲养它用以避火。

翠山

再向西二百里是翠山。山上生长着茂密的棕树林和楠木林，山下箭竹丛生。山向阳的南坡，遍布着黄金和美玉；山背阴的北坡，有着牦牛、羚羊、麝等众多动物。（麝，也称香獐，前肢短，后肢长，蹄小，耳大，脐与生殖孔之间有麝香腺，发情期特别发达。麝香也是一种名贵的药材。——编者注）另外，山中有很多鸟，其中以鸓（lěi）鸟为最多，它的体形像喜鹊，羽毛是红黑色的，两个头，四只脚，这种鸟可以预知火情，人们因此而饲养它。

騩山

再向西二百五十里是騩（guī）山（騩山即日月山，在青海湖畔。——编者

注）。它坐落在西海岸边。山上没有生长树木花草，却遍布着玉石。溇（suī）水（溇水即日月山西麓的倒淌河。全长约40多公里，自东向西，流入青海湖，故名倒淌河。——编者注）发源于这座山，向西流去，注入大海。在清澈的流水中，有很多五颜六色的石头和丰富的黄金，还有细小的红色沙子。

总览

西方第一列山系，自钱来山起，到騩山为止，共十九座大山，蜿蜒二千九百五十七里。华山为众山之宗主，这一地带的祭祀礼仪是：把整头牛、羊、猪等供奉在神前。羭次山上也居住着神仙，祭祀他们时，必须用火烛把祠堂、庭院照耀得非常明亮，用一百头没有杂色的牛、羊、猪等牺牲，斋祭一百天，殉葬百种美玉，烫上百盅美酒，还要陈列上百种精致的玉器。其余十七座山，在祭祀时，通常都是用一只完整的纯色的羊作为祭品，铺着用白茅编织的边缘用各种颜色装饰的席子，点燃用百草灰末制成的火烛。

西次二经

钤山

西方第二列山系的头一座山是钤（qián）山（在今陕西省渭南市东。——编者注）。山上遍布着铜，山下遍布着美玉，山中树木茂盛，其中以杻树和橿树为最多。

泰冒山

再向西二百里是泰冒山。山向阳的南坡，遍布着黄金；山背阴的北坡，蕴藏着丰富的铁。浴（或作“洛”。——编者注）水从这座山中流出，向东流去，注入河中。水中有很多彩色美玉，还有很多白色水蛇。

数历山

再向西一百七十里是数历山。山上多黄金，山下多白银，山上的树木以杻树和橿树为最多，山上的鸟群中，以鹦鹉为最多。楚水发源于这座山，向南流去，注入渭水，水中蕴藏着许多珍珠。

高山

再向西一百五十里是高山。山上多白银，山下多碧玉和雄黄。山上生长着茂密的棕树和竹丛。泾水发源于这座山，向东流去，注入渭水，水中有很多磬石和青碧。

女床山

再向西南三百里是女床山。山向阳的南坡，遍布着红铜；山背阴的北面，遍布着许许多多的石涅（石涅即石墨，可以用来描眉，所以也叫画眉石。——编者注）。山中多野兽，其中以虎、豹、犀和兕最多；山中还有一种鸟，形貌同野鸡

□ 第九图，（清）《山海经绘图广注》刻本，成或因绘图，咸丰五年（1855）刻印。

相似，身披五彩羽毛，它的名字叫鸾鸟（鸾鸟是凤凰的一种，五彩的羽毛，鸣叫声分为五个音，十分动听。周成王时，西戎曾献鸾鸟以示吉祥。——编者注）。只要此鸟出现，便会天下太平。

龙首山

再向西二百里是龙首山（疑为今陕西省陇县陇山的最高峰。——编者注）。山向阳的南坡，遍布着黄金；山背阴的北坡，蕴藏着丰富的铁矿。苕水源于此山，向东南流去，注入泾水，水中有很多美玉。

□ 凫徯

这种鸟有着如公鸡一样的身形，面貌与人一样，眼神锐利，时时带着一副战斗的表情，叫声就像叫自己的名字。

鹿台山

再向西二百里是鹿台山（疑在今甘肃静宁一带。——编者注）。山上遍布着白色玉石，山下遍地是白银。山中多㸲牛、羬羊和白豪猪。山中有许多鸟，其中有一种形貌同雄鸡很相似，不过长着一副人脸，名叫凫徯（fú xī），这种鸟的叫声像自呼其名。它出现在哪里，哪里就会发生战争。

鸟危山

再向西南二百里是鸟危山。山向阳的南坡，遍布着磬石；山背阴的北坡，生长着很多檀树和构树以及成片的女床草。鸟危水发源于这座山，向西流去，注入赤水，水中多红色的细沙。

小次山

再向西四百里是小次山。山上遍布着白色玉石，山下遍地是赤铜。山中有一种野兽，形貌同猿猴相似，但头上的毛皮为白色，脚趾为红色，它名叫朱厌。只要它一出现，天下就会有兵灾。

大次山

再向西三百里是大次山。山向阳的南坡，盛产垩（垩是一种白色的土，可以用来描画丹青。——编者注）；山背阴的北坡，遍布着碧玉。山中多野兽，其中最多的是牸牛和羚羊。

薰吴山

再向西四百里是薰吴山。山上没有生长花草树木，但遍布着金属和玉石。

底阳山

再向西四百里是底（zhǐ）阳山（底阳可能就是枝阳，在今甘肃省兰州市西北。——编者注）。山中生长着茂密的树林，其中最多的是水松、楠树和樟树，此外，山中还有大量的犀牛、兕、虎、豹、牸牛等野兽。

众兽山

再向西二百五十里是众兽山。山上遍布着瑻琈玉，山下生长着茂密的檀树和构树，山中还有很多黄金。山中多野兽，以犀牛和兕最多。

皇人山

再向西五百里是皇人山。山上遍布着金属和美玉，山下蕴藏着大量的青雄黄。皇水发源于这座山，向西流去，注入赤水，水中多红色的细沙。

中皇山

再向西三百里是中皇山。山上出产黄金，山下生长着很多蕙草和棠梨树。

西皇山

再向西三百五十里是西皇山。山向阳的南坡，遍布着黄金；山背阴的北坡，蕴藏着丰富的铁。山中野兽以麋（麋也叫“四不像”，因为它的角似鹿，头似马，身似驴，蹄似牛。《尔雅翼》云:“麋与鹿相反，麋为阴兽，情淫而游泽，冬至得阳气而解角从阴退之象。今海陵至多千百为群，多牝少牡。”——编者注）、鹿和牸牛最多。

莱山

再向西三百五十里是莱山。山上多檀树和构树，群鸟之中，以罗罗鸟最多，此鸟吃人。

□ 第十图，（清）《山海经绘图广注》刻本，成或因绘图，咸丰五年（1855）刻印。

总览

西方第二系列的群山，自钤山起，到莱山为止，共十七座山，蜿蜒四千一百四十里。这些山的山神，都是人脸马身。另外七座的山神则是人脸牛身，有四只脚而只有一只臂，要拿着拐杖行走，这是飞兽之神。在祭祀这些神灵时，供品用少牢（古代祭祀所用牺牲，行祭前需先饲养于牢，故这类牺牲称为牢。古帝王祭祀社稷时，牛、羊、猪三牲全备为“太牢”。少牢则只有羊、猪，没有牛，一般用于诸侯祭祀。——编者注），放在以白茅草编制的席上。在祭祀前十个神灵时，供品中毛物用一杂色雄鸡，而不用米做祭祀品。

西次三经

崇吾山

西方第三列山系的头一座山是崇吾山（疑在今青海境内。——编者注）。这座山伫立在黄河南岸，站在高峰，可以北望冢遂山，南望䍃（yáo）泽，西望天帝的搏兽山，东望螞（yān）渊。山中生长着一种树，叶子圆圆的，花萼是白色的，花朵为红色，花瓣上有黑色的纹理，果实如同枳实，人们吃了它，可以多子多孙。山中有一种野兽，形貌像猿猴，但手臂和尾巴都生有豹纹，喜欢用石头掷人，它的名字叫举父。另外，山中还有一种鸟，形貌同野鸭子相似，但只有一只翅膀一只眼睛，必须两只鸟合起来才能飞翔，此鸟名叫蛮蛮（蛮蛮其实就是比翼鸟，所以后世有"在天愿作比翼鸟"之喻。——编者注），只要它一出现，天下便会有水灾。

□ 举父

这种野兽样子像猿猴，手臂上有花纹，尾巴和豹尾相似，善于跳跃。

长沙山

再向西北三百里是长沙山。泚水发源于这座山，向北流去，注入泑（yōu）水。山上没有花草树木，却有大量的青雄黄。

不周山

再向西北三百七十里是不周山（郭璞注："西北不周风自此山出。"应指新疆境内。——编者注）。从山顶可以北望诸𣱼山，与岳崇山相邻；东望泑泽（疑为今罗布泊。——编者注），其水源就在这座山下潜流。这里是黄河的发源地，水喷涌而出，发出浑浑泡泡的洪大声响。还有一种很珍稀的果树，它结的果实像桃子，

□ 第十一图，（清）《山海经绘图广注》刻本，成或因绘图，咸丰五年（1855）刻印。

叶子像枣树叶，开黄色的花朵，花萼是红色的。人们吃了这种果实，可以忘忧。

峚山

再向西北四百二十里是峚（mì）山。山上生长着茂密的丹木，它的叶子是圆形的，有红色的茎干，开黄色的花朵，结红色的果实，果实的味道像饴糖，人们吃了它，便不知饥饿。丹水发源于这座山，向西流去，注入稷泽，水中多白玉，水从水源涌出，犹如原野上白色玉膏沸腾奔涌，乳白色的浪花四溅，甚是奇特。相传黄帝就常饮用这种膏液。有时，还会出现黑色玉膏。丹木在玉膏的灌溉下，生长五年以后便五色五味皆具，光艳美丽，馨香诱人。黄帝取峚山玉之精华，投种在钟山向阳的南坡，后来便生出瑾和瑜这类美玉。这两种玉坚硬致密，温润而有光泽，五色的符彩相互辉映，五彩缤纷，刚柔相济，十分和谐。天地的鬼神常来享用；人们如果能佩戴它，便能吉祥如意，抵御妖邪的侵袭。从峚山到钟山，四百六十里路，其间大部分地方都是水泽，这里生长着许多珍禽异兽。

钟山

再向西北四百二十里是钟山。钟山山神的儿子名叫鼓，又叫烛龙。鼓有一张人脸，但是长着龙的身体，他和另一个叫做钦䲹（pí）的神同谋，把葆江杀死在昆仑山的南边。黄帝因此而发怒，将鼓和钦䲹杀死在钟山东边的峣崖。钦䲹被杀以后化为鹗（即鱼鹰，属猛禽类。——编者注），其体形像大雕，全身有黑色的花纹，白色的头，红色的嘴壳，还有像虎爪一样的爪子，声音像晨鹄（hú）的啼叫，它只要一出现，天下就会大乱，不得安宁。鼓死后也化成了一种叫鵕（jùn）鸟（即锦鸡。——编者注）的鸟，其形貌很像鹞鹰，有红色的足爪、直直的嘴巴、黄色花纹的羽毛和白色的头部，天鹅一般的鸣叫声，只要它一出现便会有大旱灾。

□ 鼓

鼓是钟山山神的儿子，长着人脸龙身。

泰器山

再向西一百八十里是泰器山。观水发源于这座山，向西流去，注入流沙。

水中多文鳐（yáo）鱼，这种鱼的形状像鲤鱼，却有翅膀，它身上有苍色的花纹，头部为白色，嘴巴为红色，它们常常出没于西海、东海，在夜晚成群结队地飞翔。它还会发出像鸾鸟一样的啼叫。其肉味酸甜，可以治癫狂病。这种鱼一旦出现，即预示着五谷丰登。

□ **文鳐鱼**

文鳐鱼的样子像鲤鱼，鱼身鸟翼，白脑袋，红嘴喙，毛色苍斑，叫声像鸾鸟，夜间常飞翔遨游于西海东海之间。

槐江山

再向西三百二十里是槐江山。丘时水发源于这座山，向北流去，注入泑水（可能为额济纳河。——编者注），水中多蜗牛，山上遍布着青雄黄、黄金、美玉以及珠玉般的美石。山向阳的南坡，遍布着像粟粒一样的细丹沙；山背阴的北坡，则出产大量的金银。这里是黄帝所建的空中花园，由神英招守护。英招为人面马身，身上有虎纹，生有翅膀，他巡行于四海之内，是黄帝的使者，其声音就像是辘轳在抽水的声音。由这座山向南望去，可以看到昆仑山，那里火光熊熊，云雾缭绕，气象恢弘。向西可以看到大泽，那里是后稷的墓葬。（相传，后稷一出生便灵慧先知，他死时，便在此化为了大泽之神。——编者注）

槐江山中还遍布着美玉。山背阴的北面，生长着奇形怪状的大树。向北望去，可以看到诸毗山，一位名叫槐鬼离仑的神仙就住在这里，与众鹰鹞相伴。向东望去，可以看到恒山（此非北岳恒山，古代昆仑山脉中应有恒山，可能是《淮南子·时则训》中“自昆仑东绝两恒山”的恒山。——编者注），高有四重，这里是穷鬼居住的地方。穷鬼们物以类聚，都聚集在恒山的臂膀之下。槐江山还有水流，叫做淫（或作“瑶”。——编者注）水，它清澈荡漾，汩汩而流。这座山中有天神，其形貌像牛，有八只脚，两个头，长着马尾，它发出的声音像吹奏乐器时的薄膜发出的振动声。这位天神一旦出现，就会有兵戈之灾。

□ **英招**

上古传说中的神。人面马身，身上长有虎纹，生有翅膀。

□ 第十二图，（清）《山海经绘图广注》刻本，成或因绘图，咸丰五年（1855）刻印。

昆仑之丘

再向西南四百里为昆仑之丘，是黄帝在下界的都城，神陆吾主管这个地方。陆吾长着人的面孔，但其体形很像虎，且有九尾，他主管着上天的九部和黄帝园圃的时令。山中有一种野兽，形体很像羊，却长着四只角，名叫土蝼，会吃人。山中生长着一种鸟，形体像蜂，大小像鸳鸯，名叫钦原，这种鸟如果螫了其他动物，动物就会死掉，如果螫了树木，树木就会枯死。还有一种鸟，叫鹑鸟（《禽经》：“赤凤谓之鹑。”——编者注），它管理黄帝的各种器具和服饰。山上生长着一种树木，形状像棠梨树，花朵是黄色的，果实是红色的，果实的味道与李子相似，但没有核，名叫沙棠，人吃了它能够入水不沉。山中生长着一种草，名叫蓍草，它的形状很像葵，味道很像葱，人们如果吃了它，就可以解除疲劳，消除忧愁。河水（指黄河。——编者注）发源于这座山，向南转而向东流去，注入无达山边的湖泊。赤水（疑为今金沙江。——编者注）也发源于这座山，向东南流去，注入汜天水。洋水（疑为今印度河。——编者注）也发源于这座山，向西南流去，注入丑涂水。黑水（可能是今阿姆河。——编者注）也从这座山中流出，向西流去，流入大杅山旁的湖里。这座山中到处是珍禽异兽。

□ **土蝼**

一种长得像羊，有四只角，会吃人的野兽。

□ **鲭鱼**

一种长得像蛇的鱼，有四只脚，以鱼为食。

乐游山

再向西三百七十里是乐游山。桃水发源于这座山，向西流去，注入稷泽，水中遍布白玉，还有大量的鲭（huá）鱼，这种鱼的形状同蛇相似，但有四足，以鱼为食。（它是一种发光的飞鱼，声音像鸳鸯，只要它出现的地方，就会有旱灾。——编者注）

蠃母山

再向西走四百里水路是流沙，再行二百里，便到了蠃（luǒ）母山，神长乘管理这个地方，他是天的九德之气所生。神长乘为人身豹尾。山上遍布着美玉，山下到处是青石，却没有水。

玉山

再向西三百五十里是玉山，是西王母居住的地方。西王母的形貌同人一样，却长着虎牙豹尾，且善啸叫。她蓬头乱发上戴着玉胜，主管上天的灾异和五刑残杀之气。山中有一种野兽，体形像狗，有豹纹，角像牛角，名叫狡。它的叫声很像狗吠，它一出现，即预示着庄稼丰收。山中还有一种鸟，体形像野鸡，却长着红色的羽毛，名叫胜遇。此鸟以鱼为食，叫声如鹿鸣，它一旦出现，该地就会发生水灾。

轩辕之丘

再向西四百八十里是轩辕之丘（轩辕丘是轩辕黄帝居住的地方，他曾在此娶西陵妇氏。——编者注）。山上没有树木花草，洵水（疑为阿姆河上源支流。——编者注）从这里流出，向南流去，注入黑水，水中多红色细沙和青雄黄。

积石山

再向西三百里是积石山（疑在今大通河源。——编者注）。山下有一个巨大的石门，河水从石门上漫过，奔涌而出，向西流去。这是一座宝山，无奇不有。

长留山

再向西二百里是长留山，是白帝少昊的居所。（少昊，古代东夷族首领，号金天氏，他的族人根据他的命令，以鸟名作官名，设有工正、农正两种官，后来的郯（tán）国就是少昊的后代。——编者注）此外，山中还有大量的野兽出没，都长着带花纹的尾巴。山中的鸟头部都有花纹。山上还遍布着各色花纹的玉石。此外，山上有员神磈（wěi）氏的宫殿，他主管太阳落下西山后向东返照。

□ 第十三图，（清）《山海经绘图广注》刻本，成或因绘图，咸丰五年（1855）刻印。

□ 狰

狰的声音如击石般铿锵，脸部中央长出一只角，有五条尾巴，全身赤红，身形像豹。

□ 毕方

传说是树木的精灵，形貌与鸟相似，青色羽毛，只长有一只脚、一只翅膀，不吃五谷。

□ 天狗

一种体形像野猫的野兽，白色的脑袋，发出的叫声与“猫猫”相似，人们饲养它来辟凶邪之气。

章莪山

再向西二百八十里是章莪（é）山。山上不生草木，遍布着瑶和碧一类的美玉。山中多奇特瑰丽的东西。山中有一种野兽，长得很像红色的豹子，但有五条尾巴，一只角，它的叫声像是在敲击石头，它的名字叫狰。山上有一种鸟，外形像白鹤，但只有一只脚，身上有红色的花纹，青色的羽毛，白色的嘴，名字叫毕方。它鸣叫的声音像自呼其名，它出现的地方会伴有怪火。（传说毕方常常衔着火，到处去制造火灾。——编者注）

阴山

再向西三百里是阴山。浊浴水发源于这座山，向南流去，注入蕃泽。水中遍布着五彩的贝壳。山中有一种野兽，形貌像猫，头部是白色的，名叫天狗，常发出“猫猫”的啼叫声。人们畜养天狗，用来避凶邪之气（又有《事物绀珠》云：“天狗如狸，白首，音如猫，食蛇。”——编者注）。

符惕山

再向西二百里是符惕山。山上生长着许多棕榈树和楠树，山下则蕴藏着丰富的金属和玉石，是江疑神的居所。这座山上常常下怪雨，山中风云暗涌。

三危山

再向西二百二十里是三危山（位于今甘肃省敦煌市。——编者注）。这座山方圆百里，是三青鸟的栖息之地。山上有一种野兽，体形很像牛，白色的皮毛，头上四只角，长着蓑衣一样长长的毫毛，名叫傲㧟（ào yē）。它凶猛食人。山上还有一种鸟，有一个头三个身子，体形很像黑斑纹、红颈的鵸（luò）鸟，它名叫鸱（chī）。

□ 傲㧟

这种野兽长得像普通的牛，白色的身子，有四只角，身上的硬毛又长又密，如同披着蓑衣。

騩山

再向西一百九十里是騩山。山上美玉遍布，没有其他杂石。这里是耆童神（耆童神是颛顼之子，部族首领，他曾任命重担任南正之官，专司祭祀天神，任命黎任北正之官，掌管民事。——编者注）的居所，他发出的声音像是在敲钟击磬。山下遍地是蛇。

□ 鸱

这种野兽长着一个头三个身子，体形像鵸鸟。

天山

再向西三百五十里是天山（疑在今新疆境内。——编者注）。这座山金玉遍布，青雄黄尤其多。英水发源于这座山，向西南流去，注入汤谷。山中住着一个神，他的体形像黄布口袋，身上发出火红的光，长着六只脚和四只翅膀，没有眼睛耳朵等面部器官，但能歌善舞，他就是帝江神。

□ 帝江

他的体形像黄布口袋，身上发红光，有六只脚和四只翅膀，能歌善舞。

泑山

再向西二百九十里是泑山，神蓐收就居住在这里。山上的玉多用作颈饰。山向阳的南面，到处是瑾和瑜这类美玉；山背阴的北面，遍地是青雄黄。从这个山的顶峰向西望去，可以看到太阳落山的景象，气象雄浑壮阔，天神红光主宰着这里的一切。

□ 讙

这种野兽长得像野猫，只有一只眼睛，有三条尾巴。人们饲养它以辟凶邪之气，要是吃了它的肉还能治黄疸病。

□ 鵸鵌

这种禽鸟长得像乌鸦，有红色斑纹的五彩羽毛，雌雄同体，吃了它的肉可以使人不做恶梦。

翼望山

再向西走一百里水路，便到了翼望山。这座山没有草木，但金属和美玉却蕴藏丰富。山中有一种野兽，体形似野猫，有一只眼睛三只尾巴，它的名字叫讙（huān）。它的声音雄浑如万兽齐鸣。人们用讙防御凶邪，用它的肉治黄疸病。山中有一种鸟，长得像乌鸦，但有三个头，六条尾巴，爱嬉笑，名叫鵸鵌（qí tú）。人们若吃了它的肉，可以睡得香甜，不做噩梦，还可以防凶邪。

总览

西方第三列山系，自崇吾山起，到翼望山止，共有二十三座，蜿蜒六千七百四十四里。这些山中的神仙，皆人面羊身，祭祀时，须将祭祀用的玉器埋进地里，祭祀所用精米为稷米。

西次四经

阴山

西方第四列山系的头一座山是阴山（位于今陕西黄龙县北。——编者注）。山上多构树，没有山石，花草丛生，以皋葵和青蕃为最多。阴水发源于这座山，向西流去，注入洛水。

劳山

再向北五十里是劳山。山上紫草茂盛。弱水从此山发源，向西流去，注入洛水。

罢谷山

再向西五十里是罢谷山。洱水发源于这座山，向西流去，注入洛水，水中遍布紫石英和碧玉。

申山

再向北一百七十里是申山。山上多构树和柞木，山下多杻树和橿树。山向阳的南面遍布着金属和美玉。区水（即陕北延河。——编者注）发源于这座山，向东流去，注入黄河。

鸟山

再向北二百里是鸟山。山中桑树遍野，山下构树成林。山向阳的南面遍布着玉石，山背阴的北面蕴藏着丰富的铁。辱水发源于这座山，向东流去，注入黄河。

□ 第十四图，（清）《山海绘图广注》刻本，成或因绘图，咸丰五年（1855）刻印。

□ 当扈

它的体形像野鸡，可以用颈下的毛当翅膀飞翔。人们吃了它的肉可预防眨眼病。

上申山

再向北一百二十里是上申山。山中没有草木，多巨石；山下满是榛树（榛树的幼枝有软毛及腺毛，叶圆形，顶端较平整，雌雄同株，种子可食用或榨油。——编者注）和楛（hù）树。山中多白鹿和鸟。鸟中最多的是当扈，其体形与野鸡相似，可以用颈下的毛当翅膀飞翔。人们吃了它的肉，可以预防眨眼病。汤水发源于这座山，向东流去，注入黄河。

诸次山

再向北一百八十里是诸次山（疑在今内蒙古鄂尔多斯市，一说在今陕西省榆林县北。——编者注）。诸次水发源于这座山，向东流去，注入黄河。这座山上树林丛生，却无花草鸟兽，但经常有蛇出没。

号山

再向北一百八十里是号山（疑在今鄂尔多斯市。——编者注）。山上树木繁多，以漆树和棕树为主；花草丛生中，多见白芷、虈（xiāo）和川芎，还有很多柔软的云泥。端水发源于这座山，向东流去，注入黄河。

盂山

再向北二百二十里是盂山。山向阳的南面，蕴藏着丰富的铜矿；山背阴的北面，则铁矿极为丰富。山中的野兽以白狼和白虎等瑞兽（《瑞应图》云："白狼，王者仁德明哲则见。白虎，仁而善，王者不暴则见。"又《宋书》云："白狼，宣王得之而犬戎服。"——编者注）为最多；山中的飞鸟以白野鸡和白翠鸟为最多。生水发源于这座山，向东流去，注入黄河。

白於山

再向西二百五十里是白於山（位于今陕西与内蒙交界处，是延河、洛河、无定河发源地。——编者注）。山上多松树和柏树，山下则柞树和檀树遍野。山中的野兽以牪牛、羬羊最多；鸟以鸮鸟最多（鸮鸟就是猫头鹰。——编者注）。此外洛水发源于山的南麓，向东流去，注入渭水；夹水发源于山的北麓，向东流去，注入生水。

申首山

再向西北三百里是申首山。山上无草木，不论冬夏，常年大雪纷飞。申水发源于山上，潜流到山下，水中遍布着白玉。

泾谷山

再向西五十五里是泾谷山（疑在今陕西定边县附近，一说在今甘肃天水。《水经注·渭水》云："渭水又东南合泾谷水，水出西南泾谷之山。"——编者注）。泾水发源于这座山，向东南流去，注入渭水，这里蕴藏着丰富的白银和白玉。

□ 神魄

他长着人的面孔和兽的身体，且单手单脚，他发出的声音像呵欠声。

刚山

再向西一百二十里是刚山。山上漆树葱茏，遍野都是㻬琈。刚水发源于这座山，向北流去，注入渭水。此山是诸神的居所，这些天神名叫神魄，他们的体形大多人面兽身，且单手单脚，他们发出的声音似呵欠声。

再向西二百里，便到了刚山的尾部。洛水从这里发源，向北流去，注入黄河。山中栖息着许多蛮蛮。其样子像老鼠，长着像甲鱼一样的脑袋，发出的声音似狗叫。

□ 蛮蛮

这种动物形体似老鼠，有甲鱼一般的头，其声如犬吠。

英鞮山

再向西三百五十里是英鞮（dī）山。山上漆树成林，山下金玉遍地。山中飞禽走兽成

□ 第十五图，（清）《山海绘图广注》刻本，成或因绘图，咸丰五年（1855）刻印。

□ 冉遗鱼

这种鱼鱼身蛇头，有六只脚，眼睛像马的耳朵，吃了这种鱼可以使人不患梦魇症，还可以预防凶灾。

□ 驳

一种体形像马而能吃虎豹的野兽。

□ 穷奇

它的体形与牛相似，浑身长着刺猬一样的硬毛，叫声如狗吠，且能吃人。

□ 蠃鱼

蠃鱼有两只翅膀，叫声像鸳鸯。

群结队，且这些鸟兽都是白色的。涴水发源于这座山，向北流去，注入陵羊泽。涴水中有很多冉遗鱼，这种鱼是鱼身蛇头，六只脚，眼睛像马耳，人们吃了它，可以防御凶邪，不被梦魇搅扰。

中曲山

再向西三百里是中曲山。山向阳的南坡，遍布着精美的玉石；山背阴的北面，遍布着雄黄、白玉和金属。山中有一种野兽，体形很像马，白色的皮毛，黑色的尾巴，头上长着一只角，有像老虎一样的牙齿和爪子，它的叫声如擂鼓，专食虎豹，名叫驳（bó）。据说这种野兽可防兵刃之灾，人们因此而驯养它。山中有一种树，长得像棠梨，叶子是圆的，所结的红色果实硕大，如木瓜，它名叫櫰木，人吃了这种果实，可以增强体力。

邽山

再向西二百六十里是邽（guī）山。山上有一种野兽，体形像牛，浑身长着刺猬一样的硬毛，它名叫穷奇。它的叫声如狗吠，这种兽能吃人（穷奇是少昊之子，有翅膀，可以飞翔，懂人话，只要听到人争斗，就会把胜利者吃掉。听说谁忠信，它就会吃掉那人的鼻子，听说谁恶逆不善，它反而会用兽肉奖赏对方，它是一种魔兽。——编者注）。濛水发源于这座山，向南流去，注入洋水。濛水中分布着大量的贝类和蠃鱼，蠃鱼长着翅膀，叫声像鸳鸯，它出现在哪里，哪里就会发生水灾。

鸟鼠同穴山

再向西二百二十里是鸟鼠同穴山（即鸟鼠山，位于今陕西省渭源县城西南8公里处，是渭水发源地，属西秦岭山脉的西延部分。《汉书·地理志》云："鸟鼠同穴山在西南，渭水所出，东至船司空入河。"又《尚书》记载："禹贡导渭自鸟鼠同穴。鼠之山有鸟焉，与鼠飞行而处之，又有止而同穴之山焉，是二山也。鸟名为䳌，似鹅而黄黑色。鼠如家鼠而短尾，穿地而共处。"——编者注）。山上白虎出没，遍地是白色的精美玉石。渭水发源于这座山，向东流去，注入黄河。水中盛产鳋（sāo）鱼，体形像硕大的鳣（zhān）鱼。鳋鱼只要一出现，当地就会发生战乱。滥水由此山流出，向西流去，注入汉水。水中盛产絮魮（rú pí）鱼，这种鱼的体形如覆转的铫（diào），却长着鸟头，有鱼鳍和鱼尾，声音像是在敲击磬石一般，当它发出叫声时，身体里会有珍珠和玉石滚落出来。

□ 絮魮

一种长着鸟头的鱼，体形像覆转的铫，声音像敲击磬石。

□ 人面鸮

这是一种体形像猫头鹰的鸟，它长着人脸，身体像猕猴，尾巴像狗，叫声如同自呼其名，它出现在哪里，哪里就会大旱。

崦嵫山

再向西南三百六十里是崦嵫（yān zī）山。山上丹树茂盛，其树叶同构树叶相似，果实硕大，红色的花萼带有黑色的纹理。吃了这种果实，可以治黄疸病，还可以预防火灾。山向阳的南坡，有很多乌龟；山背阴的北坡，有很多美玉。苕水发源于这座山，向西流去，注入大海，水中遍布着磨刀石。山中有一种野兽，体形像马，有翅膀，人面蛇尾，喜欢把人抱举起来，名叫孰湖。山中有一种鸟，体形像猫头鹰，长着一副人的面孔，身体像猕猴，尾巴像狗，叫声像是在自呼其名，它出现在哪里，哪里就会大旱。

总览

西方第四列山系，自阴山起，至崦嵫山止，总共十九座，蜿蜒三千六百八十里。人们对这些神仙的祭祀礼仪，都是用一只白色的鸡取血涂祭，以精米作供品，放在白茅编织的席上。

以上所列的西方山系，共七十七座山，蜿蜒一万七千五百一十七里。

卷三　北山经

JUANSAN BEISHANJING

《北山经》主要以北次一经、北次二经、北次三经三个篇目为主线，记述了三大山系的河流、物产及各山系的图腾。三大山系共八十七座山，蜿蜒二万三千二百三十里。

《北山经》所述第一个山系，为北方第一列山系，在今新疆、塔吉克斯坦、吉尔吉斯斯坦、甘肃、山西、内蒙古、蒙古国境内。此山起于单狐山，至隄山，共二十五座，蜿蜒五千四百九十里。这里的神皆人面蛇身。

第二个山系，为北方第二列山系，在今山西、内蒙古、河南、蒙古国、俄罗斯境内。此山起于管涔山，至敦题山，共十七座，蜿蜒五千六百九十里。这里的神皆人面蛇身。

第三个山系，为北方第三列山系，即今河南、山西、河北、辽宁、朝鲜国境内。此山起于太行山，至毋逢山，共四十六座，蜿蜒一万二千三百五十里。这里的神皆人面马身。

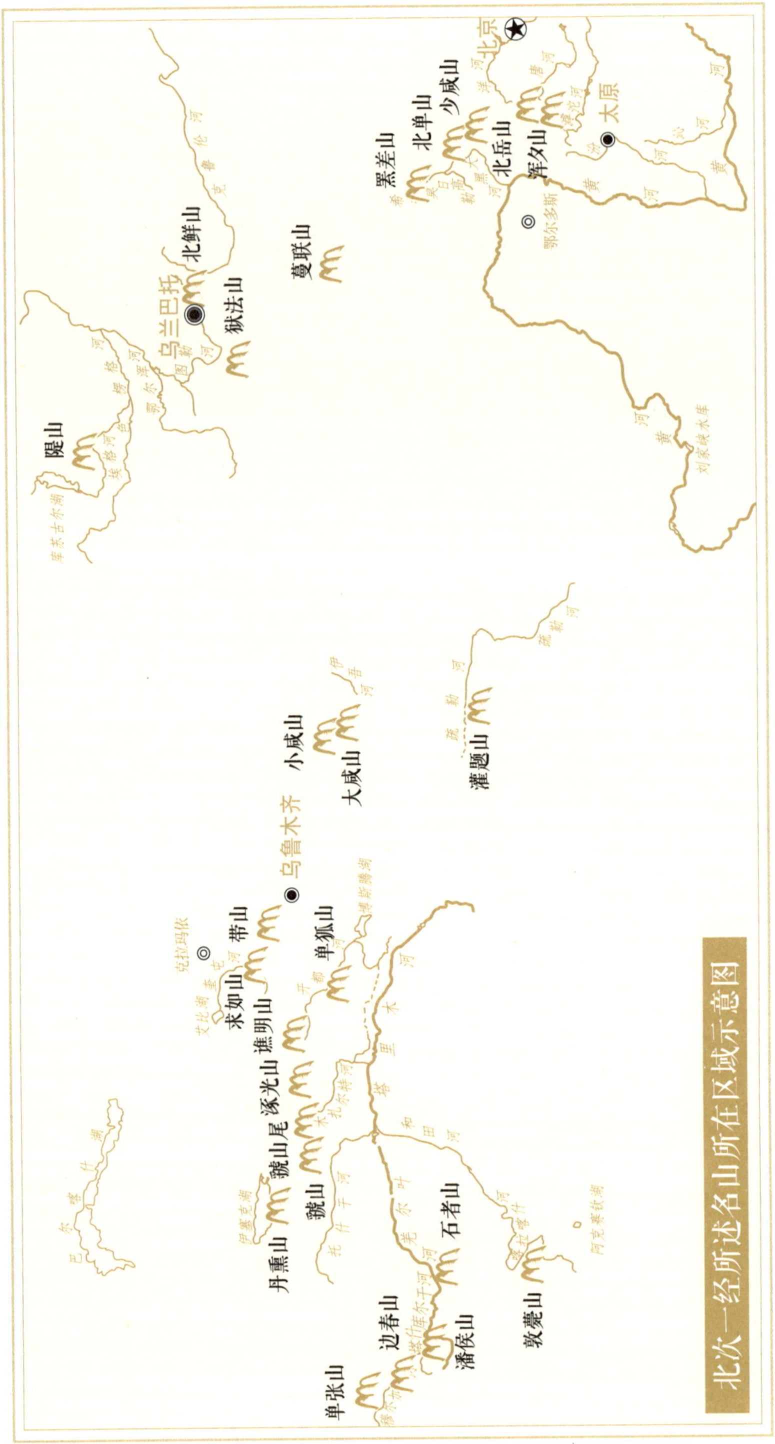

北次一经所述名山所在区域示意图

北次二经所述名山所在区域示意图

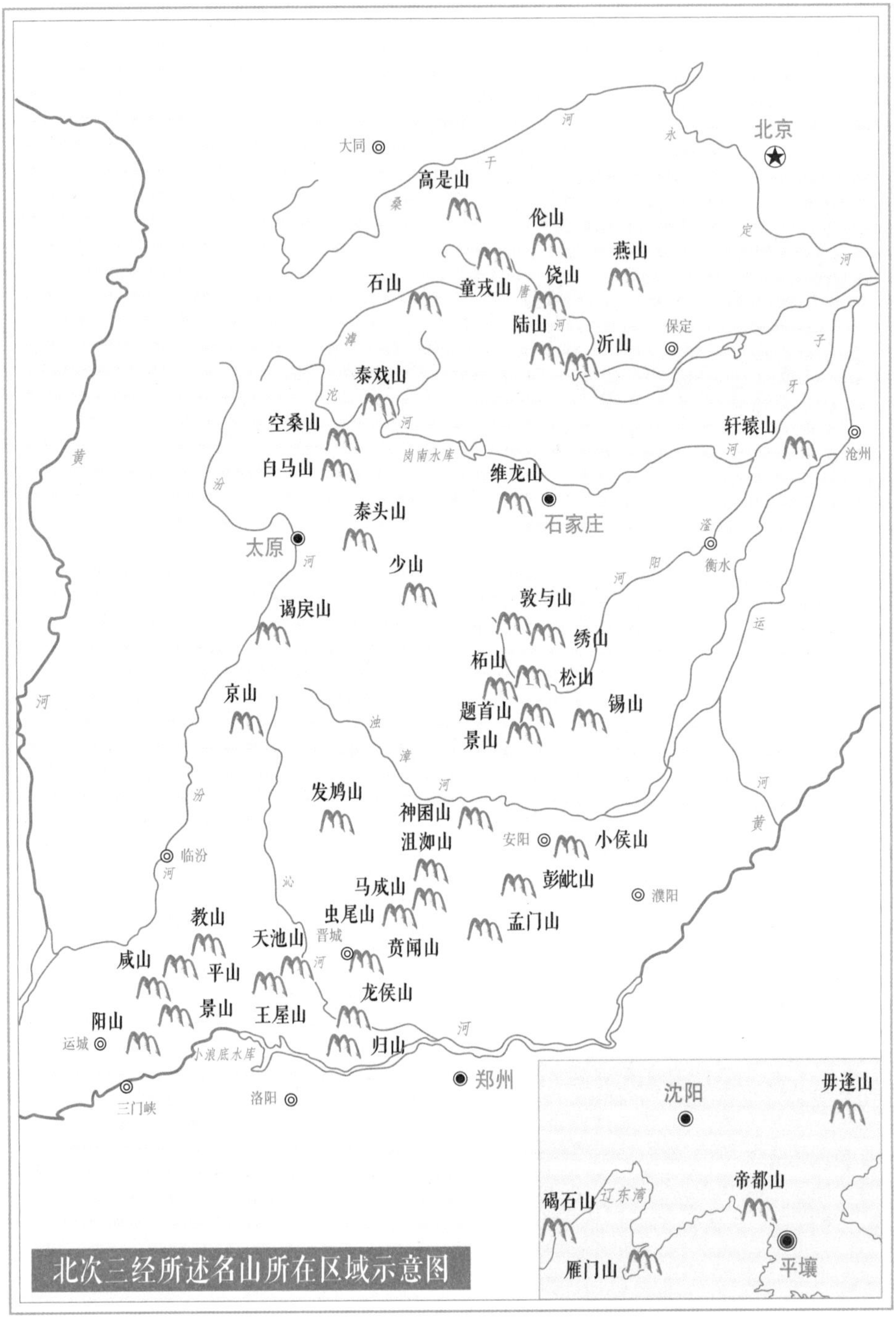

北次三经所述名山所在区域示意图

北次一经

单狐山

北方第一列山系的头一座是单狐山（疑在今新疆境内。——编者注）。山多桤树，花草丛生。漨（féng）水发源于这座山，向西流去，注入泑水，水中多紫石和有着美丽花纹的石头。

求如山

再向北二百五十里是求如山。山中铜矿丰富，山下美玉遍野。山顶无草木。滑水发源于此山，向西流去，注入诸䳕水。水中滑鱼成群，其形状像鳝鱼，红色的脊背，叫声如人们支吾说话，吃了这种鱼可以治赘瘤。水中还有大量的水马，它们的形状与马相似，前脚上有花纹，尾巴像牛尾，叫声很像人在呼喊。

□ **䑏疏**

这种野兽长得像普通的马，有一只粗硬如魔石的角，人们饲养它用以辟火。

带山

再向北三百里是带山。山上遍布着美玉，山下碧玉遍野。山中有一种野兽，体形像马，头上长着一只角，角上有甲错，名叫䑏（huān）疏，人们驯养它来防御火灾。山中有一种鸟，体形同乌鸦相似，身披五彩羽毛，还有红色花纹，它的名字叫鵸鵌，这种鸟集雌雄于一身，可以自己繁殖。人们若吃了这种鸟肉，就可以不生痈疽病。彭水由此山中发源，向西流去，注入芘湖。芘湖中生活着很多儵（tiáo）鱼，

□ **儵鱼**

这是一种外形像鸡的鱼，红色的毛，有三条尾巴、六只脚和四只眼睛。人们吃了它的肉可以忘忧。

□ 第十六图，（清）《山海经绘图广注》刻本，成或因绘图，咸丰五年（1855）刻印。

这种鱼的外貌奇特，长相似鸡，长着红色羽毛、三条尾巴、六只脚、四只眼睛，它的叫声像喜鹊，人们吃了这种鱼的肉，会感到欢悦，乐以忘忧。

谯明山

□ 何罗鱼

这是一种怪鱼，长有一个脑袋十个身子，声音像狗叫。据说吃了它的肉可以治痈肿病。

再向北四百里是谯（qiáo）明山（疑在今新疆境内。——编者注）。谯水发源于这座山，向西流去，注入黄河。谯水中何罗鱼成群，这种鱼长着一个头，十个身子，叫声像狗叫。吃这种鱼能治痈肿。山中有一种野兽，其形貌像豪猪，长着红色的毛，它的叫声像辘轳抽水时发出的声音，它名叫孟槐。人们带着这种野兽出行，可以防止意外发生。山中没有花草树木，遍地青雄黄。

涿光山

再向北三百五十里是涿光山。嚣水发源于这座山，向西流去，注入黄河。嚣水中鳛鳛（zhě）鱼游动，其形状很像喜鹊，长有十只翅膀，所有的鳞都长在羽翅的尖端，它的叫声也很像喜鹊。此鸟可以预知火警，人们带着它以防止火灾。吃这种鸟肉，还可以预防黄疸病。山上松树和柏树生长茂盛，山下棕榈树和橿树成林。山中的野兽以羚羊为主；山中的鸟以鹗鸟为最多。

虢山

□ 寓鸟

这是一种体形像鼠的飞鸟，有翅膀，叫声像羊。

再向北三百八十里是虢（guó）山。山上是繁茂的漆树，山下则生长着茂盛的梧桐树和可以做拐杖的椐（jū）树。山向阳的南坡，遍布着各色各样的美玉；山背阴的北坡，蕴藏着丰富的铁。伊水发源于这座山，向西流去，注入黄河。山中的野兽多为骆驼；山间的飞鸟以蝙蝠之类的寓鸟最多，它的体形同鼠相似，但有翅膀，叫声像羊。这种鸟可以预报兵情，以防止兵戈之灾。

再向北四百里，便到了虢山的尾部，山中遍地是玉石，再无其他杂石。鱼水发源于这座山，向西流去，注入黄河。鱼水中有很多五彩斑斓的贝壳。

丹熏山

再向北二百里是丹熏山。山上生长着茂密的臭椿树和柏树，草以韭䪥（xiè）最多，山上还盛产丹雘，熏水从这座山中流出，向西流去，注入棠水。山中有一种兽，它的体形很像老鼠，长着兔子头，麋的耳朵，它的叫声像狗叫，它用尾巴飞行，它的名字叫耳鼠（即鼯鼠，其飞膜可以帮助其在树间快速地滑翔。——编者注），人们吃了它的肉，可以预防鼓胀病，还可以防御百毒之害。

石者山

再向北二百八十里是石者山。山上没有草木，遍布瑶、碧。泚水发源于这座山，向西流去，注入黄河。山中出没一种野兽，外形很像豹子，但额头上的皮毛有花纹，身上的毛皮则是白色的，它名叫孟极。这种兽善于隐藏，它的叫声便是自呼其名。

边春山

再向北一百一十里是边春山。山上生长着茂盛的葱、葵、韭、桃树和李树等。杠水发源于这座山，向西流去，注入泑泽。山中有一种兽，体形像猿猴，身上的皮毛形成花纹，善于嬉笑，见人就装睡，它名叫幽鴳（è），它的鸣叫声也像自呼其名。

蔓联山

再向北二百里是蔓联山。山上没有树木花草。山中活动着一种野兽，形体同猿猴相似，长有鬣毛和牛尾巴，臂上有花纹，马蹄。它见到人就呼唤，它名叫足訾（zī），它鸣叫的声音像自呼其名。山中还有一种喜欢成群居住在一起的鸟，它们结队飞翔，羽毛与雌野鸡羽毛相似，它名叫䴔（jiāo）。它的鸣叫声像自呼其名，人们吃了它的肉便能治风痹。（䴔后来在《诗经》中被叫做鸡雉，头细、身子长，颈上长着白色羽毛，能入水捕鱼。——编者注）

□ 第十七图，（清）《山海经绘图广注》刻本，成或因绘图，咸丰五年（1855）刻印。

□ 第十八图，（清）《山海经绘图广注》刻本，成或因绘图，咸丰五年（1855）刻印。

单张山

□ 诸犍

这种野兽长着人面豹身，耳朵像牛耳，有一只眼睛，尾巴很长，声音很大。行走时衔着尾巴，休息时则盘着尾巴。

再向北一百八十里是单张山。山上没有花草树木。山中有一种野兽，它形貌像豹子，有一条长长的尾巴，人头牛耳，只有一只眼睛，它的名字叫诸犍（jiān）。它喜欢大声嚎叫，走路时用嘴衔着尾巴，停下时尾巴盘蜷在一起。山中生长着一种鸟，它的体形同野鸡相似，只不过头上的羽毛呈各种花纹，翅膀的羽毛为白色，脚为黄色，它的名字叫白鵺（yè）。人们吃了这种鸟的肉，可以治咽喉痛和癫狂病。栎水发源于这座山，向南流去，注入杠水。

灌题山

□ 竦斯

这是一种人面鸟，样子像雌雉，叫声是自己的名字，见到人会跳跃。

再向北三百二十里是灌题山。山上臭椿树和柘（zhè）树郁郁葱葱，山下流沙沉积，遍地是磨刀石。山中有一种野兽，形体同牛相似，尾巴是白色的，声音像人在呼唤，它名叫那父。山中还有一种鸟，它的体形像母鸡，但长着人面，见到人就会跳跃，它的名字叫竦斯，其叫声像自呼其名。匠韩水发源于这座山，向西流去，注入泑泽，水中多磁石。

潘侯山

再向北二百里是潘侯山。山上松树和柏树成林，山下榛木和楛木参天。山向阳的南坡，遍布着玉石；山背阴的北坡，蕴藏着丰富的铁。山中有一种野兽，形体同牛相似，而背、膝及腹尾部都长着长毛，名叫牦牛。边水发源于这座山，向南流去，注入栎泽。

小咸山

再向北二百三十里是小咸山。山上没有树木花草，冬季和夏季都积雪覆盖。

大咸山

再向北二百八十里是大咸山。山上没有树木花草；山下遍布着各色美玉。此山呈正方形，不能攀登。山中出没一种蛇，名叫长蛇，身上长着如猪鬃一样的毛，它的叫声像巡夜人敲木梆子时发出的声音。

敦薨山

再向北三百二十里是敦薨山。山上多棕树和楠木，山下则是茂密的茈草。敦薨水发源于这座山，向西流去，注入泑泽。泑泽位于昆仑山东北，实际上就是黄河的发源地。敦薨水中赤鲑（guī）繁多。山中野兽以兕、牦牛为最多；鸟中则以布谷鸟最为多见。

□ 长蛇

这种蛇身上长着像彘豪一样的毛，叫声像是鼓柝声。

少咸山

再向北二百里是少咸山（疑在今内蒙古集宁南。——编者注）。山上没有树木花草，遍地青石和碧玉。山中有一种兽，它的体形很像牛，但赤身、人面马足，名叫窫窳，它的叫声很像婴儿啼哭，这种兽会吃人。敦水从此山中流出，向东流去，注入雁门水，敦水中生活着很多河豚，这种鱼有毒，人们若误食了它，就会被毒死。

□ 鱳鱼

这种鱼体形像鲤鱼，但长着一双鸡脚。

狱法山

再向北二百里是狱法山（疑在今蒙古国境内。——编者注）。瀤（huái）泽水（即东北流注于今俄罗斯贝加尔湖的河流。——编者注）从山中流出，向东北方向流去，注入泰泽（即贝加尔湖。——编者注）。水中有大量的鱳（zǎo）鱼，它的体形同鲤鱼相似，但腹下长着一双鸡足。人们如果吃了这种鱼的肉，可以治疗赘瘤病。山中

□ 山猙

这种野兽人面狗身，见人就笑，行走如风。

还有一种野兽，其体形同狗相似，却长着人面，善于投掷，见到人就会哈哈大笑，它名叫山狎（huī）。它行走神速，能卷起一阵大风。因此，它所到之地风起云涌。（山狎也叫举父，是枭阳之类的动物，口很大，喜欢吃人。——编者注）

□ 诸怀

这是一种外形像牛，长着四只角，并有人一样的眼睛、猪一样的耳朵的怪兽。

□ 鮨鱼

这是一种非狗非鱼的怪鱼，鱼身鱼尾，狗头，叫声像婴儿。人们吃了它的肉可以治疯癫病。

□ 肥遗

这是一种长着一个头、两个身体的怪蛇，它出现的地方就会有大旱。

北岳山

再向北二百里是北岳山（疑在今山西浑源县，一说并非指恒山，谭季龙先生认为此山位于今乌兰察布市四子王旗。——编者注）。山上多枳、棘、刚木。山中有一种野兽，体形像牛，但有四只角，长着人眼和猪耳，它名叫诸怀。它发出的声音如雁鸣，这种兽能吃人。诸怀之水（即浑河。——编者注）从山中流出，向西流去，注入嚣水（即桑干河。——编者注）。水中鮨鱼成群，这种鱼为鱼身狗头，它发出的叫声像婴儿啼哭，人们吃了这种鱼肉，可以治疯癫病。

浑夕山

再向北一百八十里是浑夕山（疑在今山西代县北。——编者注）。山中没有树木花草，遍地是黄铜和美玉。嚣水从山中流出，向西北流去，注入大海。山中有一种蛇，一头两身，且两个身子都有八尺来长，它名叫肥遗。只要它一出现，天下就会发生旱灾。

北单山

再向北五十里是北单山（疑此山与后文的黑差山都位于今内蒙古乌兰察布盟一带。——编者注）。山上没有花木，却满山是葱和韭菜。

罴差山

再向北一百里是罴差山。山上没有花草树木，却野马成群。

北鲜山

再向北一百八十里是北鲜山（《尔雅·释山》云：“小山曰别；大山曰鲜。”——编者注），这座山上到处是野马。鲜水从这座山发源，向西北流去，注入涂吾水（涂，音余。《汉书·武帝纪》云：“余吾水，朔方之北也。”古代的朔方郡在今鄂尔多斯高原脊线北部的库布齐沙漠一带，而涂吾水就是那里的鄂尔浑河或图勒河。——编者注）。

隄山

再向北一百七十里是隄山（疑在今蒙古国库苏泊东。——编者注），山中多野马。另有一种野兽，体形同豹子很相似，头上有花纹，名叫狕（yǎo）。隄水发源于这座山，向东流去，注入泰泽。隄水中龙龟频繁出没。

总览

北方第一列山系，自单狐山起，至隄山止，总共二十五座山，蜿蜒五千四百九十里。这些山中的神仙都是人面蛇身。祭祀时，把完整的雄鸡和猪埋在土里， 祭神的吉玉用珪，将之埋入地下，不必用米。祭祀时，居住在山北的人都必须吃生食，不得用火烹煮。

北次二经

管涔山

北方第二列山系的头一座山在黄河的东面，山的头部枕着汾水，山的名字叫管涔（cén）山（即今山西省西北部的管涔山。——编者注）。山上没有树木，却花草茂密，山下盛产美玉。汾水发源于这座山，向西流去，注入黄河。

少阳山

再向西二百五十里是少阳山（在今山西省交城县，据唐《元和郡县图志》记载，开皇十六年分晋阳县置交城县，取进交城为名，属并州……少阳山，在县西南九十五里。其上多玉，其下多赤银。高二百丈，周回二十里。——编者注）。山上美玉遍野，山下赤银（即赤铁矿。今交城县附近有石楼县，该县恰有赤铁矿。——编者注）丰富。此外，酸水（应为文水，此水经文水县注入汾水。——编者注）发源于这座山，向东流去，注入汾水，水中蕴藏着优质赭石。

县雍山

再向北五十里是县雍山（《闲诂》云："雍与壅同。"又《方舆纪要》云："悬壅山腹，有巨石如瓮。"后改为"悬瓮"。县雍山即晋阳以西的悬瓮山，今名天龙山。——编者注）。山上遍布着美玉，山下出产铜。山中多山驴和麋鹿；鸟类则以白翟和白鹌（yǒu）为主。晋水（《水经》云："晋水出晋阳县西悬壅山，东过其县南，又东入于汾水。"——编者注）发源于这座山，向东南流去，注入汾水。水中生活着很多鮆鱼，这种鱼的形体同儵鱼相似，但鱼鳞是红色的，它发出的叫声像在斥责人，吃了它的肉可以治狐臭。

狐岐山

再向北二百里是狐岐山（位于今山西省境内。——编者注）。山上没有花草树木，遍布着名贵的青玉和碧玉。胜水发源于这座山，向东北流去，注入汾水，水中盛产苍玉。

白沙山

再向北三百五十里是白沙山（疑在今内蒙古境内，另说可能就是今新疆布尔津县的白沙山，此山至今不通公路，山中寸草不生，银白色的细沙在阳光下闪闪发光。——编者注）。这座山方圆三百余里，沙石遍地，不生花木，也无飞禽走兽。鲔（wěi）水发源于这座山的山顶，然后潜流于山下，汇成水湾，水中有大量的白色玉石。

尔是山

再向北四百里是尔是山。山上荒凉无物，山中干燥无水。

狂山

再向北三百八十里是狂山。山上不生草木，无论冬夏皆是白雪皑皑。狂水发源于这座山，向西流去，注入浮水，水中盛产美玉。

诸余山

再向北三百八十里是诸余山。山上遍地是铜和美玉，山下则松树和柏树成林。诸余水发源于这座山，向东流去，注入旄水。

敦头山

再向北三百五十里是敦头山。山上盛产金属和美玉，不生花草树木。旄水发源于这座山，然后向东南流去，注入邛泽。山中多騂（bó）马（可能就是河马。——编者注），这种马牛尾而白身，一只角，其叫声像人在呼喊。

□ 騂马

这种马长着牛的尾巴，一身雪白，只有一只角，它的声音像是人的呼叫声。

钩吾山

再向北三百五十里是钩吾山（疑位于今山西

□ 第十九图，（清）《山海经绘图广注》刻本，成或因绘图，咸丰五年（1855）刻印。

□ 第二十图，（清）《山海绘图广注》刻本，成或因绘图，咸丰五年（1855）刻印。

□ 狍鸮

这种怪兽的身体像羊，有着人的面孔，眼睛长在腋窝下，牙齿与老虎的类似，并有人的指甲，它的叫声就像婴儿在啼哭。

□ 鳖鹛

这是一种人面鸟，体形像乌鸦，喜欢在夜间出没。

省朔县之南。——编者注）。山上遍布着美玉，山下蕴藏着丰富的铜。山中有一种野兽，其体形与羊相似，却长着人面，但眼睛不在面部，而在腋下，牙齿像老虎牙，爪子则有点像人的指甲，它的叫声像婴儿啼哭，它名叫狍（páo）鸮，能吃人。（狍鸮即饕餮（tāo tiè），它很贪婪，吃人时即使吃不完，也要把各部分咬碎。它是缙云氏的不肖子，终日贪吃贪喝，令人厌恶，老百姓就把它作三凶之一。——编者注）

北嚣山

再向北三百里是北嚣山。山上没有石头，山向阳的南坡盛产碧玉，山背阴的北坡盛产玉石。山中有一种野兽，它的形体很像老虎，白色的毛皮，狗头马尾，毛像猪毛，名叫独狢（yù）。山中还有一种鸟，它的形体很像乌鸦，却长着人面，名叫鸒鹛（pán mào）。它昼伏夜出。吃了它的肉可以去暑热。涔水发源于这座山，向东流去，注入邛泽。

梁渠山

再向北三百五十里是梁渠山（在今内蒙古兴和县西南，是东洋河的发源地。——编者注）。山上不生草木，但遍布着金属和美玉。脩水（即东洋河，属蓟运河水系。——编者注）发源于这座山，向东流去，注入雁门水。山中有一种兽，形体很像刺猬，毛皮红色，它名叫居暨，它的叫声很像小猪。另有一种体形很像猿猴的野兽，长着四只翅膀，一只眼睛，狗的尾巴，它名叫嚣，这种鸟的叫声像喜鹊。吃了这种鸟肉，可以治肚子疼和腹泻。

姑灌山

再向北四百里是姑灌山（疑在今蒙古国境内。——编者注）。山上没有花草树木，终年积雪。

湖灌山

再向北三百八十里是湖灌山（谭季龙先生认为此山在今河北省独石口北，是白河发源地。湖灌之水即为白河，东流直至天津入海。——编者注）。山向阳的南坡遍布着玉石，山背阴的北坡遍布着碧玉。山上野马成群。湖灌之水发源于这座山，向东流去，注入大海，水中多鳝鱼。山中还有一种树，树叶同柳叶相似，有着红色的纹理。

洹山

再向北行五百里水路，穿过三百里流沙，便到了洹（huán）山。山上遍布着金属和美玉，山中多三桑树（关于三桑的传说，极为动人：有一个叫化民的人，以桑叶为食二十七年，此后便吐丝把自己的身体裹了起来，九年后生出翅膀，再过十年便死亡。——编者注），这种树不长树枝，树干笔直冲天，高达八十丈。山中还有各种果树。此外，山下多怪蛇出没。

敦题山

再向北三百里是敦（chún）题山（疑在今俄罗斯境内。——编者注）。山上没有树木花草，满山的金属和美玉。这座山坐落在北海之滨。

总览

北方第三列山系，自管涔山起，至敦题山止，共有十七座山，蜿蜒五千六百九十里。这些山中的神仙有一个共同的特点，就是蛇身人面。祭祀他们时，将一只雄鸡和一只猪同埋在地里，再用一块璧玉和一块珪投向山中。祭祀时不用精米。

北次三经

□ 驿

这种野兽体形像羚羊，长着四只角，尾巴像马尾，脚像鸡爪。

□ 鷾

这是一种体形像喜鹊的鸟，羽毛为白色，尾羽红色，有六只脚。

□ 人鱼

这种鱼体形像娃娃鱼，有四只脚，叫声像婴儿的啼哭声。

太行山

北方第三列山系的头一座山叫太行山（即今天的太行山脉。——编者注）。太行山的起始部分，称为归山（疑在今河南济源县。——编者注）。山上遍布着金属和美玉，山下盛产精美的碧玉。山中有一种异兽，它的体形同羚羊相似，但头部长着四只角，尾巴像马尾，脚像鸡爪，它的名字叫驿（hún）。它善于盘旋舞蹈，它的叫声像自呼其名。山中还有一种鸟，体形同喜鹊相似，白色的羽毛，尾巴上的羽翎为红色，长着六只脚，它名叫鷾（bēn）。这种鸟十分灵敏惊觉，它的叫声也像自呼其名。

龙侯山

再向东北二百里是龙侯山。山顶不生草木，遍布着金属和美玉。泱泱（jué）水发源于这座山，向东流去，注入黄河。水中有大量的人鱼，它的体形很像娃娃鱼，长着四只脚，叫声很像婴儿啼哭。人吃了这种鱼，可以变得聪慧，不会患痴呆症。

马成山

再向东北二百里是马成山。山上多彩石，山背阴的北面遍布着金属和美玉。山中有一种兽，它的形体很像白狗，头却是黑色的，这种兽长着翅膀，看到人便会腾空而起，展翅飞去，它名叫天马，它的叫声像自呼其名。山中还有一种体形同乌鸦相似的鸟，头部有白色羽毛，身体羽毛为青色，脚的肤色是黄色的，它名叫鶌鶋（qū jū），它的啼叫声也像自呼其名。人们如果吃了这种鸟，就不会饥饿，还可以治疣病。

□ **天马**

这种野兽体形像白狗，脑袋为黑色，长着翅膀，会飞翔。

咸山

再向东北七十里是咸山。山上遍布着晶莹的玉石，山下蕴藏着丰富的铜矿。山上松柏郁郁葱葱，丛草中以紫草最多。条菅水发源于这座山，向西南方滔滔流去，注入长泽。条菅水中盛产器酸（产于静水中的一种酸性食物。——编者注），三年可以收成一次，吃它可以治麻风病。

天池山

再向东北二百里是天池山（疑在今山西阳城县西南。——编者注）。山上没有花草树木，遍地是带有美丽花纹的石头。山中有一种野兽，体形同兔子相似，头部像鼠，它的身上长着茂密的长毛，平时敛起，有时背毛扬起便能腾空起飞，它的名字叫飞鼠。渑水发源于这座山，潜流在山下，水中有很多黄垩。

□ **飞鼠**

这是一种体形像兔的野兽，身上有长毛，能飞翔。

阳山

再向东三百里是阳山。山上到处是各种晶莹的玉石，山下则蕴藏着丰富的金矿和铜矿。山中生活着一种野兽，它的体形很像牛，尾巴是红色的，颈上长着一个斗状的肉瘤，名叫领胡，它的叫声就像自呼其名。吃了这种兽肉，可以医治癫狂症。山中有一种鸟，体形酷似雌野鸡，身披五彩羽毛，雌雄一体，名叫象蛇，它鸣叫的声音也像自呼其名。留水发源于这座山，向南流去，注入黄河。水

□ 第二十一图，（清）《山海经绘图广注》刻本，成或因绘图，咸丰五年（1855）刻印。

中活动着成群的鮨（xiàn）父鱼，它的体形像鲋鱼（《易井》云：“井谷射鲋。”又子夏《传》曰：“井下蛤蟆呼为鲋鱼也。”——编者注），这种鱼长着鱼的脑袋，猪的身子，吃了这种鱼肉可以止呕吐。

贲闻山

再向东三百五十里是贲闻山。山上遍地苍玉，山下遍地黄垩和涅石（这种叫涅石的矿物，可以用来作黑色的染料。——编者注）。

王屋山

再向北一百里是王屋山（疑为今山西垣曲县东。——编者注）。满山都是石块。滁（lián）水（疑为浍水或其上流。——编者注）发源于这座山，向西北流去，注入泰泽。

教山

再向东北三百里是教山（《水经注·河水》云：“河水又东与教水合，水出垣县北教山。”《寰宇记》云：教山今名效山，在山西绛县东南八十五里。皆垣曲县界，一名历山。又《水道提纲》云：“历山水，即教水也。”——编者注）。山上没有石头，到处是玉石。教水发源于这座山，向西流去，注入黄河。教水是季节河，冬季干涸，夏季水满，平时实际上是一条干河。教水流经的河道有两座山，叫发丸山，方圆三百步，山上盛产金属和美玉。

□ **酸与**

这是一种身形像蛇，长着四只翅膀、六只眼睛和三只脚的怪鸟。

景山

再向南三百里是景山。站在景山的峰巅，向南可望见盐贩之泽（即今山西省境内。《水经注》：“今池水东西七十里，南北十七里，潭而不流。水出石盐，自然印成。朝取夕复，终无减损。……《山海经》谓之盐贩之泽也。”——编者注），向北可望见少泽。山上草丛茂密，山药丛生，草丛中秦椒（即花椒，因盛产于秦地，故名。——编者注）最为繁盛。山向阳的南坡遍布着各色美玉，山背阴的北坡遍布着赭石。山中有一种鸟，它的形体同蛇相似，但有四只翅膀、六只眼睛、三只脚，它的名字叫酸与。它的啼叫声像自呼其名，这种鸟所出现的地方会发生恐怖的事情。

孟门山

再向东南三百二十里是孟门山（疑在今河南辉县西。——编者注）。山上遍布着精美的玉石，山里还出产金属，山下遍布着黄垩和涅石。

平山

再向东南三百二十里是平山（即今山西境内。——编者注）。平水发源于这座山的山顶，奔泻而下，潜流在山下。这里盛产美玉。

京山

再向东二百里是京山。山中遍布着晶莹璀璨的美玉，山上有茂密的漆树和竹林。山向阳的南坡遍布着赤铜，山背阴的北坡遍布着玄碘（sù）（玄碘即为黑色的磨刀石。——编者注）。高水发源于这座山，向南流去，注入黄河。

虫尾山

再向东二百里是虫尾山。山上遍布着金属和美玉，山下竹树葱茏，盛产青石和碧玉。丹水发源于这座山，向南流去，注入黄河；薄水也由这座山中流出，向东南流去，注入黄泽。

彭魮山

再向东三百里是彭魮山。山上没有花草树木，遍地是金属和美玉，山下则是一片汪洋。蚤林水发源于这座山，从山中滔滔流出，向东南方向流去，注入黄河。肥水也发源于这座山，蜿蜒向南流去，注入床水，水中有很多肥遗蛇。

小侯山

再向东一百八十里是小侯山。明漳水发源于这座山，水流从山中奔涌而出，向南流去，注入黄泽。山中有一种鸟，它的体形很像乌鸦，但身披白色羽毛，它名叫鸪鹨（xí），吃了这种鸟肉，眼睛不会昏花。

□ 第二十二图，（清）《山海经绘图广注》刻本，成或因绘图，咸丰五年（1855）刻印。

泰头山

再向东三百七十里是泰头山。共（gōng）水发源于这座山，水从山中流出，向南流去，注入虖（hū）池（即今滹沱水，源于五台山。——编者注）。山上遍布着金属、美玉，山下生长着茂密的小竹丛。

轩辕山

再向东北二百里是轩辕山。山上蕴藏着丰富的铜矿，山下生长着茂盛的竹林。山中飞翔着一种奇异的鸟，它的体形很像猫头鹰，但头部的羽毛是白色，它名叫黄鸟，它的叫声就像自呼其名。吃了这种鸟肉，人就不会心生嫉妒之心。

谒戾山

再向北二百里是谒戾山（也叫羊头山，在今山西省平遥东南。——编者注）。山上生长着郁郁葱葱的松树和柏树，山里蕴藏金属和美玉。沁水（即《水经注》云："沁水出上党涅县谒戾山。"——编者注）发源于这座山，向南流去，注入黄河。在谒戾山的东边，有一片茂密的树林，名字叫丹林。丹林水（即丹河。《水经注》云："沁水又东与丹水合。"——编者注）便发源于这座山，水流奔涌而出，向南流去，注入黄河。婴侯水（即平遥县东南的中都水。——编者注）也发源于这座山，水向北流去，注入汜水（即今平遥县东贺水。公元前202年，汉高祖即皇帝位时，就在汜水之阳。——编者注）。

沮洳山

再向东三百里是沮洳（jù rù）山。山上不生草木，但蕴藏着丰富的金属和玉石。濝（qí）水（《水经注》引作淇水，可能就是今天的淇河，源自淇山，过淇门入黄河。——编者注）发源于这座山，向南流去，注入黄河。

神囷山

再向北三百里是神囷（qūn）山。山上遍布着各种花纹石头，山下聚集了很多白蛇和小飞虫。黄水（即今河南安阳洹河的北源。《水经注》云："县有黄水，出于神囷山黄华谷北崖。"——编者注）源于这座山，向东流去，注入洹（huán）水。滏（fǔ）水（即今滏阳河上游，在与沧州与滹沱河汇流后称子牙河。——编者注）

也发源于这座山，向东流去，注入欧水。

发鸠山

再向北二百里是发鸠山（位于今山西省长子县城西约25公里处，由三座主峰呈品字形结构，上古时共工和颛顼争夺帝位，共工发怒后头触“不周山”，折断天柱，撞断维系大地的绳索。这“不周山”就是发鸠山。——编者注）。山上生长着茂密的柘木林。山中有一种鸟，体形同乌鸦相似，但头部有花纹，嘴是白色的，足是红色的，它名叫精卫。它鸣叫的声音就像自呼其名。精卫是炎帝的小女儿，名叫女娃。女娃到东海游泳，被淹死在其中，于是变成了精卫鸟，它常衔回西山的树枝和碎石去填塞东海。漳水发源于这座山，向东流去，注入黄河。

少山

再向东北一百二十里是少山。山中遍布着金属和美玉，山下产铜。清漳水（即今山西省的清漳河，是海河的一个支流，在流入河北省的涉县后与浊漳河合流形成漳河。——编者注）发源于这座山，向东流去，注入浊漳水。

锡山

再向东北二百里是锡山（在今河北省邯郸市的西北。——编者注）。山上遍布着精美的玉石，山下出产上等磨刀石。牛首水（牛首水即《汉志》《水经注》中记载的牛首水，源出邯郸县西北，今上游犹名牛照水，流经县北曰西河，又东注于滏阳河。——编者注）发源于这座山，向东流去，注入滏水。

景山

再向北二百里是景山（《淮南·地形训》：“景山在邯郸西南。”——编者注）。山中遍布着各种精美的玉石。景水从这座山中汹涌而出，滔滔向东南流去，注入海泽（在今邯郸市曲周县以北。——编者注）。

题首山

再向北一百里是题首山。山中遍布着许多晶莹的美玉和石块，山上干燥缺水。

□ 第二十三图，（清）《山海经绘图广注》刻本，成或因绘图，咸丰五年（1855）刻印。

绣山

再向北一百里是绣山。山中出产精美的玉石，其中以青玉和碧玉最多，山上林木茂盛，以栒（xún）木（这种木料被人们用来制成拐杖。——编者注）最为多见。在山中的杂草中，夹杂着芍药和芎䓖一类的香草。洧（wěi）水（洧水，中国最古老的河流之一。源出今河南省登封县，经西华县西入颍水。黄帝部落就在洧水，号有熊氏。当时，此河还无名，黄帝在有熊氏的“有”前加三点水取名，也就定下了一个“洧”字。——编者注）从山中滔滔流出，向东流去，注入黄河。水中有很多鳠（hù）鱼和青蛙。

松山

再向北一百二十里是松山（谭季龙先生认为此山即《太平寰宇记》所记邢州沙河县西北的汤山。——编者注）。阳水（谭季龙先生认为阳水经巨鹿县入黄河，现已干涸。——编者注）从松山中奔涌而出，滔滔向东北流去，注入黄河。

敦与山

再向北一百二十里是敦与山（在今河北省境内。《太平寰宇记》云：“敦与山在临城县南七十里，泜水所出。”——编者注）。山上没有花草树木，到处是金属和晶莹的美玉。溹（suò）水发源于这座山的南麓，向东流去，注入泰陆水；泜（zhī）水发源于这座山的北麓，向东流去，注入彭水；槐水（槐水即槐沙河。——编者注）也发源于这座山，水流滔滔东去，注入泜泽。

柘山

再向北一百七十里是柘山。 山向阳的南坡遍布着金属和美玉，山背阴的北坡蕴藏着丰富的铁。历聚水发源于这座山，滔滔向北流去，注入洧水。

维龙山

再向北三百里是维龙山（即封龙山，在今河北省鹿泉以南。——编者注）。山上盛产碧玉。山向阳的南坡遍布着黄金，山背阴的北坡蕴藏着丰富的铁。肥水从山中奔涌而出，向东滚滚流去，注入皋泽（谭季龙先生认为此泽早已干涸。——编者注），水中有很多大石头。敞铁水也发源于这座山，往北滔滔流去，注入大泽。

白马山

再向北一百八十里是白马山（即今山西省忻州市的白马山。——编者注）。山向阳的南坡遍布着各种精美的石头和碧玉，山背阴的北坡蕴藏着丰富的铁和赤铜。木马水（可能就是《水经注》中记载的三会水。——编者注）发源于这座山，向东北流去，注入虖沱河。

空桑山

再向北二百里是空桑山。这座山荒芜光秃，山顶气候寒冷，终年雪花纷飞。空桑水（空桑水即云中水。——编者注）从这座山中流出，滚滚向东流去，注入虖沱河。

泰戏山

再向北三百里是泰戏山（即今山西省繁峙县东北的泰戏山，滹沱河从这里发源，著名关口平型关就坐落在泰戏山中。——编者注）。这座山荒芜光秃，山中遍布着金属和美玉。山中有一种野兽，形貌很像羊，但只有一只角、一只眼睛，它的眼睛长在耳朵的后面，名叫䍶䍶（dōng dōng），它的鸣叫声就像自呼其名。虖沱水发源于这座山，向东奔流而去，注入溇（lóu）水（谭季龙先生认为溇水即白鹿泉，位于河北获鹿县。——编者注）。液女水也发源于这座山的南麓，向南流去，注入沁水。

□ 䍶䍶

这种野兽长得像羊，但只有一只角，一只眼睛，而且眼睛是长在耳朵后面的。

石山

再向北三百里是石山。山中蕴藏着丰富的金属和精美的玉石。濩濩水发源于这座石山，向东流去，注入虖沱河；鲜于水（谭季龙先生认为鲜于水即注入滹沱河的清水河，源于山西省五台山。——编者注）也发源于这座山中，向南流去，注入虖沱河。

童戎山

再向北二百里是童戎山。皋涂水从这座山中奔流而出，向东流去，注入溇液水。

高是山

再向北三百里是高是山。滋水（滋水与今同名，出河北省行唐县北，后注入滹沱河。——编者注）发源于这座山，奔腾向南，注入虖沱河。山中的树林郁郁葱葱，其中以棕榈树为最多，茂密的草丛中则以条草最为多见。滱（kòu）水发源于这座山，奔腾向东流去，注入黄河。（滱水上游即今河北定县的唐河，那么此高是山当在山西省灵丘县北。——编者注）

陆山

再向北三百里是陆山。山中遍布晶莹的美玉。郱（jiāng）水发源于这座山，汹涌向东奔流，注入黄河。

沂山

再向北二百里是沂山。般（pán）水发源于这座山，水流滔滔东去，注入黄河。（据《水经注·滱水》推测，沂山可能就是近山，在河北唐县东北。谭季龙先生根据《汉书·地理志》指出般水即望都河，后注入白洋淀。——编者注）

燕山

再向北一百二十里是燕山。山上遍布着绚丽多彩的石头（由于燕山上的石头很像玉石，因此一般用它比喻不足珍贵的假古董。据传，宋之愚人，得燕石于梧台之东，归而藏之，以为大宝。周客见后，告诉主人，这是燕石，与瓦块等同。主人大怒，藏之更甚。此事后来一直被传为笑料。——编者注）。燕水（谭季龙先生根据《汉书·地理志》指出，燕水即雹河，出易县西南。——编者注）从这座山中流出，向东流去，注入黄河。

饶山

再向北走五百里的山路，然后走五百里的水路，便到达饶山（即尧山，在今保定市西郊。——编者注）。这座山荒芜光秃，遍地是瑶和碧一类的美玉。山中多野兽，其中以骆驼为最多，飞鸟则以鹠（liú）为最多。历虢水发源于这座山，奔流东去，注入黄河。历虢水中有一种鱼，叫师鱼，又叫娃娃鱼，其毒性很大，误食它便会被毒死（《诸鱼注》云："鱼师大者有毒，杀人。"——编者注）。

乾山

再向北四百里是乾山。这座山荒芜光秃。山向阳的南坡遍布着金属和玉石，山背阴的北坡蕴藏着丰富的铁矿，山中没有水流和瀑布。山中有一种野兽，体形很像牛，有三只脚，名叫獂（huán），它吼叫的声音，就像自呼其名。

□ 獂

这种野兽体形像牛，有三只脚，它的叫声就像呼唤自己的名字。

伦山

再向北五百里是伦山（在今河北省涞源县以西。——编者注）。伦水（伦水即今拒马河，为北京五大水系之一，大清河支流。——编者注）发源于这座山，奔流向东，注入黄河。山中有一种野兽，体形像麋鹿，其州（州指肛门，《广雅》云："州者，臀也。"——编者注）在尾部，它名叫罴九。

□ 罴九

这是一种体形像麋的野兽，肛门长在尾部。

碣石山

再向北五百里是碣石山（应在今秦皇岛市昌黎县，为后世帝王所登。——编者注）。绳水（此水早已干涸。——编者注）发源于这座山，蜿蜒向东，注入黄河。绳水中有很多蒲夷鱼（其体形似蛇，有六只足，眼睛像马眼，人们吃了这种鱼肉就不会做噩梦。——编者注）。山上遍布着晶莹的玉石，山下多青玉和碧玉。

雁门山

再向北走五百里的水路，便到了雁门山（疑在今辽东半岛一带。——编者注）。山上没有树木花草。

泰泽

再向北行四百里水路，便到达泰泽。泰泽浩渺无际，碧波万顷。泰泽中屹立着一座奇伟大山，叫做帝都山。这座山方圆百里，山上荒芜光秃，山中盛产金属，另有精美绚丽的玉石。

毋逢山

再向北五百里是錞于毋逢山。在其山巅向北望去，可将鸡号山的景色尽收眼底，从北面吹来的风刚劲有力；向西望去，可将幽都之山景色一览无余（幽都泛指极北之地。——编者注）。浴水发源于这座山，水流奔涌而出。山中常有一种大蛇出没，其头部是红色的，身子为白色，它的叫声很像牛吼。这种蛇只要一出现，就预示着当地将出现大的旱灾。

总览

北方第三列山系，自太行山起，至錞于毋逢山止，共有四十六座大山，蜿蜒达一万二千三百五十里长。这些山中所居住的神灵，皆为马身人面。在祭祀这些神灵时，均用聚藻、香草作祭品，埋于地下。另外还有十四个神灵，长相都像猪，戴着精美的玉饰。在祭祀这十四个神灵时，祭品应当用玉器，但无须埋入地下。还有十个神灵，皆为猪身蛇尾，但长着八只脚。在祭祀这十位神灵时，须将玉器埋于地下。在祭祀这四十四位神灵时，都用精米。这些神灵均吃生食，不吃用火煮、烤的熟食。

以上所记载的《北山经》中的群山，总共八十七座，蜿蜒二万三千二百三十里。

卷四　东山经

JUANSI DONGSHANJING

《东山经》主要以东次一经、东次二经、东次三经、东次四经四个篇目为主线，记述了四大山系的河流走向、矿产及各山系的图腾。四大山系共四十六座山，蜿蜒一万八千八百六十里。

《东山经》所述第一个山系，为东方第一列山系，在今山东、江苏、安徽、湖北境内。此山起于樕蠡山，至竹山，共十二座，蜿蜒三千六百里。这里的神皆人身龙首。

第二个山系，为东方第二列山系，在今山东、浙江、福建境内。此山起于空桑山，至䃌山，共十七座，蜿蜒六千六百四十里。这里的神皆人面兽身，头部长着麋鹿一类动物那样的角。

第三个山系，为东方第三列山系，在今河北、辽宁、朝鲜半岛、日本境内。此山起于尸胡山，至无皋山，共九座，蜿蜒六千九百里。这里的神皆人身羊角。

第四个山系，为东方第四列山系，在今辽宁、河北、山西、江苏、山东境内。此山起于北号山，至太山，共八座，蜿蜒一千七百二十里。这里的神或狼身鼠眼，或猪身人面。

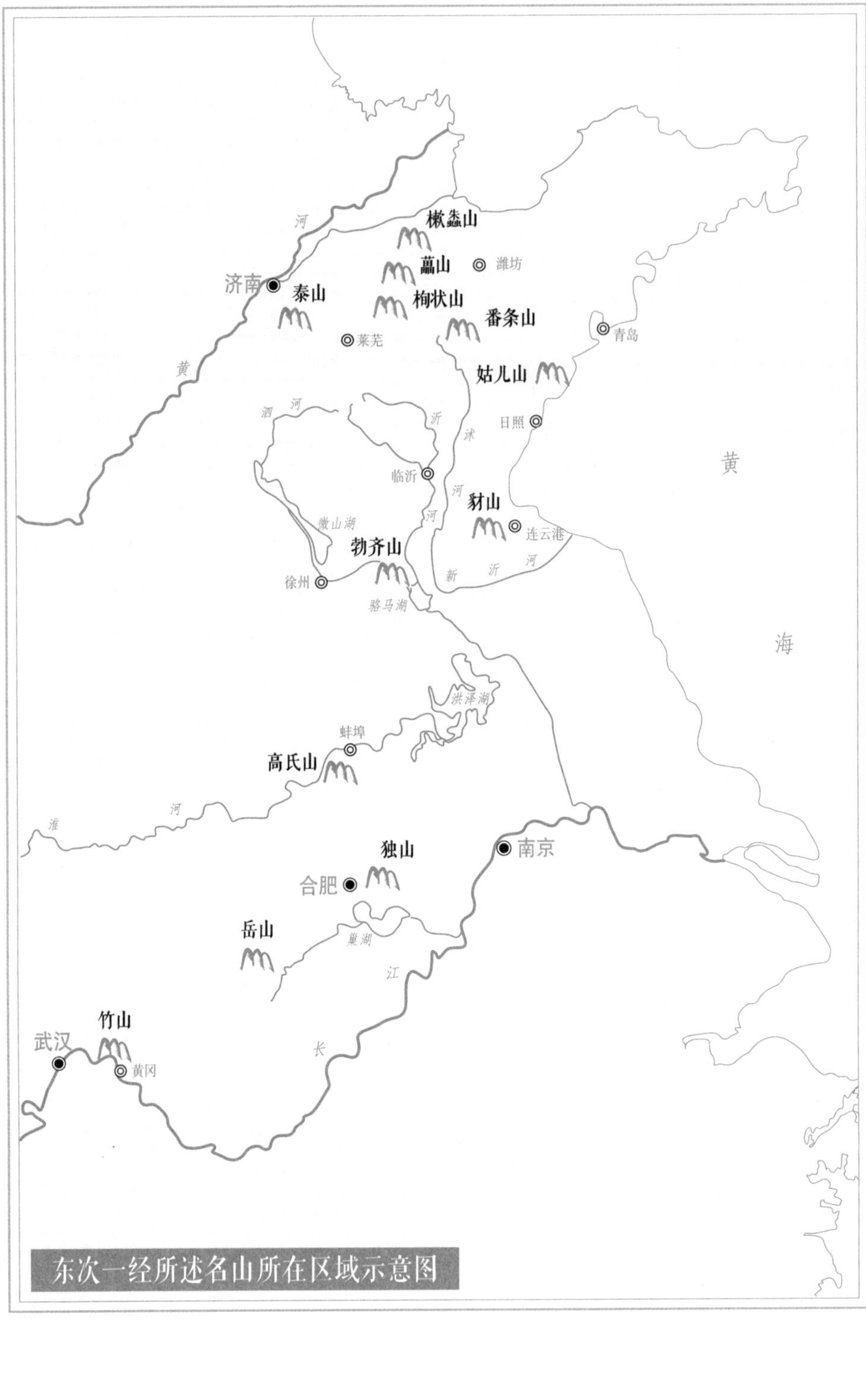

东次一经所述名山所在区域示意图

东次二经所述名山所在区域示意图

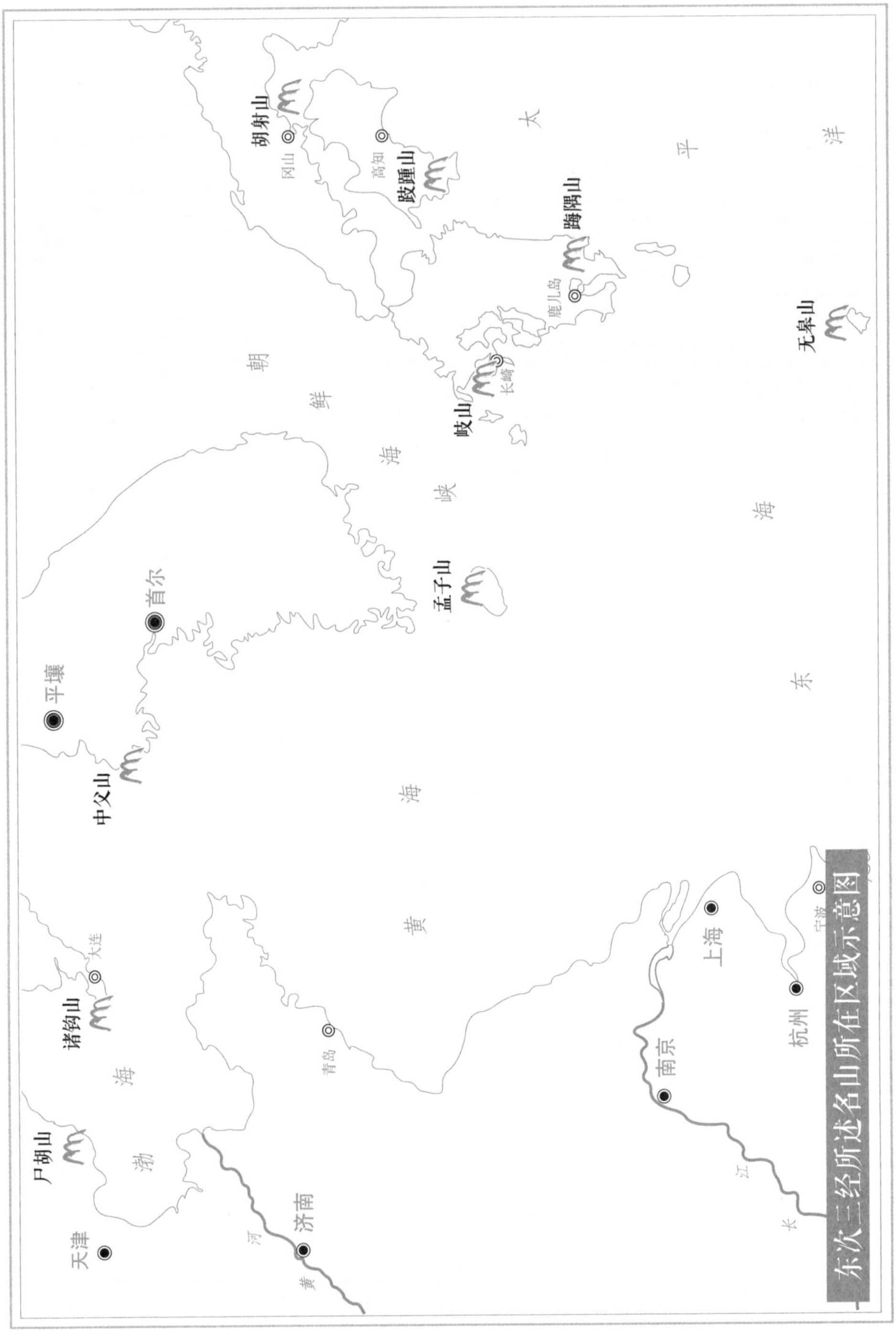

东次三经所述名山所在区域示意图

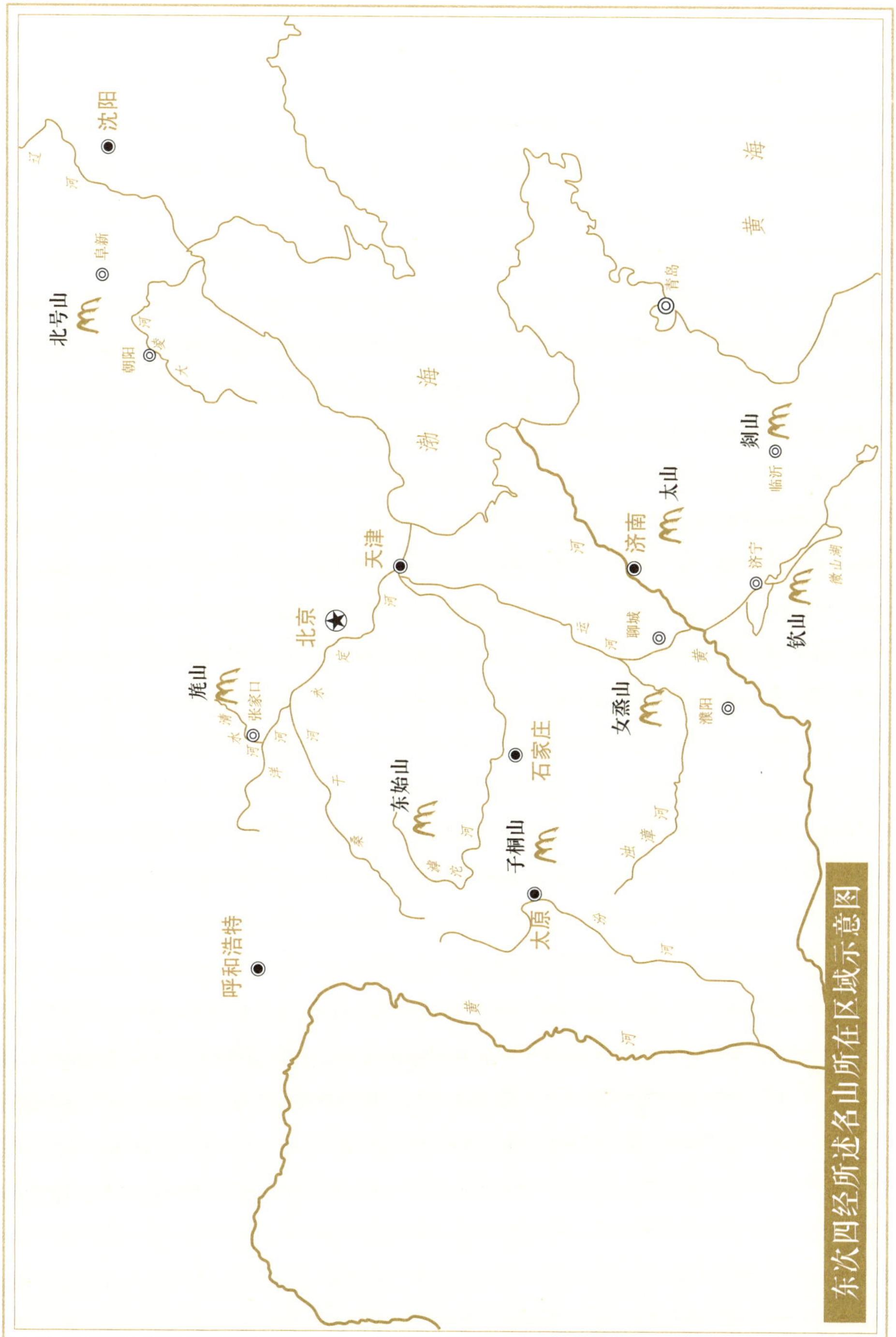

东次四经所述名山所在区域示意图

东次一经

樕螽山

东方第一列山系的头一座山是樕螽（sù zhū）山（在今山东省境内。——编者注）。这座山的北面与乾昧山相邻。食水（即时水，又叫乌河，每逢雨季，此河会携带大量泥土污物，色如墨，故名。——编者注）发源于这座山，向东北流去，注入大海。水中游动着很多鳙鳙（yōng）鱼（可能是海豚一类的哺乳动物。——编者注），其体形很像犁牛，叫声很像猪叫。

□ 从从

这种野兽体形像狗，六只脚，其叫声像在呼喊自己的名字。

□ 蚩鼠

这种鸟外形像鸡，身体却覆盖着鼠毛。

藟山

再向南三百里是藟（lěi）山（根据《汉书·地理志》推测，此山应在今山东省益都县。——编者注）。山中有很多精美的玉石，山下蕴藏着大量的黄金。湖水从这座山中奔涌而出，滔滔向东流去，注入食水，水中蝌蚪成群。

栒状山

再向南三百里是栒（xún）状山（即今淄博市博山县的岳阳山。——编者注）。山上盛产金属和玉石，山下则遍地是青石和碧玉。山中有一种兽，形体像狗，有六只脚，名叫从从，它的叫声像自呼其名。山中有一种鸟，体形像鸡，长着鼠一样的毛，名叫蚩（zī）鼠，这种鸟只要一出现，当地就会有旱灾。汖（zhǐ）水（疑为今孝妇河。——编者注）从山中奔涌而出，向北注入湖水。 水中盛产箴鱼，其形状像鯈鱼，喙像针，人们吃了这种鱼肉，能增强体质，提高免疫力。

勃齐山

再向南三百里是勃齐山。这座山荒芜无物，没有水源。

番条山

再向南三百里是番条山。山上荒芜光秃，沙石遍地。減水（疑为今山东省弥河。——编者注）从这座山中奔涌而出，滔滔向北流去，注入大海，減水中有成群的黄钻鱼。

姑儿山

再向南四百里是姑儿山（疑在今山东省诸城市东南。——编者注）。山上生长着茂密的漆树，山下桑树和柘树成林。姑儿水发源于这座山，滔滔向北流去，注入大海，姑儿水中有大量的黄钻鱼。

高氏山

再向南四百里是高氏山。山上遍布着晶莹的玉石，山下则到处是可以用来治痈肿的箴石（应当就是砭石。——编者注）。诸绳水发源于这座山，往东流去，注入湖泽，两岸盛产金属和美玉。

岳山

再向南三百里是岳山（疑在今安徽省境内。——编者注）。山上生长着郁郁葱葱的桑树，山下则是成片的臭椿树。泺（luò）水（疑此泺水为东注入巢湖之水，今仍有河。——编者注）从山中流出，奔流东去，注入湖泽，水里蕴藏着很多金属和美玉。

犲山

再向南三百里是犲山（疑在今江苏省连云港西。——编者注）。山上荒芜光秃，山下水流纵横，水中游鱼成群，其中多有堪孖鱼。山中有一种野兽，体形同夸父相似，但长着猪毛，其叫声像人在呼喊，它一旦出现，即预示着天将降大雨，洪水来临。

□ 第二十四图，（清）《山海经绘图广注》刻本，成或因绘图，咸丰五年（1855）刻印。

□ 第二十五图，（清）《山海经绘图广注》刻本，成或因绘图，咸丰五年（1855）刻印。

□ 鯈鳙

它的外形像黄蛇，有鱼鳍，出入水中时闪闪发光。

独山

再向南三百里是独山。山中遍布着金属和美玉，山下遍地是精美的彩石。末涂水发源于这座山，水流滔滔东南而去，注入沔水，水中有很多鯈鳙（tiáo yóng），其体形同黄蛇相似，有鱼鳍，出入水中闪闪有光。这种动物一旦出现，即预示着雨水会不断减少，进而出现旱灾。

泰山

再向南三百里是泰山（即东岳泰山。——编者注）。山上遍布着晶莹的玉石，山下蕴藏着丰富的金矿。山中有一种野兽，体形同猪相似，但体内孕育着珠子，这种野兽名叫狪狪（tóng tóng），它的叫声像自呼其名。环水发源于这座山，向东流去，注入汶水，环水中盛产水晶。

竹山

再向南三百里是竹山（疑在今湖北境内。——编者注）。它坐落在江水岸边，山上光秃，但遍地是美玉。激水发源于这座山，向东南流去，注入娶檀水，水中出产紫色螺。

总览

东方第一列山系，自樕螽山起，至竹山止，共有十二座大山，长达三千六百里。在这些山中居住的神灵，都是人身龙首。在祭祀他们时，用活狗和鱼来取血涂祭。

东次二经

空桑山

东方第二列山系的头一座山是空桑山（《括地志》云：“徵在生孔子空桑之地，在鲁南山之空宝中，今俗名女陵山。女陵山在曲阜县南二十里。”又有高诱《注》云：“空桑，鲁地名。”——编者注）。山的北面与食水相临，东面与沮（jù）吴遥遥相望，南面与沙陵对峙，西与湣泽相连。山中有一种兽，其体形同牛相似，但身上有像虎皮一样的花纹，它发出一种如同人在呻吟的声音，它名叫軨軨（líng líng），其叫声像是自呼其名。这种兽只要一出现，即预示着天将降大雨，甚至出现大水灾。

曹夕山

再向南六百里是曹夕山。山下生长着茂密的构树，山上没有溪流，只有成群的飞禽走兽。

峄皋山

再向西南四百里是峄（yì）皋山（谭季龙先生认为此山即今山东省邹县东南的峄山。《正义》云：“峄山亦名邹山，在兖州邹县南三十二里。”——编者注）。山上盛产金属和美玉，山下到处是白色的垩石。峄皋水从山中奔涌而出，滔滔向东流去，注入激女水（即峄山之东的白沙河。——编者注），峄皋水中盛产蜃（shèn）、珧（yáo）（蜃便是大蛤，珧即为小蚌，其甲壳可以作刀柄和弓箭上的装饰品。——编者注）。

葛山

再向南走五百里的水路，然后行进长达三百里的流沙路，便到了葛山的尾部。山上荒芜光秃，唯有遍地是磨刀石。

□ 第二十六图，（清）《山海经绘图广注》刻本，成或因绘图，咸丰五年（1855）刻印。

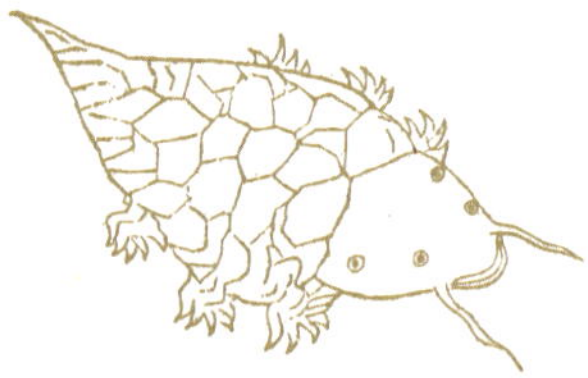

□ 珠蟞鱼

它的体形像动物的肺，长着四只眼睛和六条腿，能口吐珍珠，人吃了它的肉就不会感染瘟疫。

再向南三百八十里是葛山的起点。山上没有树木花草。澧（lǐ）水从这座山中奔涌而出，向东滔滔流去，注入余泽。水中产珠蟞（biē）鱼，它的体形很像肺叶，长着四只眼睛和六只脚，常从嘴里吐出青碧色的珠子来。这种鱼的肉酸中带甜，人吃了它的肉，就不会生瘟疫。

余峨山

再向南三百八十里是余峨（é）山。山上生长着茂密的梓树和楠树，山下则是成片的牡荆和枸杞。杂余水发源于这座山，滔滔向东流去，注入黄水。山中有一种兽，体形像兔子，长着鸟喙，眼睛像猫头鹰，尾像蛇尾，它见到人就佯装死去。它名叫犰狳，其叫声像是自呼其名。它一旦出现，当地就会出现蝗灾。

杜父山

再向南三百里是杜父山。山上荒芜光秃，到处是水流。

□ 朱獳

这种野兽样子很像狐狸，背部长有鱼的鳍，它出现的地方将发生恐怖的事。

耿山

再向南三百里是耿山。山上荒芜光秃，遍地是碧水晶，还有很多大蛇出没。山中有一种野兽，它的体形同狐相似，但有鱼鳍，名叫朱獳（rú），它鸣叫的声音像是自呼其名。这种兽一旦出现，天下就会发生恐怖的事情。

卢其山

再向南三百里是卢其山。山上荒芜光秃，沙石遍布。沙水发源于这座山，滔滔向南流去，注入涔水。山中鵹鹕（hú）成群，其形体像鸳鸯，长着人脚，它的叫声像是自呼其名。这种动物一旦出现，人类便要大兴土木、兴修水利。

姑射山

再向南三百八十里是姑射（yè）山（疑在今福建省境内。——编者注）。山上荒芜光秃，四处是水流。（庄子在《逍遥游》中说："藐姑射之山，有神人居焉，肌肤若冰雪，绰约若处子，不食五谷，吸风饮露，乘云气，御飞龙，游于四海之外，其神凝，使物不疵疠而年谷熟。"——编者注）

北姑射山

再向南走三百里的水路，越过漫漫百里流沙地，便看到一座大山，此山名叫北姑射山。山上荒芜光秃，乱石丛生。

南姑射山

再向南三百里是南姑射山。山上荒芜光秃，溪流交错。

碧山

再向南三百里是碧山。山上一片荒芜，但多大蛇，盛产五光十色的美玉和水晶。

缑氏山

再向南五百里是缑（gōu）氏山（疑在今山东巨野县西南。——编者注）。山上荒芜光秃，盛产金属和美玉。原水发源于这座山，滔滔向东流去，注入沙泽。

姑逢山

再向南三百里是姑逢山。山上荒芜光秃，但金玉遍布。山中有一种野兽，外形很像狐狸，但长着翅膀，其叫声如鸿雁啼鸣，它的名字叫獙獙（bì bì）。只要它一出现，就会天下大旱。

□ **獙獙**

这种野兽长得像狐狸，但同时又有翅膀，声音则像大雁。

凫丽山

再向南五百里是凫丽山。山上盛产金属

□ 蜚蛭

这种野兽体形像狐狸，有九条尾巴、九个头、虎爪。

□ 峳峳

这种野兽长得像马，有四只角，并有羊一样的眼睛和牛一样的尾巴，声音如同狗叫。

和玉石，山下出产箴石。这里有一种野兽，其有着狐狸的身体，却长着九条尾巴、九个头、虎爪，它的名字叫蛩（lóng）蛭，其叫声像婴儿啼哭，这种兽会吃人。

硜山

再向南五百里是硜（zhēn）山（疑在今福建省永泰县境内。——编者注）。这座山挺拔险峻，南边与硜水相连，东边与湖泽相望。山中有一种野兽，体形同马相似，有像羊一样的眼睛，头上有四只角，长着牛尾，它的叫声如同狗吠，它名叫峳峳，凡是它出现的国家，便会多奸猾之人。山中有一种鸟，它的体形同野鸭相似，长着鼠尾，善于攀登树木，它的名字叫絜（xié）钩，它出现在哪里，哪里就会有疾病流行。

总览

东方第二列山系，自空桑山起，至硜山止，共有十七座大山，蜿蜒六千六百四十里。这些山中的神仙，皆为人面兽身，且头部都长着麋鹿那样的角。在祠堂中祭奠这些神仙时，用鸡血涂祭，并将一块玉璧埋在地里。

东次三经

尸胡山

东方第三列山系头一座山是尸胡山（疑在今渤海海岸北部。——编者注）。在尸胡山的峰巅，可以北望殚（xiáng）山（可能在河北卢龙县北。——编者注），山上遍布着金属和美玉，山下是成片的小酸枣树。山中有一种兽，体形同麋相似，长着鱼眼，它名叫妴（wǎn）胡，它的叫声像是自呼其名。

□ 妴胡

它的体形与麋相似，长着鱼眼。它的叫声像是自呼其名。

岐山

再向南走八百里水路，就到了岐山。山上生长着茂密的树林，其中桃树、李树尤多。山中野兽成群，老虎最多。

诸钩山

再向南走五百里水路，便到了诸钩山。山上荒芜光秃，沙石遍野。其方圆百里，山中的溪流产寐（wèi）鱼。

中父山

再向南走七百里水路，便到了中父山。山上荒芜光秃，没有花草树木，满山的沙土和石块。

胡射山

再向东走一千里水路，便到了胡射山（疑在今日本濑户内海一带的荒岛

□ 第二十七图，（清）《山海经绘图广注》刻本，成或因绘图，咸丰五年（1855）刻印。

上。——编者注）。山上荒芜光秃，沙石遍野。

孟子山

再向南水行七百里，便到了孟子山（疑在今韩国济州岛。——编者注）。山上草木葱茏，梓树和桐树郁郁葱葱，桃树和李树果实累累。丛草中最多的是菌、蒲。山下野兽成群，其中以麋鹿为最多。整座山占地方圆达百里。山中瀑布倒悬，汇成河流，名之碧阳水。水中鱼类繁多，其中以鲔（wěi）鱼和鳣鱼最多。

跂踵山

再向南走五百里水路，便看到一片流沙，再走五百里旱路，便到了跂踵（qǐ zhǒng）山。这座山巍峨屹立，占地广阔，方圆达二百里。山中草木稀少，但有大蛇出没，山坡上遍布着美玉。山下有一方水潭，方圆四十里，碧波奔涌，蔚为壮观，名叫深泽，潭中有许多乌龟。里面还有一种鱼，形体如同鲤鱼，但长着六只脚，拖着一条长长的鸟尾，名叫鮯鮯（gé gé）鱼，它的叫声像是自呼其名。

□ **鮯鮯鱼**

这种鱼体形像鲤鱼，但有六只脚和鸟一样的尾巴。

踇隅山

再向南走九百里水路，便到了踇（mǔ）隅山。山上草木茂密，遍地是金属和美玉，还盛产赭石。山中有一种兽，形体同牛一样，但长着马尾巴，它的名字叫精精，其叫声像是自呼其名。

无皋山

再向南走五百里水路，越过三百里流沙，便到了无皋山（疑在今琉球群岛一带。——编者注）。在山顶，向南可以望见渤海，向东望见榑（fú）木（即扶桑，旧时指日本国。——编者注）。山上荒芜光秃，狂风怒号。整座山占地广阔，方圆百里。

总览

东方第三列山系，自尸胡山起，至无皋山止，共有九座大山，蜿蜒达六千九百里。这些山中的神仙长着人的身体，但头上顶着羊角。在对诸神灵进行祭礼时，可用一只牡羊及精选的黍米作为祭品。这种人身羊角的神仙一旦出现，则风雨交加，大水泛滥，毁坏庄稼。

东次四经

北号山

东方第四列山系的头一座山是北号山，这座山屹立于北海之滨（北海即渤海。——编者注）。山中生长着一种奇特的树木，形状同杨树相似，开艳丽的红花，结果很多，果似红枣，无核，味道酸中带甜，人们吃了这种果实，能预防疟疾。食水从山中滔滔流出，向东北流去，注入大海。山中有一种异兽，形貌与狼相同，长着红色的脑袋和老鼠一样的眼睛，它的叫声像猪，名字叫做獦狚（gé dàn）。这种兽凶猛异常，会吃人。山中还有一种异鸟，它的体形与鸡相似，头披白色羽毛，足像鼠脚，有虎爪一样的爪子，它名叫鬿（qí）雀。这种鸟也很凶残，会伤害人甚至吃人。

旄山

再向南三百里是旄山。山上荒芜光秃，没有花草树木。苍体水从山中潺潺流出，汇成巨流，滔滔向西流去，注入展水。苍体水中游鱼成群，其中以鱃（qiū）鱼（可能就是鳙鱼。——编者注）最多，这种鱼的体形与鲤鱼相同，但它的头部特别大，人们如果吃了它，便可以预防赘疣。

东始山

再向南三百二十里是东始山（疑在今河北境内。——编者注）。山上遍布着晶莹的苍玉。山中有一种奇树，长得像杨树，但有红色的纹理，树干和枝条中流出的液汁殷红如血。这种树不开花，不结果实，它的名字叫做芑。人们用这种树的树液来驯服马。泚水从山中涓涓流出汇成大河，向东北方向奔涌流去，注入大海。在碧澄的江水中遍布着绚丽多彩的贝，水中还有一种茈鱼，体形同鲋鱼相似，但长着一个头十个身子，它发出蘼（mí）芜一样的气味。人们吃了这种鱼可以少放屁。

女烝山

再向东南三百里是女烝（zhēng）山。山顶荒芜光秃，没有草木。石膏水从山中奔涌而出，滔滔向西，注入鬲（gé）水（古九河之一。《尔雅·释水》云："徒骇、太史、钩盘、鬲津……九河。"——编者注）。水中有一种薄鱼，体形与鳣鱼相似，只有一只眼睛，它的叫声如同人的呕吐之声。这种鱼一旦出现，雨水就会稀少，甚至天下大旱。

□ **薄鱼**

这种鱼长得很像鳣鱼，只有一只眼睛，叫声像人的呕吐声。它一旦出现，天下就会干旱。

钦山

再向东南二百里是钦山。山上盛产金属、玉石，无任何杂石。师水从山中涓涓流出，汇成大河，向北流去，注入皋泽。师水中多鳋鱼和光彩夺目的花斑贝。山中有一种怪兽，形体与猪相似，却有锐利的牙齿，名叫当康，它的叫声像是自呼其名。只要它一出现，天下就会丰收。

子桐山

再向东南二百里是子桐山。从山中奔涌而出的水流汇集成河，叫做子桐水。河水滔滔西流，注入余如泽。河水中盛产鲭（huá）鱼，其体形与一般的鱼相同，但长着鸟翅，可以在水面上飞上飞下，在阳光的照射下，其羽翼闪闪发光。它发出的叫声好似鸳鸯啼鸣。这种鸟一旦出现，就预示着雨水会变得稀少，继而天下大旱。

□ **鲭鱼**

这种鱼体形和普通鱼一样，却长着鸟翅，出入时伴随着亮光，声音像鸳鸯的叫声。

剡山

再向东北二百里是剡山。山中盛产美玉和金属。山中有一种怪兽，人面猪身，毛皮呈黄色，红色的尾巴，名叫合窳，它发出的叫声好似婴儿啼哭。这种怪兽十分凶残，能伤人，以蛇虫为食，有时也要吃人。这种兽一旦出现，便预示着

□ 第二十八图，（清）《山海经绘图广注》刻本，成或因绘图，咸丰五年（1855）刻印。

有大水灾。

□ 蜚

这种野兽外形像牛，头部为白色，长着蛇一样的尾巴，只有一只眼睛。

太山

再向东二百里是太山（在今山东省境内。——编者注）。山上盛产金属和玉石，还有茂盛的女贞树林。山中有一种野兽，它的体形同牛很相似，头是白色的，有一只眼睛和蛇一样的尾巴，它名叫蜚（fěi）。这是一种不祥之兽，它从河水中走过，河水就会干涸；它从草上踏过，草就会枯死；它所出现的地方将会发生瘟疫。钩水从山中流出，汇成大河，向北流去，注入劳水。钩水中鱼类丰富，其中以鳣鱼为最多。

总览

东方第四列山系，自北号山起，至太山止，共有八座大山，蜿蜒一千七百二十里。

以上所记载的东方山系，总共四十六座，蜿蜒一万八千八百六十里。

卷五　中山经

JUANWU　ZHONGSHANJING

《中山经》主要以中次一经、中次二经、中次三经、中次四经、中次五经、中次六经、中次七经、中次八经、中次九经、中次十经、中次十一经、中次十二经为十二大主线。重点记述了中西部各大山系的河流走向、植被、矿产及各自不同的图腾。多种动植物和矿石，可见自然资源十分丰富。十二大山系共一百九十七座山，蜿蜒两万一千三百七十一里。

《中山经》记述了十二个山系，即薄山山系、济山山系、萯山山系、釐山山系、薄山山系、缟羝山系、苦山山系、荆山山系、岷山山系、首阳山系、荆山山系、洞庭山山系。这些山系分布于河南、湖北、山西、安徽、陕西、湖南、四川、重庆、江西境内。薄山山系从甘枣山至鼓镫山；济山山系从辉诸山至蔓渠山；萯山山系从敖岸山至和山；釐山山系从鹿蹄山至谨举山；薄山山系从苟林山至阳虚山；缟羝山系从平逢山至阳华山；苦山山系从休与山至大騩山；荆山山系从景山至琴鼓山；岷山山系从女几山至贾超山；首阳山系从首阳山至丙山；荆山山系从翼望山至几山；洞庭山山系从篇遇山至荣余山。各山系的神皆人兽相合，祭祀时多用毛物、玉器、精米等。

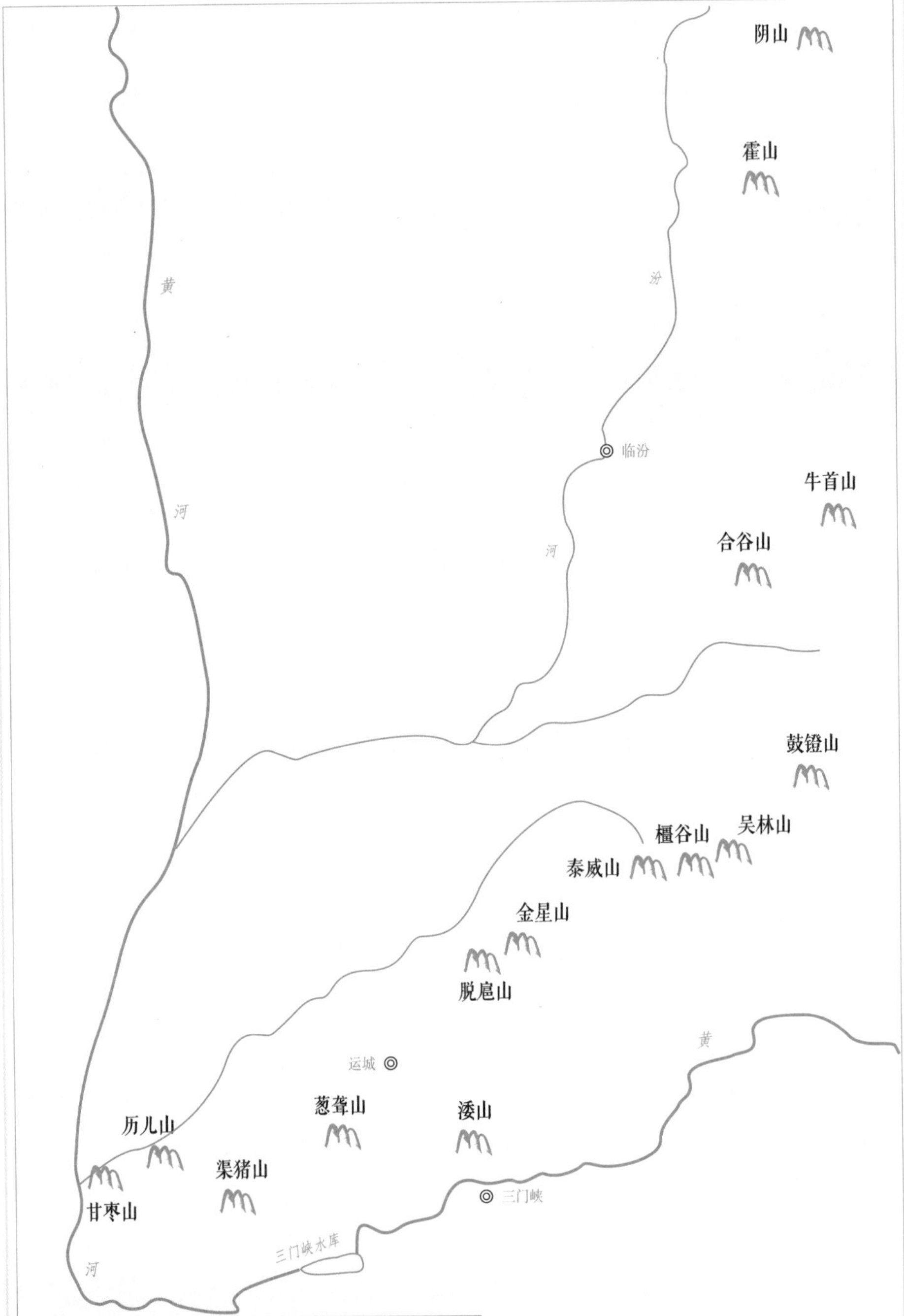

中次一经所述名山所在区域示意图

中次二经所述名山所在区域示意图

中次三经所述名山所在区域示意图

中次四经所述名山所在区域示意图

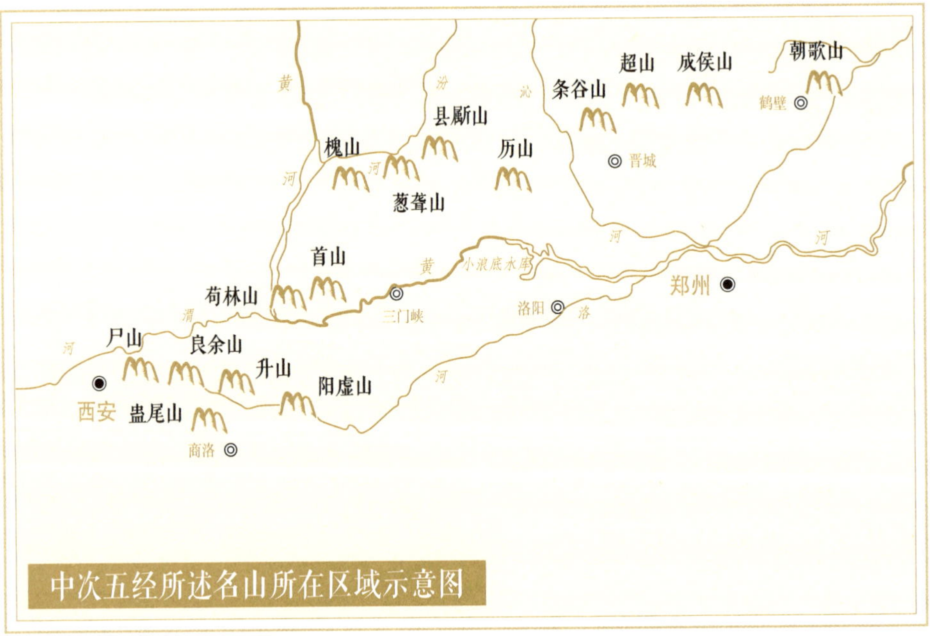

中次五经所述名山所在区域示意图

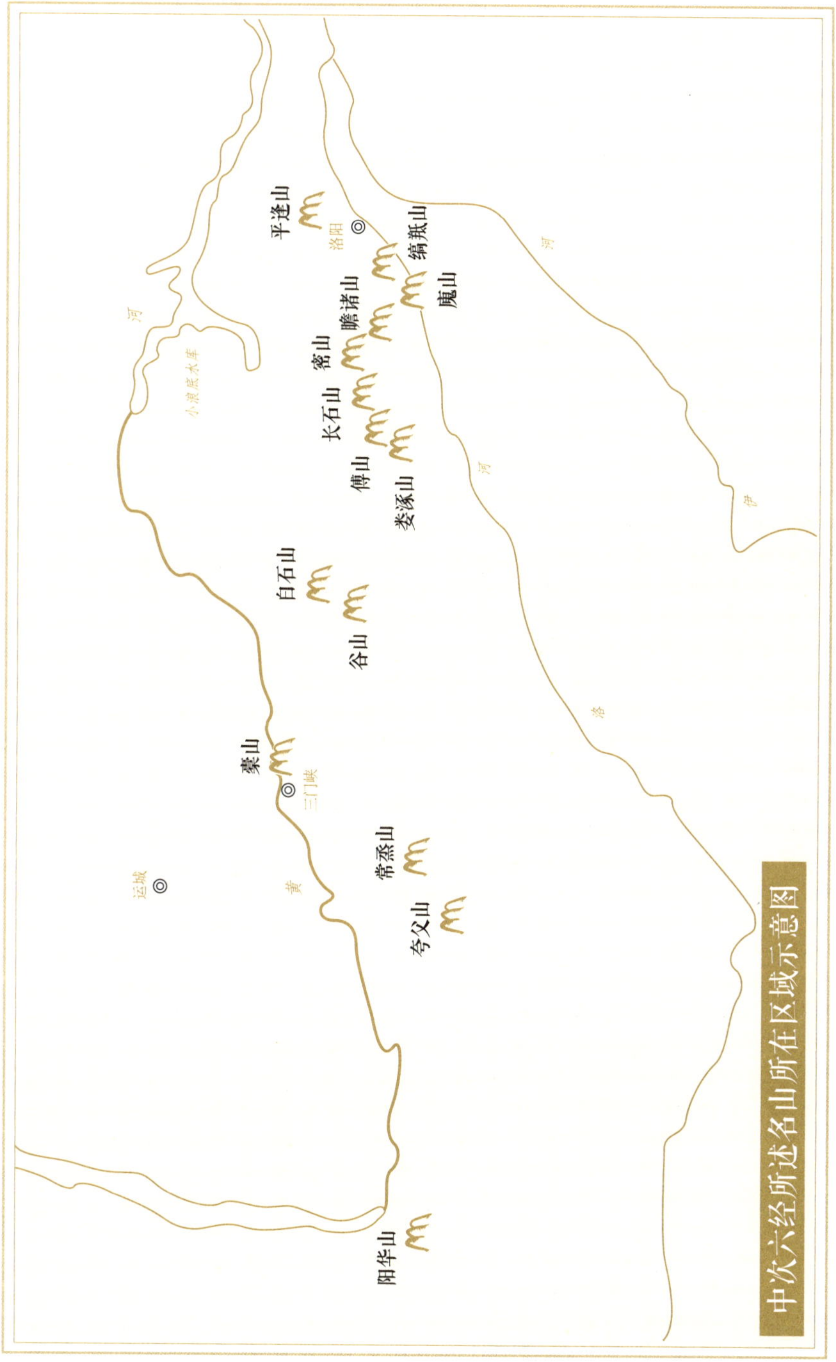

中次六经所述名山所在区域示意图

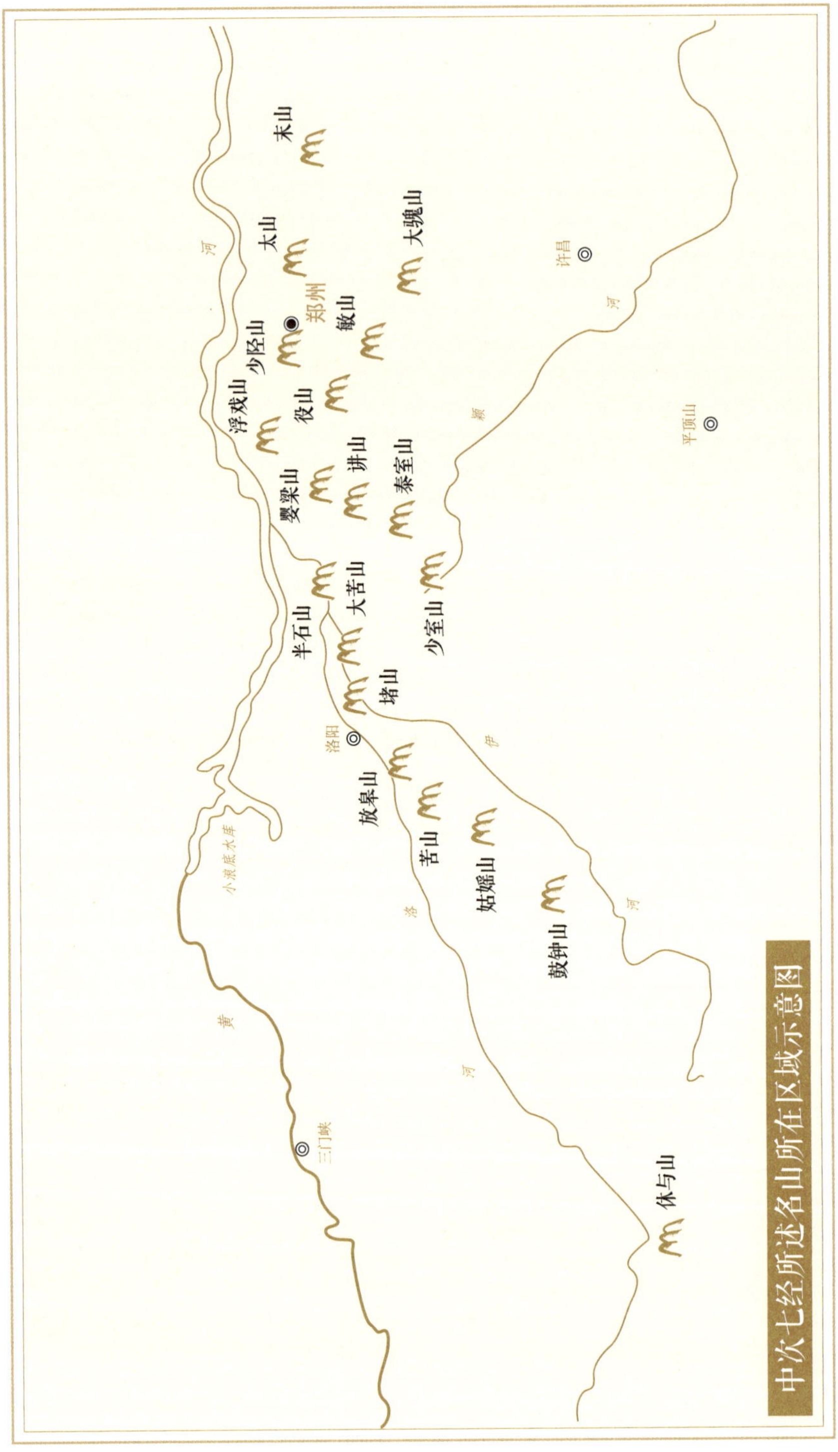

中次七经所述名山所在区域示意图

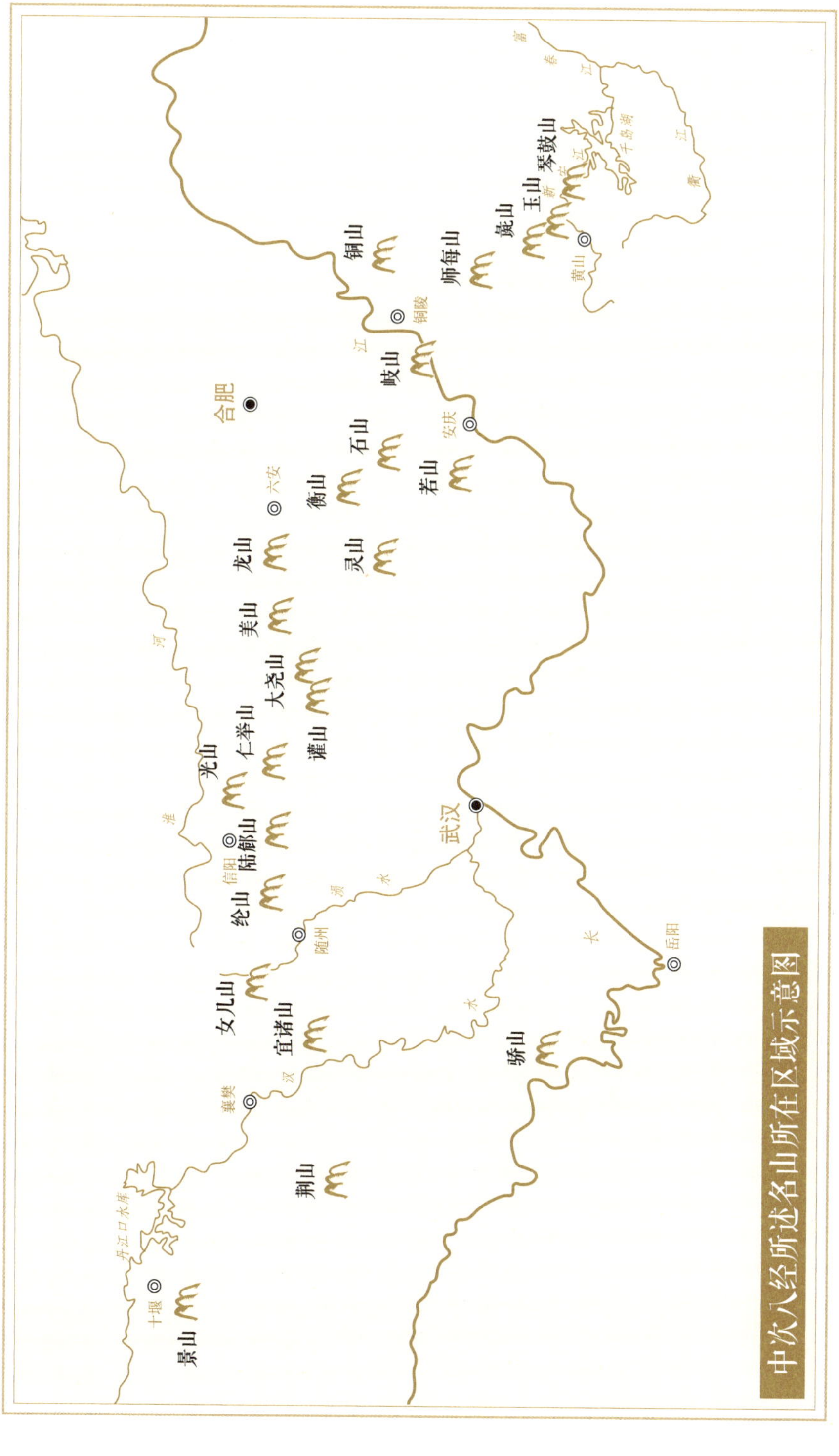

中次八经所述名山所在区域示意图

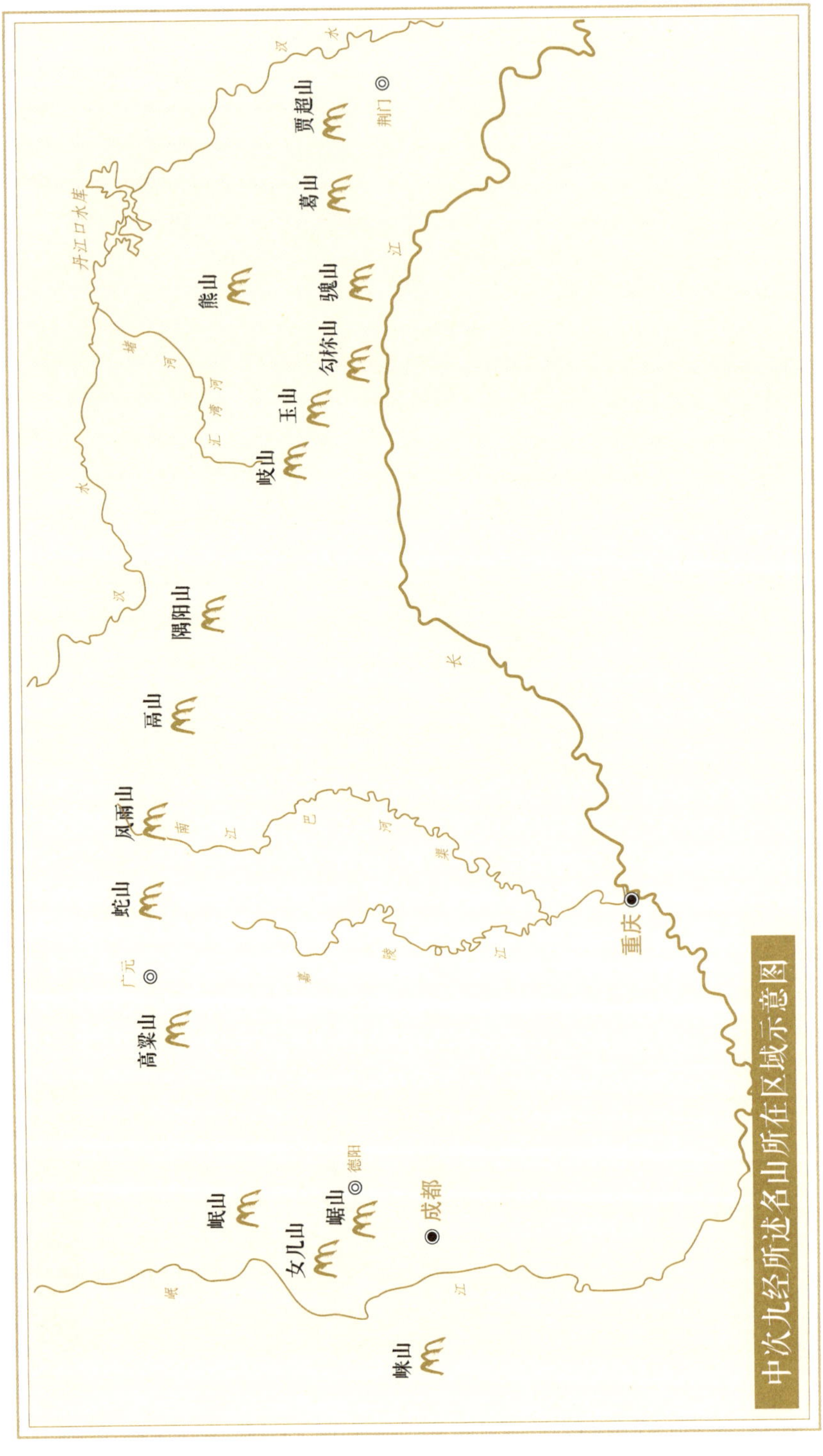
中次九经所述名山所在区域示意图
贾超山
荆门
葛山
熊山
騩山
勾檷山
玉山
岐山
丹江口水库
隅阳山
鬲山
风雨山
蛇山
广元
高粱山
重庆
岷山
女几山
崌山
德阳
成都
崍山

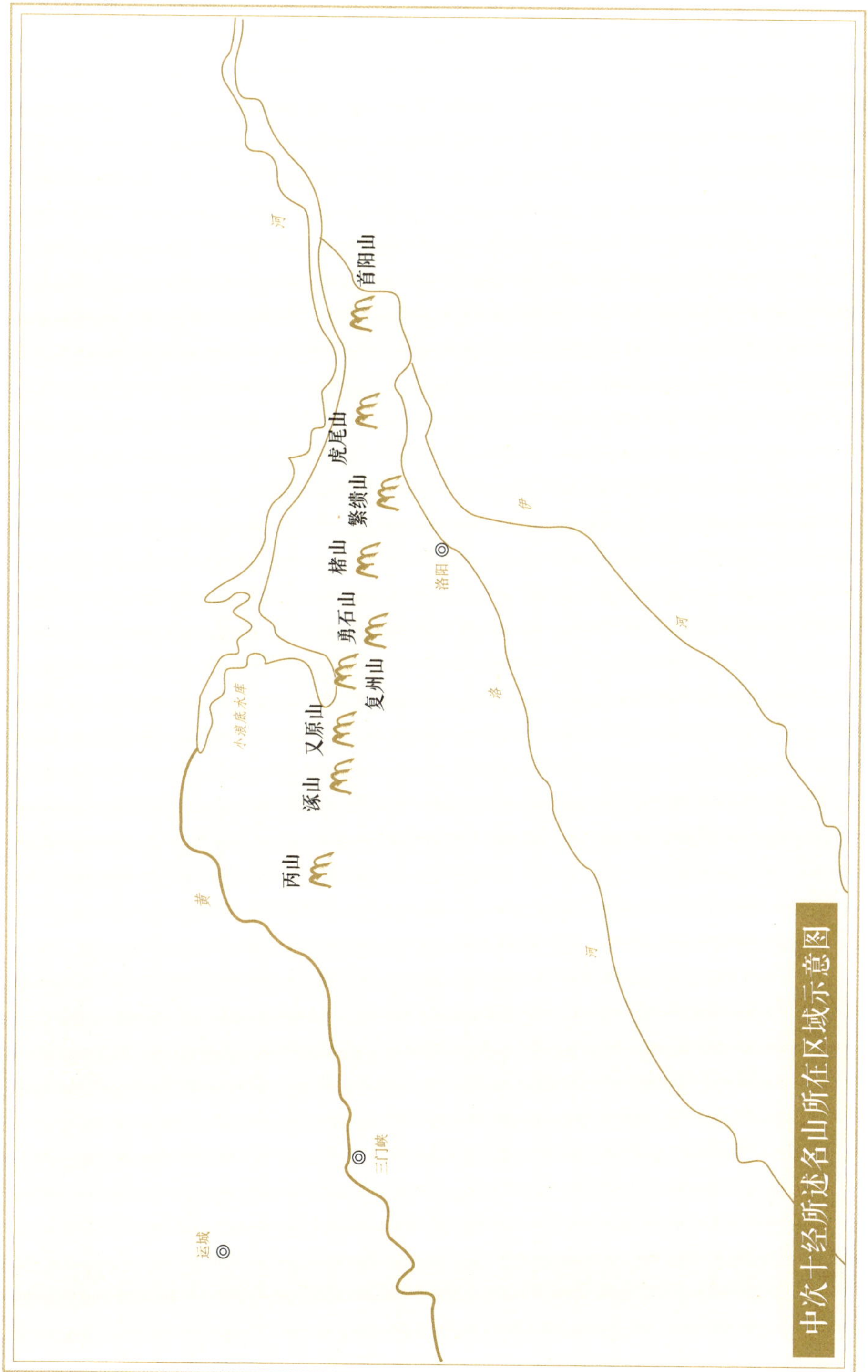

中次十经所述名山所在区域示意图

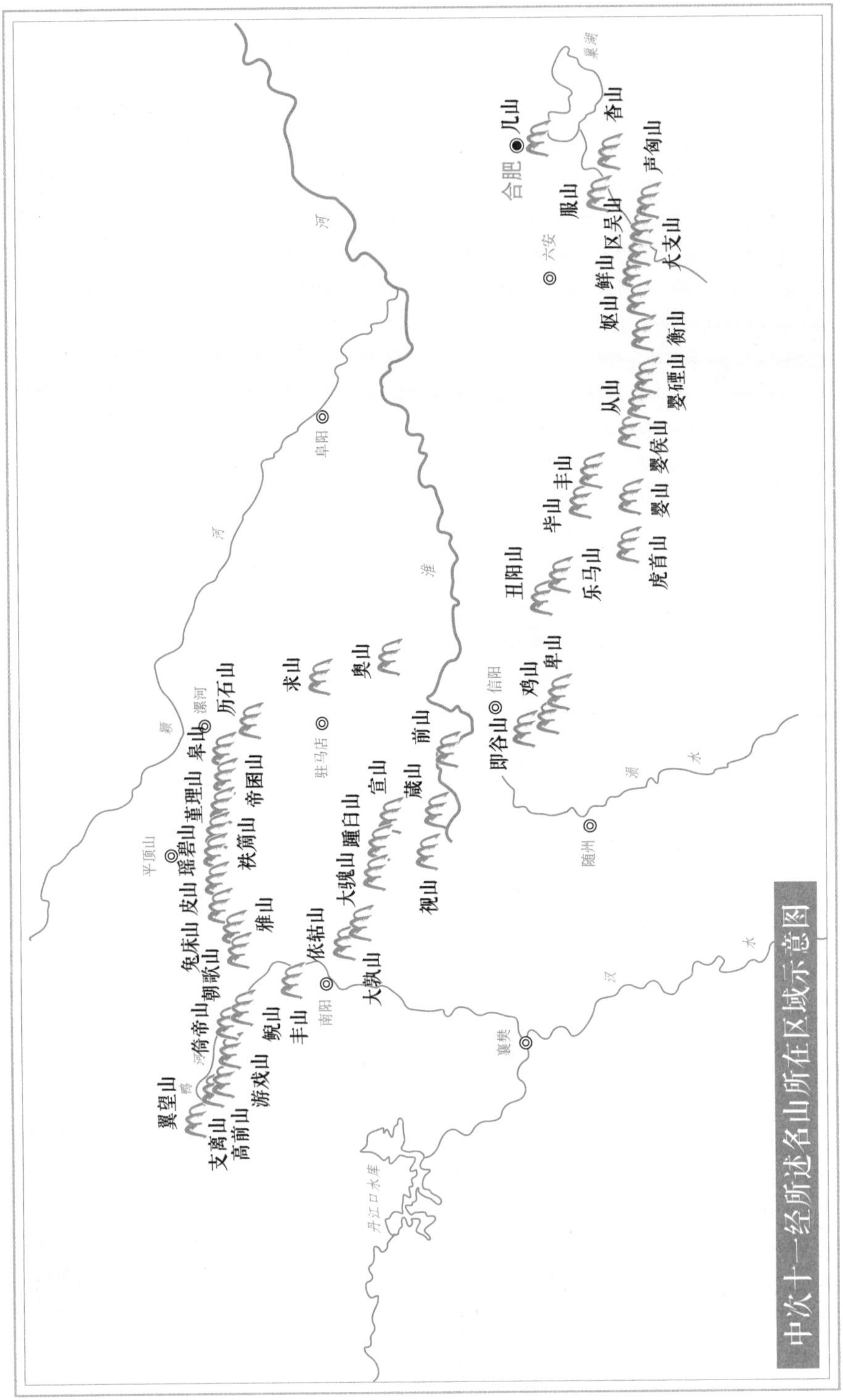

中次十一经所述名山所在区域示意图

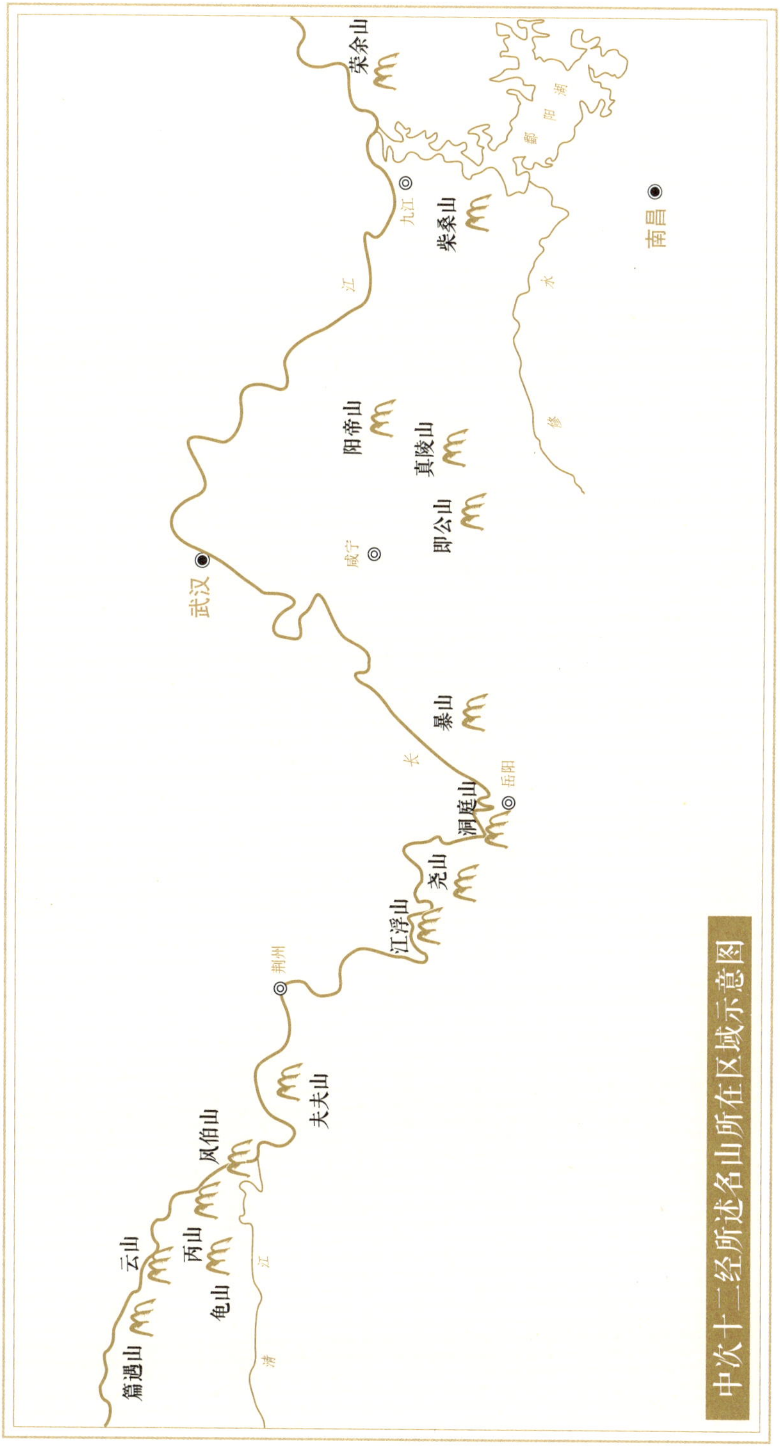

中次十二经所述名山所在区域示意图

中次一经

薄山 甘枣山

中央第一列山系为薄山山系（位于今山西省，与甘枣山同属中条山脉。《水经注·河水》云："太史公《封禅书》称华山以西，名山七，薄山其一焉。"——编者注），薄山山系的头一座山是甘枣山。共水（在山西省芮城县。——编者注）从山中流出涓涓细流，汇成滔滔江河，向西流去，注入黄河。山上树木葱茏，杻树茂盛，山下杂草丛生。更有一种奇特的草，枝干像葵花的，叶子又像杏树的，开着艳丽的黄花，果实充盈，名叫箨（tuò），即俗称笋壳。这种草种可以入药，医治眼病，能使盲人复明。山中有一种怪兽，它的形貌像𫛞（huǐ）鼠，但额头有花纹，名叫𪊨（nuó）。人们吃了它的肉能治疗脖颈上的肉瘤。

历儿山

再向东二十里是历儿山（即历山，在今山西省永济市。《水经注·河水》云："河东郡南有历山，舜所耕处也。"——编者注）。山中树木葱茏，橿树和枥（lì）木成林。枥木，方形的枝干，圆圆的绿叶，开着绚丽的黄色花朵，还有毛茸茸的细毛，果实如楝树的果实。人们吃了它的果实可以增强记忆力。

渠猪山

再向东十五里是渠猪山（大约在今山西省芮城县北。——编者注）。山巅翠竹茂密。渠猪水发源于这座山，向南滔滔流去，注入黄河。水中多豪鱼，其形状像鲔鱼，红嘴巴，有红色的尾羽。这种鱼可以入药，用以治疗白癣。

葱聋山

再向东三十五里是葱聋山。山间谷峪纵横，白垩遍布，其中夹杂着黑色、青色、黄色的垩土。

涹山

再向东十五里是涹（wō）山。山上遍布着赤铜，山北面有丰富的铁。

脱扈山

再向东七十里是脱扈山。山中的杂草中有一种形状像葵叶的草，开红色花朵，有荚，荚内结实，果实像棕榈树的荚，它名叫植楮。它的果实可以治忧郁症，并驱赶梦魇。

金星山

再向东二十里是金星山。山中产天婴。天婴的形状同龙骨相似，可以用来医治痤疮。

泰威山

再向东七十里是泰威山。山中有一条深谷，叫做枭谷，谷中蕴藏着丰富的铁矿。

橿谷山

再向东十五里是橿谷山。山中蕴藏着丰富的赤铜。

吴林山

再向东一百二十里是吴林山（即吴山，在今山西省平陆县东北。——编者注）。山中杂草丛生，兰草尤多。

牛首山

再向北三十里是牛首山（应在今山西省浮山县东的乌岭。《太平寰宇记》云："黑山在神山县东四十四里，一名牛首，今名乌岭。黑水出焉，西流入临汾县界。"——编者注）。山中翠草丛生，以鬼草多见，其叶子与葵叶相同，秸秆是红色的，它开的花像禾稼的花絮，吃了这种草的种子，能使人快乐，忘记忧愁。劳水从山中流出，滔滔西流，注入潏（jué）水（即今三交水，在临汾市襄陵县东南。《元和志》云："潏水，一名三交水。"——编者注）。碧波中经常有飞鱼跃出水面，闪闪发光。这种飞鱼的形状如同鲋鱼，可以入药。吃了这种鱼的肉，能治痔疮。

□ 第二十九图，（清）《山海经绘图广注》刻本，成或因绘图，咸丰五年（1855）刻印。

霍山

再向北四十里是霍山（在今山西省霍县东南。《尔雅·释地》云：“西方之美者，有霍山之多珠玉焉。”郭璞注：“霍山今在平阳永安县。”——编者注）。山中草木丛生，构树特别多。这里有一种兽，它的体形与野猫相像，长着白色的尾巴，有鬃毛，它名叫朏朏（fěi fěi）。据说畜养这种兽可以让人忘记忧愁。

合谷山

再向北五十二里是合谷山。山上杂草丛生，盛产天门冬。

阴山

再向北三十五里是阴山。山中产磨刀石和色彩绚丽的花纹石。涓涓水流从山中流出，汇成河流，名叫少水（北京大学中文系副教授杨伯峻先生认为少水即今沁水，出山西省沁源县。——编者注）。山中树木葱茏，雕棠树最多。这种树的叶子似榆树叶，但形状是方的，结的果实像赤小豆。吃了这种果实能治愈耳聋。

鼓镫山

再向东北四百里是鼓镫（dēng）山。山上赤铜丰富。还生长着一种草，名叫荣草，它的叶子与柳叶相似，根茎像鸡蛋。这种草可以药用，可治愈风痹病。

总览

薄山山系，自甘枣山起，至鼓镫山止，共有十五座大山，蜿蜒六千六百七十里。历儿山是众山的宗主，祭祀它时，毛物要用猪、羊、牛三牲俱备的太牢，并用美玉环绕。祭祀其他二十三座山时，毛物用一只羊，用玉制藻珪（藻珪是一种有符彩的玉，下面是方的，上面则十分尖锐，中间穿有孔，用金属片贴在上面作为装饰。——编者注）环绕陈列。祭祀完毕便将它们埋进地里，无须再用精米祀神。

中次二经

济山 辉诸山

中央第二大山系为济山山系，济山山系的头一座山是辉诸山。山上桑树繁茂。山中多有飞禽走兽，兽以山驴和麋最多，禽以鹖（hé）鸟（鹖鸟极为好斗，一旦争斗起来，绝不退却，至死方休。古代武士们的帽子上有两只鹖尾，分插左右两边，显出威武之姿。战国时有一个楚人，隐居深山，用鹖的羽毛做帽子，并以“冠子”为号，因此名声远扬。——编者注）最多。

发视山

再向西南二百里是发视山。山上遍布着金属和晶莹绚丽的美玉；山下磨刀石随处可见。山中溪水潺潺，流出后汇成河流，叫做即鱼水，水向西流，注入伊水（即今伊河，出河南省栾川县，流经洛阳注入洛水。——编者注）。

豪山

再向西三百里是豪山。山上盛产金属和玉石。山顶一片荒芜。

鲜山

再向西三百里是鲜山。山中盛产金属和美玉；山顶光秃荒芜。从山中流出的涓涓溪水汇成江河，叫做鲜水（应在今河南省嵩县西南。《水经注》云：“伊水之北，鲜水出焉，水出鲜山北流注于伊。”——编者注），滔滔向北流去，注入伊水。山中有一种蛇，叫做鸣蛇，体形与一般的蛇相似，但长着四只翅膀，还会发出一种如击磬般的

□ 鸣蛇

它的样子和普通蛇相似，但有两对翅膀，鸣声如钟磬一样响亮。

□ 第三十图，（清）《山海经绘图广注》刻本，成或因绘图，咸丰五年（1855）刻印。

声音（北宋秘阁校理吴淑的《蛇赋》记载："音如磬声。即此也。"——编者注）。它一旦出现，便预示着将出现旱灾。

□ 化蛇

这是一种人面豺身，长着一对翅膀，像蛇一样盘行蠕动的怪物。它的声音如同婴儿啼哭，又像是妇人在叱骂。

阳山

再向西三百里是阳山（在今河南省嵩县西南。《水经注·伊水》云："阳水出阳山，世人谓之太阳谷，水亦取名焉，东流入伊水。"——编者注）。山中到处是石块，不生草木。阳水发源于这座山，向北流去，注入伊水。山上有一种蛇，叫做化蛇。这种蛇人脸豺身，长着翅膀，像蛇一样爬行。它会发出一种奇特的呼叫声，像是人在叱呼。它一旦出现，则预示着雨水大增，将有水患。

昆吾山

再向西二百里是昆吾山（在今河南省嵩县西南。清代经学家吕调阳在《五藏山经传》中记载："山在今嵩县东北二十余里伊水之南。"——编者注）。山中出产赤铜。另有一种兽，体形像猪，头上生角，叫声像人在号啕大哭，它名叫蛮蛭，吃了这种兽肉就不会发梦癫。

葌山

再向西一百二十里是葌山（清代经学家、训诂学家郝懿行在《山海经笺疏》中记载："葌山，葌水出焉，当在今嵩县西。"——编者注）。山中有溪水流出，汇成河流，叫做葌水，向北流去，注入伊水。山中盛产金属和玉石，山下有大量青雄黄。山中林木葱茏，有一种像棠梨树的树木尤为多见，但叶子是红色的，名叫芒草。这是一种毒草，能够毒死鱼类。

独苏山

再向西一百五十里是独苏山。山上光秃荒芜，溪流纵横，水源丰富。

蔓渠山

再向西二百里是蔓渠山（在今河南省境内。《水经注·伊水》云：“伊水出南阳县西蔓渠山。”——编者注）。山上金属和美玉随处可见；山下箭竹成林，郁郁葱葱。伊水发源于这座山，向东流去，注入洛水。山中常出没一种野兽，其形貌奇异，人面虎身，名叫马腹，叫声如婴儿啼哭。它凶猛残暴，能吃人。

□ **马腹**

这种野兽人面虎身，声音像婴儿啼哭，能吃人。

总览

济山山系，自辉诸山起，至蔓渠山止，共有九座山，蜿蜒一千六百七十里。这些山中所居住的神仙，都是人面鸟身。在祭祀这些神仙时，用毛物做祭品，还要用一块吉玉投往山间，祭祀无需用精米。

中次三经

萯山　敖岸山

中央第三大山系为萯山山系（在今河南省巩义市北。《大清一统志》云："萯山在巩县北，临黄河。"又《吕氏春秋》："夏后氏孔甲田于东阳萯山。——编者注），萯山山系的头一座山是敖岸山。山向阳的南坡多产瑾琈；山背阴的北坡则盛产赭石和黄金。熏池神仙就住在这里。此山中常有美玉产生。在山巅向北望去，可以看到黄河和大片丛林，其形状就像茜草和榉木。山中有一种兽，体形如同白鹿，但长着四只角，名叫夫诸。每当它出现，便会使雨水增加，泛滥成灾。

青要山

再向东十里是青要山（在今河南省洛阳市新安县北。《水经注·河水》："河水又与畛水合，水出新安县青要山。"——编者注）。这座山实际上是黄帝秘密居住的都邑，野鹅成群。在山峰的顶巅可以南望墠（tián）渚，墠渚是大禹的父亲鲧幻化而成。（《水经注·伊水》云："又东南，左会北水，乱流左合禅渚水。水上承陆浑县东墠渚。"——编者注）此处多蜗牛和螺蛳。神仙武罗管理着这个地方。武罗长着人面，身体上有豹纹，腰很细，齿很白，以金银器作耳环，他的叫声像玉石碰击声。这座山宜于女子居住。畛（zhěn）水从山中流出，向北注入黄河。山中有一种鸟，名叫䲹，它的体形像野鸭，身躯为青色，浅红的眼睛，红色的尾巴，人如果吃了这种鸟的肉便可多子多孙。山中有一种草，像葌草，方茎，开黄色的花朵，结红色的果实，它的根像藁本的根，它名叫荀草。吃了这种草能使人肤色润洁。

騩山

再向东十里是騩（wēi）山（在今河南省新郑市西北。《水经注·河水》云："河水又东，正回之水入焉。水出騩山，疆山东阜也。"——编者注）。山上枣林茂盛，山背阴的北坡瑨玗遍地。山中有溪水流出，汇成河流，名叫正回水，向北流去，注入黄河。河中有一种飞鱼，其体形与猪相似，但身上有花纹。吃了这种鱼便能猛增胆力，不惧雷鸣，刀枪不入。

□ 飞鱼

这种鱼的翅膀与尾巴一样长，经常成群地在海上飞翔，有翅膀，头白嘴红，背部有青色的纹理。因它常常在夜间飞行，所以又叫飞鱼。

宜苏山

再向东四十里是宜苏山（在今新安县境内。《水经注·河水》云："河水又东合庸庸之水，水出河南垣县宜苏山。"——编者注）。山中盛产玉石和金属，山下牡荆等灌木也极为繁茂。滽滽水从山中潺潺流出，向北流去，注入黄河，水中有很多黄色的贝类。

和山

再向东二十里是和山（可能在洛阳黄河之畔。——编者注）。山中无草木，多瑶和碧等美玉。这里实际上是黄河的九条水源汇聚的地方。此山有五层盘旋回转，九条水系从这里发源，汇合成一条巨流，向北注入黄河，水中出产大量名贵的苍玉。吉神泰逢管辖这座山，他的形貌与人相同，却长着一条虎尾。泰逢神一般居住在山向阳的南坡，每出入于这座山都会发出神奇的光彩。泰逢神具有变幻莫测的法力，可以动天地之气。

□ 泰逢

泰逢神的体形与人相似，但长着一条虎尾。他具有变化莫测的法力，可以动天地之气。

总览

萯山山系，自敖岸山起，至和山止，共有五座大山，蜿蜒四百四十里。在这些山中的祠堂里，有泰逢、熏池、武罗等神仙。在祭祀这些神仙时，将一头公羊劈开作祭品，再配以玉器。在祭祀其余两座山中的神仙时，则是将一只雄鸡埋在地下，用稻米作祭祀用的神米。

□ 第三十一图，（清）《山海经绘图广注》刻本，成或因绘图，咸丰五年（1855）刻印。

中次四经

釐山　鹿蹄山

中央第四列山系为釐山山系，釐山山系的头一座山是鹿蹄山（在今河南省宜阳县东南。《水经注·甘水》云："甘水出宏农宜阳县鹿蹄山。"又《隋志》云："兴泰县有鹿蹄山，在今宜阳县东南五十里。"甘水为洛水细小支流。——编者注）。山上到处是美玉，山下遍地是金子。溪水从山中流出，汇成河流，叫做甘水，滔滔向北流去，注入洛水，水里有大量柔软的矿石。

扶猪山

再向西五十里是扶猪山（在宜阳县一带。《水经注·洛水》云："洛水又与虢水会，水出扶猪之山。"——编者注）。山上遍布着瑌（ruǎn）石（这是一种像玉的石头。——编者注）。山中有一种兽，其体形与貉（hé）相似，但长着人的眼睛，它名叫䑏。溪水从山中流出，汇成大河，名叫虢水，向北流去，注入洛水，水中有大量的瑌石。

□ 獭

这种野兽看上去像发怒的狗，有鳞甲，身上长有如彘鬣般的毛。

釐山

再向西一百二十里是釐山（在今河南省嵩县。《大明一统志》："釐山，在嵩县。"——编者注）。山向阳的南坡出产美玉；山背阴的北坡生长着茂密的茜草。山中有一种野兽，体形很像牛，苍色的躯体，它名叫犀渠，其叫声如同婴儿啼哭。这种野兽凶残贪婪，能吃人。滽滽水发源于这座山，向南流去，注入伊水。山中另有一种兽，它的体态像发怒之犬，有鳞甲，毛从鳞甲间探出，像猪鬃一样，它的名字叫獭（xié）犬。

箕尾山

再向西二百里是箕尾山。山中构树成林，涂石遍地，山顶则到处是琇琈玉。

柄山

再向西二百五十里是柄山。山中盛产玉石和铜。山溪潺潺流出，汇成河流，名叫滔雕水，滚滚向北流去，注入洛水。山里有大量的羬羊。山中林木中有一种形状很像臭椿树的树，其叶像梧桐树叶，长荚，荚内有果实，名叫茇（bá）。这种树的叶子和果实都有毒，能毒死鱼。

白边山

再向西二百里是白边山。山上遍布着金属和晶莹的玉石，山下遍布着青雄黄。

熊耳山

再向西二百里是熊耳山（在今河南省卢氏县，以两峰如熊耳得名。《汉书·地理志》云："熊耳山在卢氏县东，伊水出东北入雒。"——编者注）。山中树木葱茏，山顶漆树成林，山下全是棕树。溪水涓涓流出，汇成河流，叫做浮濠水，向西流去，注入洛水，水中蕴藏着许多精美的玉石，生活着许多人鱼。山中草木丛生，其中有一种草，形状如同紫苏，开红色的花朵，名叫葶苧（tíng nìng）。这种草有毒，能将鱼毒死。

牡山

再向西三百里是牡山。山顶上遍地是纹石；山下则生长着茂密的竹箭和竹䉋。山中还有很多野兽，其中大部分是牪牛和羬羊，另有许多以赤鷩为主的飞禽。

讙举山

再向西三百五十里是讙举山（位于今陕西省洛南县冢岭山。《大明一统志》云："讙举山，雒水发源于此。"《地理志》曰："雒出冢岭山。"——编者注）。洛水

□ 第三十二图，（清）《山海经绘图广注》刻本，成或因绘图，咸丰五年（1855）刻印。

（古称雒水。——编者注）发源于这座山，向东北方向流去，注入玄扈水（在洛南县西，源出玄扈山。《水经注·雒水》云：“雒水又东，至阳虚山，合玄扈之水。”——编者注）。玄扈山中生活着很多马肠之类的动物。在讙举山和玄扈山之间，是奔腾激越的洛水。

总览

釐山山系，自鹿蹄山起，至玄扈山止，共有九座大山，蜿蜒一千六百七十里。这些山中的神仙，都是人面兽身。在神祠中进行祭祀时，毛物选用一只完整的白鸡取血涂祭，并用彩饰把鸡加以装饰，无需用精米作祭品。

中次五经

薄山 苟林山

中央第五列山系——薄山山系的头一座山是苟林山。山上没有花草树木，全是怪石嶙峋。

首山

向东三百里是首山。山背阴的北坡草木葱茏，构树、柞树、山蓟及芫（yuán）花最为茂盛；山向阳的南坡遍地是㻬琈玉和槐树。山的北面沟壑纵横，有一道叫做机谷的深谷。机谷中有成群的䲦（dài）鸟在此活动，其体形如猫头鹰，但长着三只眼，还有耳朵，它的叫声很像鹿鸣。人吃了这种鸟的肉可以去湿气。

□ 䲦鸟

这种鸟体形像猫头鹰，有三只眼睛，长有耳朵，叫声像鹿的叫声。

县斸山

再向东三百里是县斸（zhú）山。山上草木不生，满山都是绚丽多彩的花纹石。

葱聋山

再向东三百里是葱聋山。山上一片荒芜，遍布着㻞石。

条谷山

再向东北方向五百里是条谷山。山上树木郁郁葱葱，尤以槐树和桐树最为繁盛；草大多为芍药和门冬。

□ 第三十三图，（清）《山海经绘图广注》刻本，成或因绘图，咸丰五年（1855）刻印。

超山

再向北十里是超山。山背阴的北坡，遍布着精美的苍玉；山向阳的南坡有一眼泉水，这泉水冬天有水，一到夏天便会干涸。

成侯山

再向东五百里是成侯山。山顶的椿树极为茂盛，山上的秦艽（jiāo）草郁郁葱葱。

朝歌山

再向东五百里是朝歌山（朝歌，在今河南省淇县。——编者注）。山中峡谷纵横，谷中有各色的垩土。

槐山

再向东五百里是槐山（即今稷山，在今山西省稷山县。——编者注）。山中峡谷纵横，谷中盛产黄金和锡。（稷山为后稷的出生地。后稷，名弃，其母亲姜原是帝喾的元妃。姜原到野外游玩，无意之中踏在巨人足迹上，顿觉神飞心荡，身体酥软，而后便怀孕生子，生下后稷。后稷善于耕耘种植，老百姓便效仿他的做法，帝尧也因此封他为农师。到后稷的孙子叔均时，大家开始用牛耕地。稷山上有稷祠。——编者注）

历山

槐山以东十里是历山（在今山西省夏县之北。《水经注》云："河东郡南有历山，舜所耕处也。"——编者注）。山中有成片的槐树，山南坡则遍布着璀璨的美玉。

尸山

再向东十里是尸山（在今陕西省洛南县北。《水经注·洛水》云："洛水又东，尸水注之。水北出尸山，南流入洛。"——编者注）。山中遍布着晶莹的苍玉，并有水鹿等大量野兽出没。尸水从山中流出，汇成河流，滔滔向南流去，注入洛水，水中多美玉。

良余山

再向东十里是良余山（在今陕西省华阴市西南。《水经注》：“渭水又东，馀水注之。……洛水又东得乳水，水别出良馀山，南流注于洛。”又《寰宇记》云：“良馀山，华阴县西南三十里。”——编者注）。山上林木苍翠，多构树、柞树，不见石头。余水从山的北面流出，注入黄河；乳水从山的南面流出，之后向东南注入洛水。

蛊尾山

再向东南十里是蛊尾山。山中出产磨刀石和赤铜。龙余水从山中流出，向东南注入洛水。

升山

再向东北二十里是升山（在今陕西省华阴西南。《水经注·渭水》云：“渭水又东，合黄酸之水，世名之为千渠水。水南出升山，北流注于渭。”——编者注）。山上有成片的构树、柞树和荆棘。还有山药、蕙草和寇脱草等茂密的药草。溪水从山中流出，汇成河流，叫做黄酸水，水流向北，注入黄河，水中有大量的璇玉。

阳虚山

再向东十二里是阳虚山（在今陕西省洛南县北。《水经·洛水》云：“洛水又东，至阳虚山，合玄扈之水。——编者注）。山中盛产黄金，整座山耸立在玄扈水之滨。（相传，上古时期，黄帝曾南巡到洛水河畔，阳虚山山下。仓颉因记事记史需要，为创造文字日夜忧叹。一天，他正在洛水河畔冥思苦想，忽见一只灵龟背着书在洛水中浮现，丹甲青文，如同字迹一般。仓颉因此获得灵感，一口气创造了二十八个汉字。——编者注）

总览

薄山山系，自苟林山起，至阳虚山止，共有十六座大山，蜿蜒二千九百八十二里。升山是宗主，祭神时：用牛、猪、羊齐全的三牲及上等的吉玉。祭祀首山的神，用稻谷及整只黑色的牛、羊、猪及精酿的美酒；祭祀时人们还得击鼓跳持盾之舞；并用一块玉璧。尸水通天界，祭祀时，用肥牲畜一头，把一条黑狗供在上边，把一只母鸡供在下边，杀一只母羊进行血祭。器皿要用上等的玉石造成，并用缯彩做祭品，最后进行祈祷。

中次六经

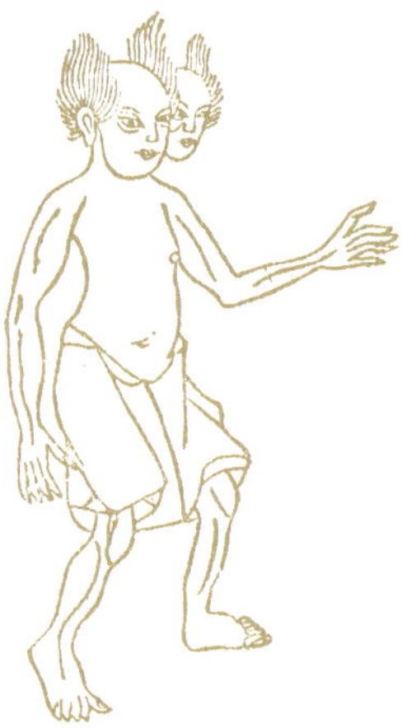

□ 骄虫

骄虫是平逢山的山神，身形像人，有两个脑袋。他是螫虫的首领，平逢山也是一切蜂类动物聚集的地方。

缟羝山　平逢山

中央第六列山系是缟羝（dī）山山系，其头一座山是平逢山（平逢山即今河南洛阳北邙山。《元和郡国志》云：“北邙山，陇山之尾，一名平逢山。谷城在洛阳市西北。——编者注）。在平逢山的山顶向南可以望见伊水和洛水，向东则可以望见谷城山。山中不生草木，没有水流，沙石满坡。山中居住着一位神仙，他的形貌与人相似，但长着两个头，他名叫骄虫。他实际上是一切螫虫的首领，这座山是群蜂集聚的地方。在祭祀骄虫神时，用一只雄鸡作祭品，祈祷群蜂和螫虫不要螫人。作为祭品的雄鸡不用杀死，祈祷后可把它放掉。

缟羝山

再向西十里是缟羝山。山上不生草木，盛产金属和玉石。

廆山

再向西十里是廆（guī）山（在今洛阳市西。《水经注·洛水》云：“东南流，又有交觞之水，北出廆山。”——编者注）。山背阴的北坡遍布瑂琈玉。山西有雚（guàn）谷，谷中柳树和构树郁郁葱葱。山中的飞鸟体形很像山鸡，有着长长的尾巴，红色的羽毛赤如丹火，青色的嘴巴，名叫鸰鹦（líng yāo），叫声像是自呼其名。人们吃了这种鸟肉可以远离梦魇。溪水从山南坡涓涓流出，汇集成交觞水，向南注入洛水。而俞随水则发源于这座山的北麓，向北流去，注入谷水（洛水支流。《太平寰宇记》云："谷水在渑池县南二百步。"——编者注）。

瞻诸山

再向西三十里是瞻诸山（在今洛阳市新安县南。《水经注·洛水》云："谢水北出瞻诸之山，在新安东南五十二里。"少水也在新安县境内。——编者注）。山向阳的南坡盛产金属；山背阴的北坡彩石遍地。谢（xiè）水发源于这座山，滔滔向东南流去，注入洛水。少水从山的北麓流出，向东流去，注入谷水。

娄涿山

再向西三十里是娄涿山（在今洛阳市。《水经注·洛水》云："惠水出白石山之阳，东南流与瞻水合，水东出娄涿之山。"——编者注）。山顶不生草木，到处是金属和美玉。瞻水发源于这座山的南麓，向东注入洛水；陂水发源于这座山的北麓，向北注入谷水，水中多紫石和花纹石。

白石山

再向西四十里是白石山（疑在今河南省渑池县南。——编者注）。惠水发源于此山南麓，向南注入洛水，水中遍布着美玉。涧水发源于此山北麓，向西北注入谷水，水中有许多画眉石和黑丹。

谷山

再向西五十里是谷山（在今河南省渑池县境内。《太平寰宇记》云："谷山在渑池县南八十里。"——编者注）。山顶构树茂密，山下桑林成荫。爽水从山中涓涓流出，向西北注入谷水，水中有大量孔雀石。

密山

再向西七十二里是密山（在今新安县南。《水经注·洛水》云："洛水又东与豪水会，水出新安县密山……而南流入于洛。——编者注）。山向阳的南坡，玉石遍布；山背阴的北坡盛产铁矿。豪水从山中流出，向南注入洛水。水中多有旋龟出没，鸟头鳖尾，叫声如同劈开木头的声音。整座山草木不生，一片荒芜。

□ 第三十四图，（清）《山海经绘图广注》刻本，成或因绘图，咸丰五年（1855）刻印。

长石山

再向西一百里是长石山（在今河南省新安县。《新唐书·地理志》："义宁二年以县置新安郡……贞观元年来属，有长石山。"——编者注）。山顶光秃荒芜，山中金玉遍布，闪闪发光。山的西边有一峡谷，名叫共谷，谷中丛竹茂密。共水（《水经注·洛水》云："共水世谓之石头泉，而南流注于洛。"——编者注）从山中流出，滔滔向西南流去，注入洛水。共水出产大量鸣石，撞击鸣石，七八里路都能听到。

傅山

再向西一百四十里是傅山（在今河南省宜阳县。《水经注·洛水》云："傅山无草木，其水经宜阳县故城东，东南流，注于洛。"——编者注）。山上不生草木，美玉随处可见。厌染水从傅山南麓流出，向南注入洛水，水中有很多人鱼。傅山西面有一片森林叫做墦（fán）冢。谷水从山中流出，向东注入洛水，其中多美玉。

橐山

再向西五十里是橐（tuó）山（在今河南省三门峡市。《水经注·河水》云："橐水出橐山。"——编者注）。山顶盛产臭椿树和構树。山向阳的南坡金玉遍地；山背阴的北坡有大量的铁矿和蒿草。橐水从山中流出，向北注入黄河。水中有许多修辟鱼，这种鱼形状像蛙，长着白色的嘴巴，叫声像猫头鹰。吃了这种鱼的肉，可以治白癣病。

常烝山

再向西九十里是常烝山（常烝山在今河南省陕县南。《水经注·河水》云："河水又东合谯水，水道源常烝之山，山在陕城南八十里。"谯水即今陕县乾头河。菑水在河南省灵宝市。《水经注·河水》云："河水又东，菑水注之，水出常烝之山。——编者注）。山顶无草木，满山全是白土。潐（qiáo）水发源于这座山，向东北注入黄河，水中多玉石。菑（zī）水也发源于这座山，向北注入黄河。

夸父山

再向西九十里是夸父山（夸父山在今河南省灵宝市境内。《水经注·河水》云："水出湖县夸父山。"汉武帝初置湖县，治今河南省灵宝市西北阌乡县。——编者注）。山里树木以棕树和楠树为多，另有苍翠的低矮竹林。山中多飞禽走兽，兽中多㸲牛和羬羊，鸟则以赤鷩多见。山向阳的南坡盛产玉石；山背阴的北坡盛产铁矿。夸父山的北面有一片桃林，方圆三百里。林中多骏马（骅骝和绿耳等八匹骏马便是在此得到的。——编者注）。山中细流涓涓而出，汇成湖水，向北注入黄河，水中美玉遍布。

阳华山

再向西九十里是阳华山（在今华山之阳，故名。——编者注）。山南坡到处是金属和美玉；山北坡盛产青雄黄。山中的草以山药、苦辛最为多见，苦辛形状如楸（qiū）木，果实像瓜，味道酸中带甜。这种果实能治疟疾。杨水从山中缓缓流出，向西南注入洛水，水中多人鱼。门水也发源于此山，滔滔向东北流去，注入黄河，水中出产黑色磨刀石。䱇姑水则发源于阳华山的北麓，蜿蜒向东，注入门水，两岸蕴藏着丰富的铜矿。

总览

缟羝山系，自平逢山起，至阳华山止，共有十四座山，蜿蜒七百九十里。这一山系中有大山脉，每年岁中，即六月左右，必祭祀诸山神，以求天下太平。祭祀的礼仪，同其他山的祭祀形式一样，人们希望通过这样的祷祭来使天下永享太平。

中次七经

苦山　休与山

中央第七列山系是苦山山系，其头一座山是休与山（据清代学者、湖广总督毕沅考证休与山应在今河南省灵宝市。——编者注）。山上遍地是一种叫帝台（帝台是一位神仙。——编者注）之棋的小石子。这种石子五彩缤纷，形状像鹌鹑蛋。人们用它来祭祀百神，只要佩戴这种帝台石，便可以不受邪毒侵染。山中还有一种草，形状像蓍（shī）草，长着红色的叶子，根茎生长在一起，叫做夙条，可以用来做箭杆。

鼓钟山

再向东三百里是鼓钟山（在今河南省嵩县。——编者注）。神仙帝台就是在这里敲钟击鼓宴会天神。山中有一种草，茎是方的，开黄色的花朵，叶子是圆形的，叫做焉酸，可以疗毒。这座山还出产磨刀石。

姑媱山

再向东二百里是姑媱山。天帝的女儿女尸死后就埋在这里，并化为瑶草。瑶草叶子层层叠叠，开黄色花朵，果实像菟丝。谁吃了这种草，便会变得讨人喜欢。

苦山

再向东二十里是苦山。山中有一种野兽，其形貌像猪，毛红得像丹火，名叫山膏，特别善于骂人。山中有一种叫做黄棘的树，开黄色的花，圆圆的叶子，果像兰草的果实，误食会让人失去生育能力。另有一种草，叶子是圆形的，没有茎，开红色花朵，却不结果实，它的名字叫无条。吃了这种果实可以预防脖颈上生瘤子。

堵山

再向东二十七里是堵山。神仙天愚居住在这座山中，山里经常有怪风怪雨。山上生长着一种叫天楄（biān）的树，方茎，形状像葵花。人们吃了这种树的枝叶，吃饭便不会被噎着。

放皋山

再向东五十二里是放皋山（在今河南省宜阳县。——编者注）。明水从山中流出，向南注入伊水，水中多苍玉。山中有一种树木，叶子像槐叶，开黄花，但不结果实，名叫蒙木。吃了这种果实人就不会糊涂。山里还有一种野兽，形貌像蜂，尾部分叉，舌头反生，喜欢鸣叫，它的名字叫文文。

大苦山

再向东五十七里是大苦山（《水经注疏》指出，此山在今河南省登封市西。——编者注）。满山遍布着琈玗玉和彩石。山中有一种草，叶子像榆树叶，方茎，带刺，名叫牛伤，它的根部有青色的斑纹。人们吃了这种草便不会昏厥，还可以增强体质。狂水发源于这座山的南麓，向西南注入伊水。水中有很多三足龟，吃了这种龟肉可以提高免疫力，还能消除痈肿。

□ **三足龟**

这种乌龟因只有三只足而得名。传说人吃了它不会生大病，并能清淤消肿。

半石山

再向东七十里是半石山（在今河南省偃师市。《水经注》云：“洛水又东，合水南出半石之山……又来儒之水，出于半石之山。”又《太平寰宇记》记载：“半石之山在缑氏县南十五里。”——编者注）。山上生长着一种草，出土便抽穗开花，高一丈多，叶子和花都为红色，但不结果实，名叫嘉荣。人们吃了这种草便不怕打雷。来需水发源于半石山的南麓，向西注入伊水。水中有大量的鲶（lún）鱼，长有黑色花纹，体形同鲫鱼相似。人们吃了这种鱼就会精神饱满，不容易瞌睡。合水发源于半石山的北麓，向北注入洛水，水中有很多螣（téng）鱼。这种鱼长得像桂鱼，潜居在水中洞穴，它身上长着苍色花纹，拖着红色的尾巴。人们吃了

□ 第三十五图，（清）《山海经绘图广注》刻本，成或因绘图，咸丰五年（1855）刻印。

这种鱼，可预防痈肿，还能治疗瘘疮。

少室山

再向东五十里是少室山（即中岳嵩山之西峰。——编者注）。山上林木葱茏，远看就像圆圆的谷仓。其中有一种名叫帝休的树，叶子像杨树叶，枝条交错，向五方伸展，开黄花，结黑色果实。人们吃了这种果实就会心平气和，不会发怒。山上盛产美玉和铁矿。休水从山中流出，向北注入洛水，水中有很多人鱼。这种鱼看上去像长尾猴，足爪较长，脚白色，相对而生。人们吃了这种鱼便可以消除疑心病，还能躲避兵器的伤害。

泰室山

再向东三十里是泰室山（即中岳嵩山之东峰。——编者注）。山中生长着一种树，叶子像梨树叶，木质是红色的，名叫栯（yù）木。人们吃了这种树就不会心生嫉妒。山中还有一种长得像白术的草，开白色花朵，结黑色果实，像山葡萄，它名叫䔄草。人们吃了这种草就能安然入睡，不做噩梦。山上多美石。（相传大禹治水时，经过轩辕山，幻化成熊以便开山。他告诉涂山氏说："吃饭的时候，我敲鼓，你听到鼓声便赶来。"大禹跳过山头时，误跳在鼓上，鼓响了，涂山氏来了，却看见大禹已变成熊，便悲痛而去。涂山氏因伤心过度化为嵩山下的石头，这时她已有身孕。禹追至嵩山并呼喊："还我儿来!"这时，石突然开裂，于是启破石而生。启曾三次乘飞龙到天庭做客，将天宫的《九辩》《九歌》窃至人间。——编者注）

讲山

再向北三十里是讲山（应在今郑州市清易镇。《五藏经传》云："讲山在清易镇东，当嵩高东北。"——编者注）。山中盛产美玉，并有成片的松柏和柘树。此外，这里还有一种名叫帝屋的树，其叶子像花椒树叶，树干上生有倒刺，结红色的果实。人们用这种树的木头做成武器，以抵御凶兽的侵袭。

婴梁山

再向北三十里是婴梁山。山中出产青玉，这些青玉都附着在黑石上。

浮戏山

再向东三十里是浮戏山（《水经注·河水》："篇载之云，浮戏之山，世谓之方山。盖汜水出山北，绥水出山南也。山在汜水县南，密县之西北。"又《地形志》："西成皋有汜水，今水出汜水县西南四十里浮戏山。"——编者注）。山中生长着一种树，叶子像臭椿树叶，结红色果实，它的名字叫亢木。人们吃了这种果实可以驱邪。汜水发源于这座山，向北注入黄河。山的东边有一道幽谷，谷里有很多蛇，因而叫蛇谷，谷中出产中药细辛。

少陉山

再向东四十里是少陉山（《山海经笺疏》："今荥阳县南则器难水所出之少陉山也，又东则黄水所出之黄堆山也。"——编者注）。山中生长着一种草，叫做䒿（gāng）草，形似葵菜，长着红色的茎，开白色花朵，果实像野葡萄。人们吃了这种果实，能益心智，变得有智慧。器难水发源于此山，向北注入役水。

太山

再向东南十里是太山（疑在今河南省郑州市。——编者注）。山中有一种梨草，它的叶子像艾蒿叶，开红色的花。这种草可以入药，治痈疽。太水从山的南面流出，向东南注入役水；承水从山的北面流出，向东北注入役水。

末山

再向东二十里是末山。山上出产大量的黄金。末水从山中流出，向北注入役水。

役山

再向东二十五里是役山。山上盛产白银和铁矿。役水从山中流出，向北注入黄河。

敏山

再向东三十五里是敏山（《山海经新校正》云："此山在大骢山西三十五里，则是今河南郑州梅山矣。"——编者注）。山上有一种长得像荆棘的树，开白色花朵，结红色果实，这种树名叫蓟（jì）柏。人们吃了这种树的果实，能增加热量，不怕寒冷。山向阳的南坡出产大量的琇琈玉。

大騩山

再向东三十里是大騩山（在今河南省新密市南。《元和郡县志》云：“大騩山在密县东南五十里。”——编者注）。山北有丰富的铁和玉，还有很多青色垩土。山中还生有一种草，形状像蓍草，长着绒毛，开青色的花朵，结白色的果实，它名叫蒗（hěn）。人们吃了这种草的果实，能延年益寿，还可以医治肠胃病。

总览

苦山山系，自休与山起，至大騩山止，共十九座巍峨的山峰，蜿蜒达一千一百八十四里。在这些山中居住的神仙里，有十六位神仙是猪身人面。在祠堂中祭祀这些神仙，用一头纯色的羊进献，并用五彩上等吉玉。苦山、少室、太室这三座山，实际上是众山的宗主，祭祀这三座山上的神仙，要用带毛的牲口如牛、羊、猪等，玉器用上等吉玉。这三座山的神仙都长着人面，但有三个头，其余十六座山的神则都是猪身人面。

中次八经

荆山 景山

中央第八列山系为荆山山系，其头一座山是景山（荆山在今湖北省西部，武当山东南，漳水发源地。景山在湖北省房县西南。《荆州记》：“景山在上洛县西南二百里，东与荆山接。”《水经注·沮水》：“睢水即沮水，出汶阳县西北景山，即荆山首也。”——编者注）。山上盛产金属和美玉。山中林木以柞树和檀树最多。睢水从山中流出，向东南注入大江。水中沉积着丹沙，还有许多色纹斑斓的鱼。

荆山

再向东北一百里是荆山（此为具体山名，与前文荆山山脉不同。《括地志》云：“荆山在襄州荆山县西八十一里。”——编者注）。山北面铁矿丰富，山南坡出产大量的黄金，山中多牦牛、山驴、驼鹿、虎豹等猛兽。山上有成片的苍松翠柏，橘树和柚树也较多，还有很多竹丛。漳水从山中流出，向东南注入睢水。水中蕴藏着丰富的黄金，还有很多鲛鱼。

骄山

再向东北一百五十里是骄山。山上盛产美玉和青雘。山中多苍松翠柏，以及桃枝和钩端这类小竹。鼍（tuó）围神居住在这里，其人面、羊角、虎爪。他经常云游于睢水和漳水的深渊一带，出入时有亮光。

□ **鼍围**

他是骄山的山神，长着人面，羊角，虎爪。

女几山

再向东北一百二十里是女几山。山上出产大量的美玉，山下盛产黄金，山间有很多虎、

□ 第三十六图，（清）《山海经绘图广注》刻本，成或因绘图，咸丰五年（1855）刻印。

豹、山驴和麂。山中的鸟以白鸦和毒鸩最多，还有很多野鸡。

宜诸山

再向东北二百里是宜诸山（在今湖北省境内。《水经注·漳水》：“漳水又南，洈水注之。”——编者注）。山上有大量的金属和美玉，山下则有很多青雘。洈（wéi）水发源于这座山，向南注入漳水，水中盛产白玉。

纶山

再向东北三百五十里是纶（lún）山。山中树木葱茏，有梓树、楠木、桃枝竹、柤树、栗树、橘树、柚树等。山中的野兽主要有山驴、驼鹿和羚羊等。

陆郃山

再向东二百里是陆郃（guǐ）山。山上盛产㻬琈玉，山下则出产各种颜色的垩土。山中杻树和橿树交错横生，枝繁叶茂。

光山

再向东一百三十里是光山（在今河南省光山县。《元和郡县志》云：“光山在光山县西北八十里。”——编者注）。山上遍布着碧玉，山下则水泽浩渺。计蒙神居住在这里，他人身龙头，遨游于漳潭。每当计蒙神出入时，总会伴有风雨雷电。

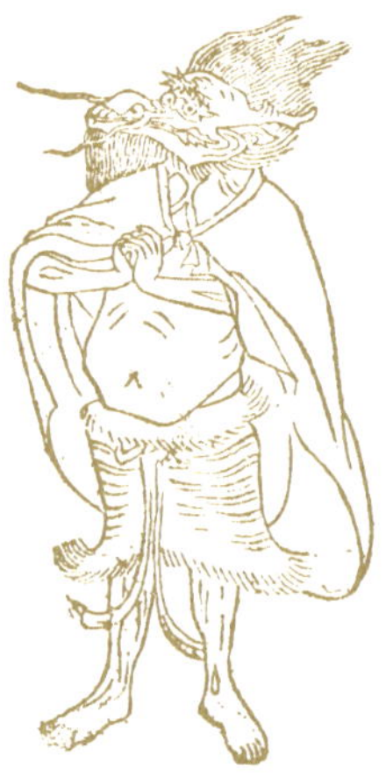

□ **计蒙**

这位神龙头人身，双臂生有羽毛，挥臂张口即能喷雾降雨。

岐山

再向东一百五十里是岐山。山的南边出产黄金；山的北面出产白珉（mín）石。山顶金玉遍布；山下则到处堆积着青雘。山中的臭椿树极为茂盛。涉䵮神就居住在此，他长着人身、方脸、三只脚。

铜山

再向东一百三十里是铜山。山中出产大量的黄金、白银和铁矿。山中林木葱郁，以构树、柞树、柤树、栗子树、橘树和柚树等居多。山中的猛兽以犳（zhuó）为最多。

美山

再向东北一百里是美山。山中有野牛、山驴、驼鹿和野猪等野兽。山上盛产黄金，山下出产大量的青雘。

大尧山

再向东北一百里是大尧山。山上苍松翠柏，还有很多梓树、桑树、机树和长势茂密的竹子。山间的野兽以豹子、老虎、羚羊和㚟（外形像兔，脚像鹿。——编者注）居多。

灵山

再向东北三百里是灵山。山上金玉遍布，山下青雘遍地，五颜六色；山间林木葱茏，桃、李、梅、杏争奇斗艳，万紫千红。

龙山

再向东北七十里是龙山。山顶生长着很多寄生树，山中盛产美玉和红锡。山上的草木大多是桃树枝、钩端藤之类。

衡山

再向东南五十里是衡山（《周礼·职方氏》：“河南曰豫州，其山镇曰华山。正南曰荆州，其山镇曰衡山。”——编者注）。山上有很多寄生树、构树、柞树，还出产大量的黄土和白垩土。

石山

再向东南七十里是石山。山上盛产黄金；山下遍地是青雘，寄生树更是枝叶繁盛。

若山

再向南一百二十里是若山。山中盛产㻬琈玉、赭石和封石（可以入药。——编者注）；满山的寓木和柘木郁郁葱葱。

堯山

再向东南一百二十里是堯山。山中美石遍地，柘木葱茏。

玉山

再向东南一百五十里是玉山。山上出产大量的金玉、碧玉和铁矿石。山中树木大多为松柏。

讙山

再向东南七十里是讙山。山上多见檀树，还有大面积的封石和白锡土。郁水从山中流出，滔滔向山下流去，最后潜流在地表之下。水里出产大量的磨刀石。

仁举山

再向东北一百五十里是仁举山。山中生产着成片的构树和柞树。山南坡到处是黄金；山北面则遍布着赭石。

师每山

再向东五十里是师每山。山南出产磨刀石；山北盛产青雘。山里的树木多为松柏，还有檀树、柘树，以及很多竹丛。

琴鼓山

再向东南二百里是琴鼓山。山中生长着大片的构树、柞树、花椒树和柘树。山上的白珉石和洗石尤其丰富。还经常有野猪、鹿和白犀牛等野兽出没；并有鸩鸟成群活动。

总览

荆山山系，自景山起，至琴鼓山止，共二十三座大山，蜿蜒二千八百九十里。这些山中的山神，都是鸟身人面。在祭祀山神时，将一只完整的雄鸡取血涂祭后埋起来，玉器用藻珪玉，祭祀的米用稻谷。骄山是众山的宗主，在祭祀此山的神仙时，要用精良的美酒，并用羊和猪等作祭品，取血涂祭后埋于地下，玉器用一块玉璧。

中次九经

岷山 女几山

中央第九列山系岷（mín）山的头一座山是女几山（岷山山脉在今四川省北境，元朝之前人们认为岷山为长江发源地。女几山可能为章山。——编者注）。山中遍布着涅石，山顶生长着茂密的杻树和橿树；另有成片的菊和白术。洛水发源于这座山，向东注入大江。山中盛产雄黄，虎豹成群。

岷山

再向东北三百里是岷山（岷山山脉的南端。古人认为的长江的源头。——编者注）。江水发源于这座山，向东北注入大海，水中有很多品种优良的乌龟和扬子鳄（这种鳄鱼可以听人语。帝颛顼曾经命令扬子鳄演奏音乐，它便躺下，扬起自己的尾巴，敲击自己的肚皮，发出“英英”的响声。——编者注）。岷山还盛产金玉和白珉石。山上梅树和海棠树覆盖山野，争奇斗艳。山中有犀牛、大象和夔（kuí）牛等野兽出没；还有白翰鸟和赤鷩鸟等鸟儿争鸣。

崍山

再向东北一百四十里是崍（lái）山（即今四川省邛崍市邛崍山。《水经注·江水》云：“崍山，邛崍山也，在汉嘉严道县。”——编者注）。邛水发源于这座山，向东注入大江。山南坡盛产黄金；山北坡则常有麋和麈等野兽出没。山中檀树和柘树交错生长，薤韭、白芷和寇脱葱葱茏茏。

崌山

再向东一百五十里是崌（jū）山（谭季龙先生认为在今四川省境内。《水经注·

□ 第三十七图，（清）《山海经绘图广注》刻本，成或因绘图，咸丰五年（1855）刻印。

江水》云："又东百五十里曰崌山，北江所出，东注于大江。"——编者注）。洙水从山中流出，向东注入大江。水中有一种怪蛇（应为水蟒，能绞杀大型哺乳动物。——编者注），能用尾巴钩食岸上的动物。水中群鱼游弋。山中林木以楢（yóu）树和杻树最为多见，梅树和梓树也簇拥成林。山上野兽以夔牛、羚羊、㲋、犀牛和兕为最多。此处还有一种怪鸟，形体同鸮相似，但身披红色羽毛，头部是白色的，它的名字叫窃脂。这种鸟可以预知火警，人们因此而利用它来预防火灾。

高梁山

再向东三百里是高梁山（即今大剑山，在今四川省广元市。——编者注）。山中出产大量的白垩土和磨刀石。山里的树木以桃竹枝和钩端竹居多。山里还有一种草，形状像葵花，开红色花朵，白色的花萼，荚中结有果实。马吃了这种草就会变得更加健壮，跑得更快。

蛇山

再向东四百里是蛇山（《五藏山经传》云："即巴山也，在今通江县北巴峪关，巴水所出，南会绥定河，西南至合州注嘉陵江，其水象蛇举首呼物也。"——编者注）。山上出产黄金，山下出产垩土。山中树木葱茏，有栒树、豫章树等。还有嘉荣草、细辛草等草类植物也生长得郁郁葱葱。山中有一种野兽，体形同狐狸相似，长着白色尾巴、大而长的耳朵，它名叫独（yǐ）狼。这是一种凶兽，它一旦出现，国家就会发生内乱。

鬲山

再向东五百里是鬲（gé）山（在大巴山脉。——编者注）。山南坡遍布着黄金；山北面到处是白珉石。蒲鹳（hōng）水发源于这座山，向东注入江水。水中常见晶莹的白色玉石。山中犀牛、大象、狗熊和罴等野兽结队出没，山中还有许多长尾猿。

隅阳山

再向东北三百里是隅阳山。山中盛产黄金、美玉和青雘。山中草木以梓树、桑树和紫草最为多见。徐水发源于这座山，向东注入江水。水中堆积了很多丹沙。

岐山

再向东二百五十里是岐山（今陕西省扶风县有岐山，也有可能位于重庆，但都无确凿证据。——编者注）。山上出产大量的白银和铁矿石。山中梅树、梓树、杻树和楢树丛生。減水从岐山中流出，向东南注入江水。

勾祢山

再向东三百里是勾祢（mí）山。山中盛产美玉和黄金。满山的栎树和柘树苍翠欲滴。芍药等花草也十分繁茂。

风雨山

再向东一百五十里是风雨山。山上到处是白银和石涅，树木以棷（zōu）树、栚树和杨树为多。宣余水发源于这里，向东注入江水，水中产蛇。山中的野兽主要有山驴、鹿、麈、豹和虎等，鸟类以白鸫鸟居多。

玉山

再向东北二百里是玉山。山南坡产铜；山北坡产黄金。山中随处可见豫章树、楢树、杻树等树木。野兽则以野猪、鹿、羚羊和臭等最为多见。另有许多毒鸩在林中自由飞翔。

熊山

再向东一百五十里是熊山。山上有一个洞穴，据说是熊的巢穴，洞中常有神人出入。洞穴在夏季洞门敞开，冬季便会关闭。若洞穴在冬天洞门大开，则当地将发生战乱。熊山出产各种玉石和白银。山中常见臭椿树、柳树和寇脱等草木。

騩山

再向东一百四十里是騩山。山南坡遍布着美玉和黄金；山北坡有着丰富的铁矿。山中有成片的竹桃、牡荆树和枸杞树。

葛山

再向东二百里是葛山。山里盛产黄金和瑊（jiān）石。山中柤树、栗子树、橘树、柚树、楢树、杻树等竞相生长。羚羊和臭在山里随处可见。此处的嘉荣草生长得特别茂盛。

贾超山

再向东一百七十里是贾超山。山南坡到处是黄色垩土；山北坡则遍布着漂亮的赭石。山上多柤树、栗子树、橘树和柚树，另有许多龙须草（这种草可以用来编织席子。——编者注）。

总览

岷山山系，自女几山起，至贾超山止，共十六座山，蜿蜒三千五百里。这些山中的神灵，都是龙头马身。在祭祀这些神仙时，须将一只完整的毛鸡埋于地下，祭祀时用的米必须是精米。岷山、勾祢山、风雨山、騩山是众山的宗主，在祭祀这些山中的神仙时，要用美酒、猪、羊和一块上好吉玉。熊山是众山之首，在祭祀时，要用美酒，牛、羊和猪等牲畜，以及精美玉璧一块。人们在祈祷天下太平时，会拿着盾斧干戈跳舞；在祈祷降福时，则会穿袍戴帽，手持吉玉，以跳舞来博神的欢心。

中次十经

首阳山

中央第十列山系的头一座山是首阳山（即今洛阳市偃师的首阳山。——编者注）。山中产金属、美玉，无草木杂石。（首阳山又称雷首山，关于这座山，有一个著名的传说。周武王要讨伐殷纣王，却遭到伯夷和叔齐的扣马阻拦。后来，武王伐纣胜利，伯夷和叔齐为了表示对殷商的忠诚，隐居于首阳山，不吃周粟，采野菜维生。一天，他们偶遇一妇人，这位妇人对他们说：“你们讲仁义，不吃周粟，那你们吃的这些野菜也是周朝的啊！”不久之后，两人绝食而亡。——编者注）

虎尾山

再向西五十里是虎尾山。山中有很多花椒树和椐树。山上遍野都是封石，山的南面盛产黄金，山的北面盛产铁矿石。

繁缋山

再向西南五十里是繁缋（huì）山。山上生长着成片的楢树和杻树，以及竹桃枝和钩端藤。

勇石山

再向西南二十里是勇石山。山上不生长花木，遍地是白银，到处有溪涧和瀑布。

□ 跂踵

这种鸟长得像猫头鹰，尾巴却像猪的尾巴、只有一条腿。

复州山

再向西二十里是复州山。山中树木以檀树居多。山南坡产黄金。山中有一种鸟，形状很像猫头鹰，却只有一只脚，尾巴像猪尾巴，它的名字叫跂踵。这是一种不祥之鸟，它出现的地方，必定发生瘟疫。

楮山

再向西三十里是楮山。山中生长着寄生树、花椒树、椐树和柘树等众多树木以及大量的垩土。

又原山

再向西二十里是又原山。山南坡遍布着青雘；山北坡遍布着铁矿。山中百鸟争鸣，以八哥居多。

涿山

再向西五十里是涿山（疑在今河南省新安县西北。——编者注）。山中以构树、柞树和杻树居多。山南坡盛产㻬琈玉。

丙山

再向西七十里是丙山。山中的梓树和檀树苍翠繁茂，还有很多高大的杻树。

总览

首阳山系最头部分，自首阳山起，至丙山止，共有九座山，蜿蜒二百六十七里。这些山中的神仙，都是人面龙身。祭祀时，须将雄鸡埋于地下，供奉的米必须用精选的黍、稷、稻、粱等。楮山是众山的宗主，在祭祀此山的神灵时，须用羊和猪等作供品，并用美酒祭祀，玉器用一块玉璧，祭祀后埋掉。骢山是众山之首，在祭祀时应敬献美酒，并具以猪、羊、牛等毛牲畜，再具以玉器，请巫师和祝师二人在神前跳舞。

中次十一经

荆山　翼望山

中央第十一列山系荆山的头一座山是翼望山（翼望山在今河南省栾川东南。——编者注）。湍（zhuān）水发源于这座山，向东注入济水；贶（kuàng）水也发源于这座山，向东南注入汉水。水中有很多蛟龙。山上苍松翠柏，山下漆树和梓树葱茏茂盛。山南坡盛产黄金；山北面盛产珉石。

朝歌山

再向东北一百五十里是朝歌山（此山不是前文所述的朝歌山，推测应为扶予山，在今河南省泌阳县西北。《水经注·沅水》云："沅水出沅阴县西北扶予山。"——编者注）。沅（wǔ）水发源于这座山，向东南注入荥水，水中有许多人鱼。山中的梓树和楠树苍翠茂盛；羚羊和麋鹿等成群出没。山中还生长着一种莽草，能毒死鱼。

帝困山

再向东南二百里是帝困山。山南坡出产琈玗玉；山北坡盛产铁矿。帝困水从山巅奔涌而出，潜流于山下，水中有很多鸣蛇。

视山

再向东南五十里是视山。山上到处是韭草。山中有一口深井，叫做天井，夏季水满，冬季枯竭。山中桑树随处可见，山坡上遍布着五彩垩土和金属美玉。

前山

再向东南二百里是前山。山中松柏常青，槠（zhū）树茂盛。山南坡出产黄金；山北面出产赭石。

丰山

再向东南三百里是丰山（在今河南省南阳市北。《元和郡县志》云：“丰山在向城县南三十二里，有九钟，霜降则鸣。”——编者注）。山中有一种野兽，其形貌很像猿猴，眼睛和嘴都是红色，黄色的皮毛，名叫雍和（应为金丝猴。——编者注）。它一旦出现，当地就会有恐怖的事情发生。神仙耕父居住在这里，常出入于清泠渊附近，每次出入时都有亮光。耕父神出现的地方和国家必走向败落。丰山上有九口大钟，这些钟对霜季特别敏感，每到降霜时，钟便会随着霜降而鸣响。山顶遍布着黄金；山下构树、柞树、杻树和橿树等郁郁葱葱。

兔床山

再向东北八百里是兔床山。山南坡出产大量的铁矿。山中的栎树随处可见，另有许多鸡谷草。它的根部形状像鸡蛋，味道又酸又甜，人们吃了以后可以增强体质，延年益寿。

皮山

再向东六十里是皮山。山中有很多垩土和赭石，以及成片的松柏。

瑶碧山

再向东六十里是瑶碧山。山上树木以梓树和楠树居多。山南面盛产白银；山北面出产大量的青雘。山中还有一种鸟，其体形同野鸡相似，经常吃臭虫，它的名字叫鸩。

支离山

再向东四十里是支离山（可能在今河南省栾川县。——编者注）。济水发源于这座山，向南注入汉水。山中有一种鸟，它的形态像喜鹊，但长着红色的眼睛和嘴，白色羽毛，尾巴像酒勺子，名叫婴勺，它的鸣叫声像是自呼其名。山中还有很多㸲牛、羬羊。

袟筒山

再向东北五十里是袟筒（zhì diāo）山。山中生长着大片的松柏和机桓（机桓就是无患子，去污能力强，可以用来洗衣服。——编者注）。

堇理山

再向西北一百里是堇（jǐn）理山。山中的树木以松柏和梓树最多。山北面出产大量的丹雘和黄金。山中猛兽追逐，虎豹成群。还有一种鸟，它的形状像喜鹊，身披青色羽毛，长着白色的嘴、白色的眼睛、白色的尾巴，名叫青耕，饲养它可以避瘟疫，其叫声像是自呼其名。

依轱山

再向东南三十里是依轱（kū）山。山中林木丛生，以杻树、橿树居多，还有很多柤树。山中有一种野兽，体形同狗相似，但身披鳞甲，脚生老虎爪，名叫獜（lìn），善于跳跃扑腾。人们吃了它的肉，就不会得风痹病。

即谷山

再向东南三十五里是即谷山。山中盛产美玉，并有成群凶猛的黑豹出没，还有山驴、驼鹿、羚羊和臭等。山南坡出产大量的彩色珉石；山北面则出产青雘。

鸡山

再向东南四十里是鸡山（古今许多学者认为此山即今河南省信阳市的鸡公山。——编者注）。山中有许多梓树和桑树，还有成片的韭草。

高前山

再向东南五十里是高前山（即今天的池山，在河南省内乡县东北。《太平寰宇记》云："内乡县高前山，今名天池山。"——编者注）。山中有一条清澈冰凉的溪流，是帝台遗留的琼浆，异常甜美。人们饮了它，便不会患心痛病。山上盛产黄金及各种矿石；山下则出产大量的赭石。

游戏山

再向东南三十里是游戏山。山中的杻树、橿树和构树随处可见。还有很多美玉和封石。

从山

再向东南三十五里是从山。山间以松柏居多。山下是茂密的低矮竹丛。水从山间流出，流至山下，潜入地下。水中有一种三足鳖（今郭璞注云："今吴兴郡阳羡县君山上有池，池中出三足鳖。"——编者注），尾部分叉，可以入药，人吃了它可以镇静安神。

婴硜山

再向东南三十里是婴硜（zhēn）山。山间松柏繁盛；山下梓树、椿树成林。

毕山

再向东南三十里是毕山。帝苑水从山间流出，向东北注入视（或作"濒"。——编者注）水。水中有很多蛟龙和水晶；山上则出产大量的瑀琈玉。

乐马山

再向东南二十里是乐马山。山中有一种野兽，其形貌同刺猬很相似，红色的皮毛，名叫狭（lì）。这是一种凶兽，它一旦出现，当地就会有瘟疫。

葴山

再向东南二十五里是葴山。视水从山中流出，向东南注入汝水。水中有大量的蛟龙、人鱼和长得像黑狗一样的颉（这种颉，可能就是水獭。——编者注）。

婴山

再向东四十里是婴山。山下遍地是青雘，山上满坡是金属和美玉。

虎首山

再向东三十里是虎首山。山中的树木以柤树、椆（chóu）树和椐树居多。

婴侯山

再向东二十里是婴侯山。山顶遍布着封石，山下则到处是赤锡。

大𫐐山

再向东五十里是大𫐐山。杀水从山中流出，向东北注入视水。山中出产大量的白色垩土。

卑山

再向东四十里是卑山。山中有很多树，其中以桃树、李树和柤树居多，还有一些梓树和藤蔓植物。

倚帝山

再向东三十里是倚帝山。山上盛产美玉，山下盛产黄金。山中有一种奇异的野兽，形貌很像鼣（fèi）鼠，白色的耳朵，白色的嘴，名叫狙如。它是一种凶兽，一旦出现，当地就会出现动乱。

鲵山

再向东三十里是鲵山。鲵水发源于这座山的山顶，流到山谷，潜入地下。水边到处是优良的垩土。山顶盛产黄金；山下则青雘尤其多。

雅山

再向东三十里是雅山。澧水（可能在今河南省方城县西北。《说文》云："澧水出南阳雉衡山，东入汝。"——编者注）发源于这座山，向东注入视水。水中有许多大鱼出没。山顶桑树葱绿，山下柤树成林，整座山到处是黄金。

宣山

再向东五十五里是宣山（在河南泌阳县界。——编者注）。沦水发源于这座山，向东南注入视水。水中有很多蛟龙。山中生长着一棵巨大的桑树，树围达五丈，树枝交错生长，桑叶有一尺多长，木质红色，长着青色的花萼，开黄花，名叫帝女桑（据传炎帝的女儿成仙后，就居住在这棵桑树上。炎帝用火将桑树点燃，他的女儿便升天而去。后来，人们称这棵桑树为帝女桑。——编者注）。

衡山

再向东四十五里是衡山。山中出产大量的青雘，还有成片的桑树，八哥鸟在林中自由自在。

丰山

再向东四十里是丰山。山中遍布着封石，山林中桑树居多；另有一种羊桃树也成片生长。这种羊桃树和普通桃树没有两样，唯有茎是方的，树皮可以入药，用来治疗皮肤肿胀。

妪山

再向东七十里是妪山。山中到处是美玉和黄金。山上杂草丛生，以鸡谷草长得最为繁茂。

鲜山

再向东三十里是鲜山。山中树木葱茏，以楢树、杻树和柤树最为多见，此外门冬草也成片生长。山南坡黄金随处可见；山北坡则铁矿石遍地。山中有一种野兽，形貌像狼狗，红色的眼睛和嘴，白色的尾巴。这是一种凶兽，它一旦出现，当地就会发生火灾，它名叫狢（yí）即。

皋山

再向东三十里是皋山。山南坡遍布着黄金；山北面遍地是美石。皋水发源于这座山，向东注入澧水。水中有很多石头，薄而易碎。

大支山

再向东二十五里是大支山。山南坡出产大量的黄金。山中树木以构树和柞树居多，不生杂草。

区吴山

再向东五十里是区吴山。山中的柤树长得特别繁盛。

声匈山

再向东五十里是声匈山。山中有很多构树。山顶出产大量的玉石和封石。

大騩山

再向东五十里是大騩山。山南坡盛产黄金；山北坡则出产磨刀石。

踵臼山

再向东十里是踵臼山。山上不生草木。

历石山

再向东北七十里是历石山。山中到处可以看到繁茂的牡荆和枸杞。山南坡黄金遍地；山北面则全是磨刀石。山中有一种野兽，它的体形很像野猫，头是白色的，有着老虎一样的爪子，名叫梁渠。它一旦出现，国家就会发生兵戈之乱。

求山

再向东南一百里是求山。求水从山巅流出，潜流到山下。山中有许多彩色的赭石，还生长着大面积的柤树和竹箭。山南坡盛产黄金；山北坡盛产铁矿。

丑阳山

再向东二百里是丑阳山。山中的树木以椆树和椐树居多。此山中有一种鸟，其体形很像乌鸦，但脚是红色的，名叫䳅鵌（zhǐ tú）。这种鸟可以预知火情，因而经常被人们驯养。

奥山

再向东三百里是奥山（据推测，此山应在今河南省正阳县。——编者注）。山中到处是松柏树，还有很多杻树和橿树。山南坡遍布着瑻琈玉。奥水从此山流出，向东注入视水。

服山

再向东三十五里是服山。山中生长着成片的柤树。山顶盛产封石，山下盛产红色锡土。

杳山

再向东一百一十里是杳山。山中除了繁茂的嘉荣草，还有遍地金属和美玉。

几山

再向东三百五十里是几山。山中树木以楢树、檀树和杻树最为多见，草类主要是有各种芳香气味的草。这里有一种野兽，形貌像猪，毛皮是黄色的，头和尾巴是白色的，名叫闻獜（lín）。这种野兽能预知狂风，它一旦出现，当地就会刮狂风。

总览

荆山山系，自翼望山起，至几山止，共有四十八座大山，蜿蜒三千七百三十二里。这里的神仙都是猪身人首。在祭祀这些神仙时，要用一只雄鸡取血涂祭后埋入地下。祭祀的玉器为一块玉珪，祭祀用黍、稷、稻、粱、麦五种谷物。

禾山为众山之首。祭祀此山神仙的方法与别的山不同。要用牛、羊和猪三牲作祭品，祭献后埋入地下，而且要倒着埋。祭祀的玉器为王璧，虽然用的太牢礼，也不一定要三牲全备。堵山和玉山是众山的宗主，在祭祀这里的神仙时，须将猪、羊和美玉祭献后倒着埋。

中次十二经

洞庭山 篇遇山

中央第十二列山系是洞庭山系，其头一座山是篇遇山（疑在今湖北省秭归县。——编者注）。山顶不生草木，却蕴藏着丰富的黄金。

云山

再向东南五十里是云山。山顶只生长着一种桂竹，没有别的草木。这种竹子的枝叶和果实都有毒，人吃了它，非死即残。山中到处是黄金和瑀琈玉。

龟山

再向东南一百三十里是龟山（疑在今湖北省长阳县西。——编者注）。山中的树木以构树、柞树、椆树和椐树为主。山上盛产黄金，山下盛产青雄黄。此山中还生长着一种扶老竹（可以用来做老人拐杖。——编者注）。

丙山

再向东七十里是丙山。山中除了漫山的筀竹，再没有别的草木，此处还出产丰富的黄金、铜和铁。

风伯山

再向东南五十里是风伯山。山中盛产金属、美玉、痠（suān）石和彩石，并有丰富的铁资源。整座山林木茂密，以柳树、杻树、檀树和楮树居多。山的东边有一片叫做莽浮林的森林，林中生长着很多香草良木，并有百鸟争鸣，群兽争逐。

夫夫山

再向东一百五十里是夫夫山。山顶出产黄金，山下出产青雄黄。山中林木以桑树和楮树居多；还有很多低矮竹丛，蒲公英夹杂其间。神仙于儿就居住在这座山，他长得和常人没什么不同，手中总是抓着两条蛇，常在大江边上的水泊中出入，每次出现都光彩夺目。

洞庭山

再向东南一百二十里是洞庭山（在洞庭湖北岸。——编者注）。山顶盛产黄金，山下盛产白银和黑铁。山中随处可见柤树、梨树、橘树和柚树。山中还有大量花草，以兰草、蘪芜、芍药、芎䓖最为多见。天帝的两个女儿居住在这里，在澧江、沅江的清风之中，天帝的两个女儿畅游在潇湘水泊，往返于九江之间。她们行之所至，必伴风雨。洞庭山周边居住着很多鬼神，这些鬼神形体很像人，却又在头上顶着蛇，两只手抓着蛇。江河之间还飞翔着怪鸟。

暴山

再向东南一百八十里是暴山（疑在幕阜山西。——编者注）。山中的树林以棕榈树、楠树、牡荆树、枸杞树、竹箭和䉋、箘（jùn）居多。山中盛产黄金、美玉、花纹石和铁矿石。山中的麋鹿和麂成群出没，鹰雕自由翱翔。

即公山

再向东南二百里是即公山。山中盛产黄金和㻬琈玉。整座山中多见柳树、杻树、檀树和桑树。此处有一种野兽，其形貌像一只龟，但身子是白色的，头是红色的，它名叫蛫（guǐ）。这种兽能预知火灾，人们畜养它来防御火灾。

尧山

再向东南一百五十九里是尧山。山南面盛产黄金；山北面出产大量的黄垩土。山间的牡荆和枸杞随处可见，还有大量的柳树和檀树；花草则以山药、白术等居多。

江浮山

再向东南一百里是江浮山。山顶没有草木，只有遍地的白银和磨刀石，群兽以野猪和鹿为主。

真陵山

再向东二百里是真陵山。山中出产大量的黄金和美玉。山中树木以构树、柞树、柳树和杻树居多，草类以荣草最为茂密。

阳帝山

再向东南一百二十里是阳帝山。山中到处是赤铜。林木中橿树、楮树、杻树和山桑树等最为茂盛。整座山中随处可见羚羊和麝香鹿出没。

柴桑山

再向南九十里是柴桑山（今江西省九江市有柴桑山。——编者注）。山顶出产大量的白银，山下盛产碧玉、泠石和赭石。山中到处可以看到柳树、杞树、楮树和桑树及麋鹿。此山中还有许多白蛇和飞蛇（远古时期，黄帝会合鬼、神在西泰山上，飞腾之蛇伏在地下。——编者注）。

荣余山

再向东二百三十里是荣余山。山上盛产铜矿，山下盛产白银。山中的柳树和杞树郁郁葱葱，到处有怪蛇和怪虫出没。

总览

洞庭山山系，自篇遇山起，至荣余山止，共有十五座大山，蜿蜒二千八百里。这些山中的神仙都是鸟身龙首。在祭祀这些神仙时，用雄鸡一只、母猪一头，取血涂祭，并辅以稻谷。其中夫夫山、即公山、尧山、阳帝山都是众山的宗主。在祭祀这些山中的神仙时，须陈列牲畜、吉玉，然后埋掉。祷祀时，要用美酒，羊和猪等，配以精美的玉器。洞庭山、荣余山中也居住着神仙，祭祀这些神仙时，须陈列牲畜、玉器，然后埋葬。祭祀时用美酒和猪、牛、羊三牲，用十五块玉圭和十五块玉璧，并以青、黄、赤、白、黑五色加以描绘。

以上所记载的《中山经》，总共一百九十七座山，蜿蜒二万一千三百七十一里。

天下名山总计五千三百七十座大山，分布于大地的东西南北中这五个方位，蜿蜒六万四千零五十六里。

大禹说：天下的名山，经过了五千三百七十座山，蜿蜒六万四千零五十六里，分布于大地的东西南北中这五个方位。之所以将以上山脉记录在《五藏山经》中，是因为在这之外的小山太多，不足以一一记述。天地之大，从东方至西方蜿蜒二万八千里，从南方至北方蜿蜒二万六千里，河源之山八千里，江河流经之地八千里，出产铜矿之山共有四百六十七座，出产铁矿之山共有三千六百九十座。这些山是划分疆界、种植农作物的标准，也是弋、矛产生的原因，以及刀、铩兴起的缘由，有才干的人可以富足有余，无才干的人则穷困不足。帝王在泰山上举行祭天礼式，在梁父山上举行祭地礼式，总共七十二家，这些帝王的兴衰，都在此中，国家的用度都是从这些土地上得到的。

以上《五藏山经》五篇，共一万五千五百零三个字。

卷六　海外南经

JUANLIU　HAIWAINANJING

《海外南经》记述海外西南角向东南角，从结匈国、南山、羽民国、讙头国、厌火国、三苗国、载国、贯胸国、交胫国、不死民国、反舌国、三首国、周饶国、长臂国等广大地域诸国或部族生民的形貌特征、饮食习性、穿戴方式、地理方位及其部族神祇与历史故事。

此地域由西南向东南，在今云南、广西、广东境内。

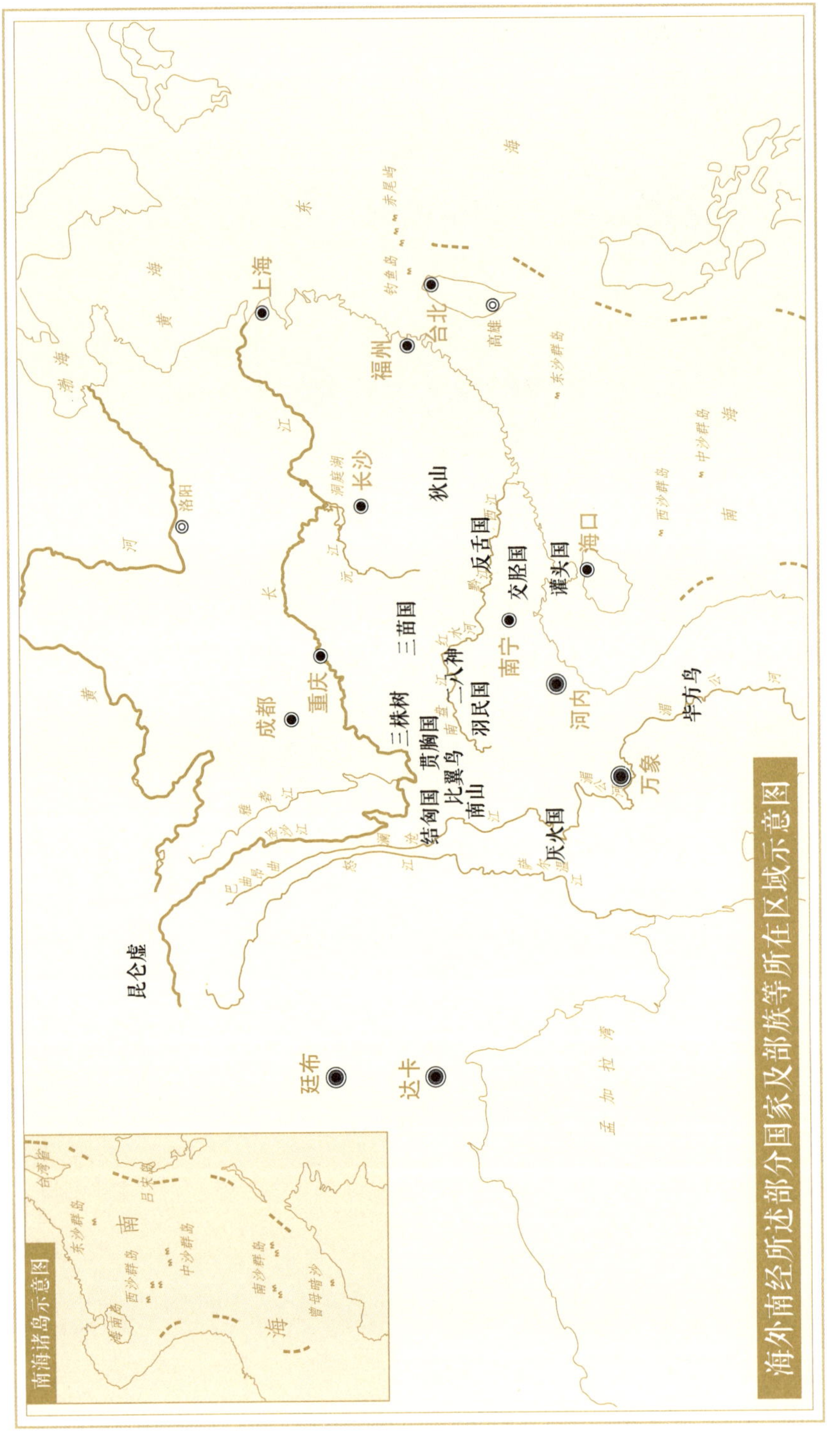
海外南经所述部分国家及部族等所在区域示意图
南海诸岛示意图
上海
福州
台北
长沙
狄山
反舌国
交胫国
三苗国
南宁
二八神
羽民国
灌头国
海口
河内
毕方鸟
万象
三株树
贯胸国
比翼鸟
南山
结匈国
厌火国
成都
重庆
昆仑虚
廷布
达卡

海外南经

大地包容上下四方之物，四海之内，有日月光辉照耀，无数星辰闪烁，以春夏秋冬四季划分，用木星的运行轨迹来纪年。大地造化的万物，被赋予不同的形状，有的早夭，有的长寿，只有圣明的人才能通晓其中的奥秘。

海外自西南角到东南角的国家、风物如下。

结匈国

结匈国在海外的西南，那里的人胸部凸出如鸡胸。

南山

南山在结匈国的东南面。从南山里出来的人，把虫称为蛇，把蛇叫做鱼。也有人认为南山在结匈国的东南面。

比翼鸟

比翼鸟在海外的东边。这种鸟有青红相间的羽毛，美丽至极。之所以叫做比翼鸟，是因为这种鸟只有一个翅膀一只眼睛，不能单独飞行，只有两只鸟的翅膀配合在一起才能飞起来。也有人认为比翼鸟生在南山的东边。

羽民国

羽民国在海外的东南方。该国人的头部尖长如鸟，身上长满了羽毛。另一种说法认为羽民国在比翼鸟的东南方，那里的人面颊长长的。（据传，人得道便会羽化，因此羽民国很可能

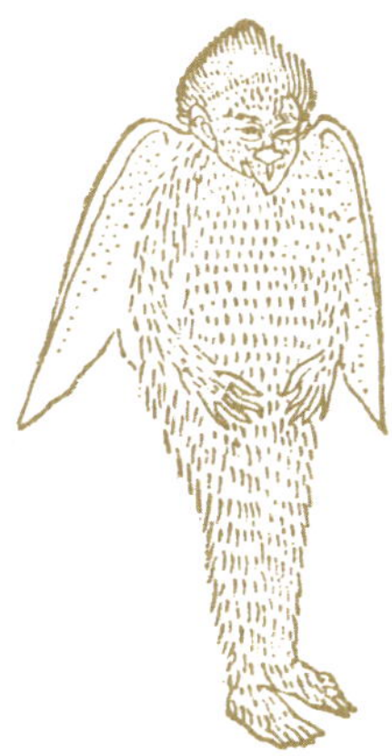

□ **羽民国**

羽民国位于海外的东南方，该国人长着鸟头般长长的脑袋，身上长满了羽毛。

□ 第三十八图，（清）《山海经绘图广注》刻本，成或因绘图，咸丰五年（1855）刻印。

就是仙人国。——编者注）

在羽民国的东边，有个名叫二八的神人。二八神面颊狭小，红赤的肩膀，两只手臂连在一起。他在一片旷野中为天帝守夜。（二八神因此白天隐形，夜间出现。在南方，人们称他为夜游神。——编者注）

毕方鸟

毕方鸟在海外的东边，青水河的西边。这种鸟生了一张人面，只有一只脚。也有人说毕方鸟在二八神以东。

讙头国

讙头国在海外的南边。这里的人长着人面鸟嘴，有两只翅膀，擅长捕鱼。也有人说该国在毕方鸟以东，也叫讙朱国。（讙头国的祖先名叫驩（huān）兜，因犯不肖之罪，惭愧不已，自投南海而死。帝尧怜悯他，便让他的儿子居住在南海。其子孙繁衍，逐渐形成讙头国。——编者注）

□ 讙头国

该国人皆为人面，有翅膀，长着鸟嘴，个个都是捕鱼高手。

厌火国

厌火国在海外的南边。厌火国的人身子像猕猴，一身黑毛，口中能吐出火来。也有人说厌火国在讙头国以东。（厌火国有一种食火兽叫祸斗。明冯梦龙在《情史》中的《白螺天女》记述了相关故事：有个人名叫吴堪，自幼双亲故世。后来无意中得到一枚白螺。回到家中，那白螺变成仙女，帮他操持家务。县官是个老色鬼，企图把吴堪的妻子弄到手，便向吴堪要蛤蟆毛和鬼臂，后又向他要祸斗。白螺女便牵来一只像猴一样的祸斗给了县官。这祸斗吃火拉火，结果把县官全家都烧死了。——编者注）

□ 厌火国

厌火国人形貌像猴子，全身漆黑，能从口中喷出火苗。

三珠树

三珠树在厌火国的北边，生长在赤水河上游。三珠树长得像松柏，叶子像一粒粒的珍珠，也有人说其形状像扫帚。（黄帝曾游历到赤水河北岸，登昆仑之丘，将一颗玄珠遗落在三珠树。先后派了几个人均没找到，后派象罔去，终于找到了玄珠。——编者注）

三苗国

三苗国在赤水河以东。该国人外出时总是扶老携幼，成群结队而行。因三苗与“三毛”发音相近，故也有人称之为三毛国。（早先，帝尧以天下禅让给舜，三苗部落的首领反对这一决定，帝尧一怒之下便杀了他。因此而引发了三苗部落老百姓的叛乱。他们成群结队迁徙到南海定居，后来便形成了三苗国。——编者注）

䴇国

䴇国在它的东边。䴇国人皮肤是黄色的，擅长挽弓射蛇。也有人说，䴇国在三苗国的东边。

贯胸国

贯胸国在它的东边（疑为西戎的一支。《尸子》云:“四夷之民有贯胸、深目、长肱者，黄帝之德常致之。”又《异物志》云：“穿匈之国，去其衣则无自然者，盖似效此贯匈人也。”——编者注）。贯胸国的人胸腔上都生有一个空洞。又有人认为贯胸国在䴇国的东边。（相传大禹有德政，使双龙降服，并杀防风氏。一次大禹途经南方，遇防风神〔防风氏的灵魂所变〕，防风神随即挽弓射大禹。正在这时，只见双龙突然爆出一声霹雳，飞升而去。防风神见状十分惊惧，就用刀自贯其胸而死。禹顿生怜悯之心，随即用不死药将其救活，不过防风神的胸部因此而留下了一个洞，其后代便称自己的国家为贯胸国。——编者注）

□ **贯胸国**

贯胸国人的胸腔上都长有一个孔。

□ 第三十九图，（清）《山海经绘图广注》刻本，成或因绘图，咸丰五年（1855）刻印。

□ 第四十图，（清）《山海经绘图广注》刻本，成或因绘图，咸丰五年（1855）刻印。

□ 第四十一图，（清）《山海经绘图广注》刻本，成或因绘图，咸丰五年（1855）刻印。

□ 交胫国

交胫国人的双脚始终左右交叉着，连走路时也是如此。

交胫国

交胫国在海外的东边，这个国家的人双脚左右交叉着，走路时也是交叉的。也有人认为交胫国在贯胸国的东边。（交胫国的人，生在南定。他们的足骨没有关节，身上长着长毛，卧倒或跌倒时需要有人扶才能重新站起来。——编者注）

不死民国

不死民国在海外的东方（此民族常以辟谷作为祭祀的方式，以求长生之术。《淮南子》云："海外三十六国有不死民。"——编者注）。这个国家的人皮肤像黑炭，长生不老。另一说不死民国在贯胸国的东部。

反舌国

反舌国在海外的东边。该国的国民，舌根在前面，舌尖伸向喉部。也有人说叫做支舌国，在不死民东边。

昆仑虚

昆仑虚在它的东面，其山脚为四方形。也有人认为它在反舌国的东部，山基是四方形的。

羿与凿齿

羿（yì）与凿齿在寿华的野外厮杀。羿射死了凿齿，那个地方在昆仑山东边。羿手持弓箭，凿齿手持盾牌。也有人说凿齿所持为戈。（帝尧的时代，十个太阳当空照，烤焦了地里的庄稼和大地上的一切草木，人们没有任何吃的东西。同时还要躲避凿齿、九婴、大风、修蛇等猛兽的攻击和侵害。帝尧于是派羿去为民除害。羿将凿齿杀死在寿华之野，将九婴杀死在凶水之上，将修蛇斩断在洞庭湖畔，并射掉了九个太阳。从此，百姓安乐，奉尧为天子。——编者注）

三首国

三首国在海外的东边。这个国家的人长相奇特，都有一个身体三颗脑袋。还有一种说法认为三首国在凿齿的东边。

□ 三首国

三首国人都长着一个身体、三个脑袋。

周饶国

周饶国在海外的东边（毕沅认为即僬侥国，西南蛮之别称。——编者注）。该国人身材短小，穿戴讲究。也有人认为周饶国在三首国的东方。（周饶国就是人们常说的小人国。小人国的人个子七八寸，为人文质彬彬，很讲礼貌，寿命可长达三百岁。他们行走如飞，日行千里，任何野兽都不敢冒犯他们。他们只怕一种叫海鹄的鸟，因为海鹄一遇上他们，便不由分说把他们吞入肚里。不过他们在海鹄肚里并不会死。周饶国人也乘车马出行。如果吃了周饶国人，便可成仙。——编者注）

长臂国

长臂国在海外的东部。该国人以捕鱼为生，他们捕鱼的本领非常高，常常可以两只手同时各抓到一条鱼。也有人认为长臂国在周饶国的东边，国人在海中捕鱼。（长臂国的人双手很长，下垂至地。——编者注）

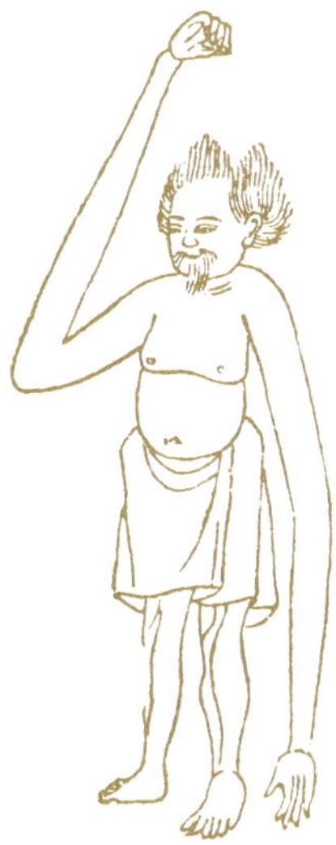

□ 长臂国

长臂国人十分擅长捕鱼，并以捕鱼为生，两只手能同时抓鱼。

狄山

北狄多崇山峻岭。帝尧就葬在狄山南面，帝喾就葬在狄山北面。狄山上有熊、罴、虎、长尾猴、豹、离朱鸟和视肉牛等野兽。吁咽、文王也都葬在此山中。另一说法认为以上二人是葬在汤山。汤山与狄山一样，也有熊、罴、虎、长尾猴、豹、离朱、鸱久、视肉牛和虖交等野兽。狄山周围是一片方圆三百里的苑林。

祝融

海外南方有个祝融神，长着兽身人面，出入乘两条飞龙。

卷七　海外西经

JUANQI HAIWAIXIJING

《海外西经》记述海外西南角向西北角，从三身国、一臂国、奇肱国、丈夫国、巫咸国、女子国、轩辕国、穷山、诸沃之野、白民国、肃慎国、长股国等广大地域诸国或部族生民的形貌特征、饮食习性、穿戴方式、地理方位及其部族神祇与历史故事。

此地域由西南向西北，在今四川境内。

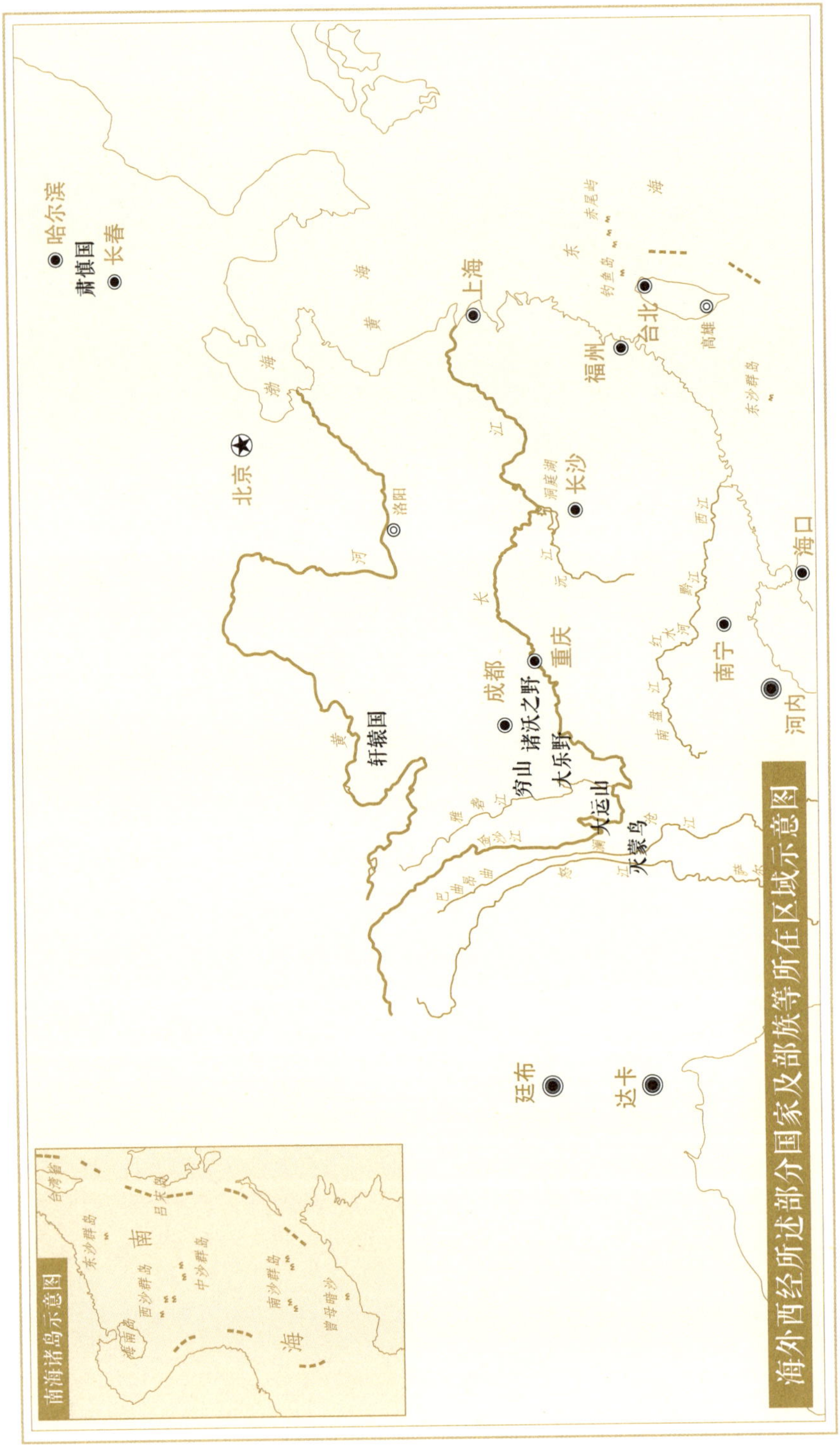

海外西经所述部分国家及部族等所在区域示意图

海外西经

海外自西南角至西北角的国家、风物如下。

灭蒙鸟

灭蒙鸟在结匈国的北部。这种鸟羽毛为青色，尾巴是红色的。（秦的先人是帝颛顼的女儿女脩。女脩在织布时，吃下了玄鸟生的卵，此后便生下儿子大业。大业后来娶了少典的女儿少华。少华又生子大费。大费生了两个孩子，一个叫大廉，即鸟俗氏；另一个叫若木，即费氏。大廉的玄孙叫孟戏、仲衍，都是鸟身，但会讲人话。他们便是灭蒙鸟之祖先。——编者注）

大运山

大运山高三百仞，在灭蒙鸟之北。那里有大乐野，是夏后启观看乐舞《九代》的地方。夏后启并乘两条龙，腾云驾雾。他左手拿着用羽毛做的华盖，右手持一玉环，腰间佩璧玉。这大乐野在大运山北边，也有人认为叫大遗野。

三身国

三身国在夏后启所在地的北部。三身国的人长着一个脑袋三个身子。（相传，庸成氏的小儿子常常在大庭广众之下聚众淫乱，庸成氏非常气愤，就把他流放至西南边陲之地。后来他的儿子与一匹牝马生了个儿子。这儿子长着人身，有马蹄和尾巴，他的子孙后来形成了三身国。——编者注）

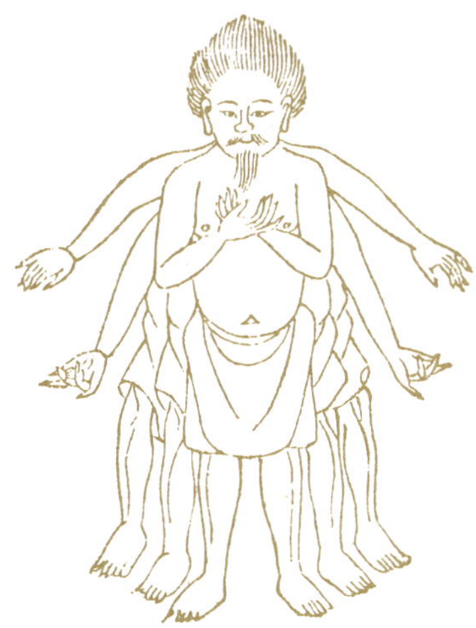

□ 三身国人

该国人都长着一个脑袋和三个身子。

□ 第四十二图，（清）《山海经绘图广注》刻本，成或因绘图，咸丰五年（1855）刻印。

□ 第四十三图，（清）《山海经绘图广注》刻本，成或因绘图，咸丰五年（1855）刻印。

□ 奇肱国

该国人长着一条胳膊、三只眼睛，其眼睛分阴阳，阴在上，阳在下。

□ 刑天

刑天原为炎帝的大臣，在与黄帝的决斗中被黄帝用宝剑砍掉了头。

一臂国

在三身国的北部有个一臂国。一臂国的人只有一条胳臂、一只眼睛、一个鼻孔。该国还有一种黄马，身上有虎纹，也只生一只眼睛，一只手。（一臂国又叫半体国。该国的人虽然只有一条胳膊，但身子连在一起，就像比翼鸟一样，只有连在一起才能行走。——编者注）

奇肱国

奇肱（gōng）国在一臂国的北部。这个国家的人有一条胳膊，三只眼睛，眼睛有阴有阳，阴在上，阳在下，奇肱国的人常乘一种叫吉良的马。那里还有一种鸟，长着两个头，羽毛是红黄色的，喜欢栖息在人的近旁。（别看奇肱国的人只有一只手，但他们手很巧，能做出各种捕鸟器，还能做飞车，乘风远行。商汤时，有一次奇肱国内刮起很大的西风，把他们的飞车连同人一起吹到了河南一带。汤王趁机派将士偷偷砸坏了他们的车。十年之后，河南一带刮起了东风，奇肱国人便重新做了飞车，乘车回国了。据说奇肱国离玉门关还有四万里呢。——编者注）

刑天

刑天与黄帝为争神位，展开了一场断杀。（刑天是炎帝的大臣，见黄帝打败了蚩尤和夸父，便自告奋勇地跑到炎帝那里，请求举兵讨伐黄帝。年迈的炎帝早已没有了斗志，只求平安，因此拒绝出兵。刑天失望地求助于夸父族人，可是到了成都载天之地，连一个人影都没有了。刑天挥斧执盾，决定独自去找黄帝挑战。他先是受到黄帝之臣风伯、雨师和天神陆吾的抵挡，但一一击败了他们。——编者注）最后，在与黄帝的决战中，刑天被黄帝用宝剑砍掉了头，并埋在常羊山中。刑天怨气冲天，仍以双乳为眼，肚脐为嘴，继续挥动武器战斗。

女祭、女蔑

在刑天与黄帝发生争战的北边，有两条小河，其间居住着两个女神，一个叫女祭，另一个叫女蔑（miè）。女蔑手里总拿着一只小酒杯，女祭则是手拿一个装祭品的器物。

鸾鸟和鸙鸟

鸾鸟和鸙鸟生活在女祭神的北部。它们羽毛的颜色青中带黄，所经过的地区或国家往往会有亡国之祸。鸾鸟有一张神气活现的人面，聚居在山上。也有人将这两种鸟在一起称为维鸟，即青鸟和黄鸟混合在一起的意思。

丈夫国

丈夫国（《淮南子·地形训》高诱注云："丈夫民，其状皆如大丈夫，衣黄，衣冠带剑，皆西方之国。"——编者注）在维鸟聚集地的北边。丈夫国的人衣着讲究，随身佩带宝剑，一身英雄气概。（殷帝太戊派王孟到西王母山去采药。到西王母山不久后，王孟便粮尽水绝，不能再继续采药。于是他只好摘树上的野果充饥，剥下树皮当衣服。王孟在深山老林，终生没有妻子，但从腋下生出两个儿子。后来，这两个儿子便成为丈夫国的最早居民。丈夫国离玉门关还有两万里的距离。——编者注）

女丑之尸

在丈夫国以北的一个山坡上，有神明女丑的尸体，她一出生就被天上的十个太阳晒死了。她死后右手遮着脸，十个太阳高高挂在天上。

巫咸国

巫咸国在女丑之北（疑在今山西。一说可能在重庆。《国名记》云："巫咸国故巫县，今夔之巫山。又陕之夏县有巫咸山，计其道里，非此也。"——编者注）。巫咸

□ 第四十四图，（清）《山海经绘图广注》刻本，成或因绘图，咸丰五年（1855）刻印。

□ 并封

这种野兽体形像普通的猪，身体前后各有一个脑袋，全身黑毛。

国的人右手握一条青蛇，左手握一条红蛇。该国有座登葆山，据传巫咸国的人可以通过登葆山往来于天上和人间。

并封

并封这种野兽生在巫咸国的东边，长得像黑猪，身子前后各有一个猪头。

女子国

女子国在巫咸国的北面，有两个女子住在这里，四面有水池环绕。还有一种说法是二人住在同一道门中。（女子国四面的池子叫黄池，女子下到池中洗澡后便会怀孕。如果生下的是男孩，那么孩子到三岁便要死去。因此这个国家只有女人，没有男人。女子国离九嶷山有二万四千里。——编者注）

□ 轩辕国

该国人人头蛇身，尾巴长得可以绕到头上，长寿者可活八百岁。

轩辕国

轩辕国在女子国的北面，在穷山附近。轩辕国人长寿者可活八百岁。该国的人长的是人头蛇身，尾巴长得可以绕到头上。

穷山

穷山位于轩辕国的北面。穷山中射箭的人不敢引箭向西，因为那是轩辕丘的所在，而黄帝就居住在那里。轩辕丘在轩辕国北面，为方形，有四条巨蛇围绕着它，对它加以护卫。

诸沃之野

在轩辕丘的北面，有个叫沃野的地方，沃野的人民在此处居住，各种鸾鸟和凤凰鸣啭飞舞，人们吃凤凰生的蛋，饮用天上降下的甘露，天地万物随心所欲地享用。各种野兽与居民安然相居。民众两手拿凤凰蛋而食，前面有两只鸟飞舞着在他们前面作引路。

龙鱼生活在沃野的北面，它们可居水中，又可居山陵之上，长得和鲤鱼相似，又称大鲵或鳖鱼。神人可以乘着它飞行。

白民国

白民国在龙鱼所居地的北面，该国人披头散发，皮肤白皙（即濊貊，我国东北三大原始族系之一，古文献称之为“白民”或“发人”。濊貊族是由濊人和貊人汇合而成，以农业城栅为特点，不同于游牧族。后为高句丽所征服，并融合为一体。——编者注）。该国有种野兽名叫乘黄，样子像狐狸，背上长角，骑上它就能活两千岁。

□ **乘黄**

这种野兽长得像狐狸，背上长角，骑上它的人能够活两千岁。

肃慎国

肃慎国（肃慎是我国东北三大原始族系之一，今满族的祖先。我国东北三大原始族系为肃慎、濊貊和东胡。三族起自先秦，迄于明清，贯穿东北古史之始终。——编者注）在白民国北面。此地生长着一种树，名叫雒棠树。一旦该国出现明君，国人就会用雒棠树的木皮来做衣服穿，而这里的人平常不穿衣服。

长股国

长股国在雒棠树的北面（郭璞注云：“国在赤水东也。”《穆天子传》云：“天子乃封长肱于黑水之西河，是曰留骨之邦，即长股也。”又《竹书纪年》云：“黄帝五十九年长股民来宾。”——编者注）。该国的人披着头发。也有人认为该国名为长脚国。

□ **长股国人**

该国的人都赤裸着上身，披散着头发，擅长捕鱼。

蓐收之神

西方神蓐收，左耳挂着一条小蛇，乘着两条龙飞行。（蓐收是金神，长着人面虎爪，全身白毛，手执大钺，在天上主管刑罚。——编者注）

卷八　海外北经

JUANBA　HAIWAIBEIJING

《海外北经》记述了西北角向东北角，从无启国、一目国、柔利国、深目国、无肠国、聂耳国、夸父国、拘瘿国、跂踵国、欧丝之野等广大地域诸国或部族生民的形貌特征、饮食习性、穿戴方式、地理方位及其部族神祇与历史故事。

此地域由西北向东北，在今北部广大地区。

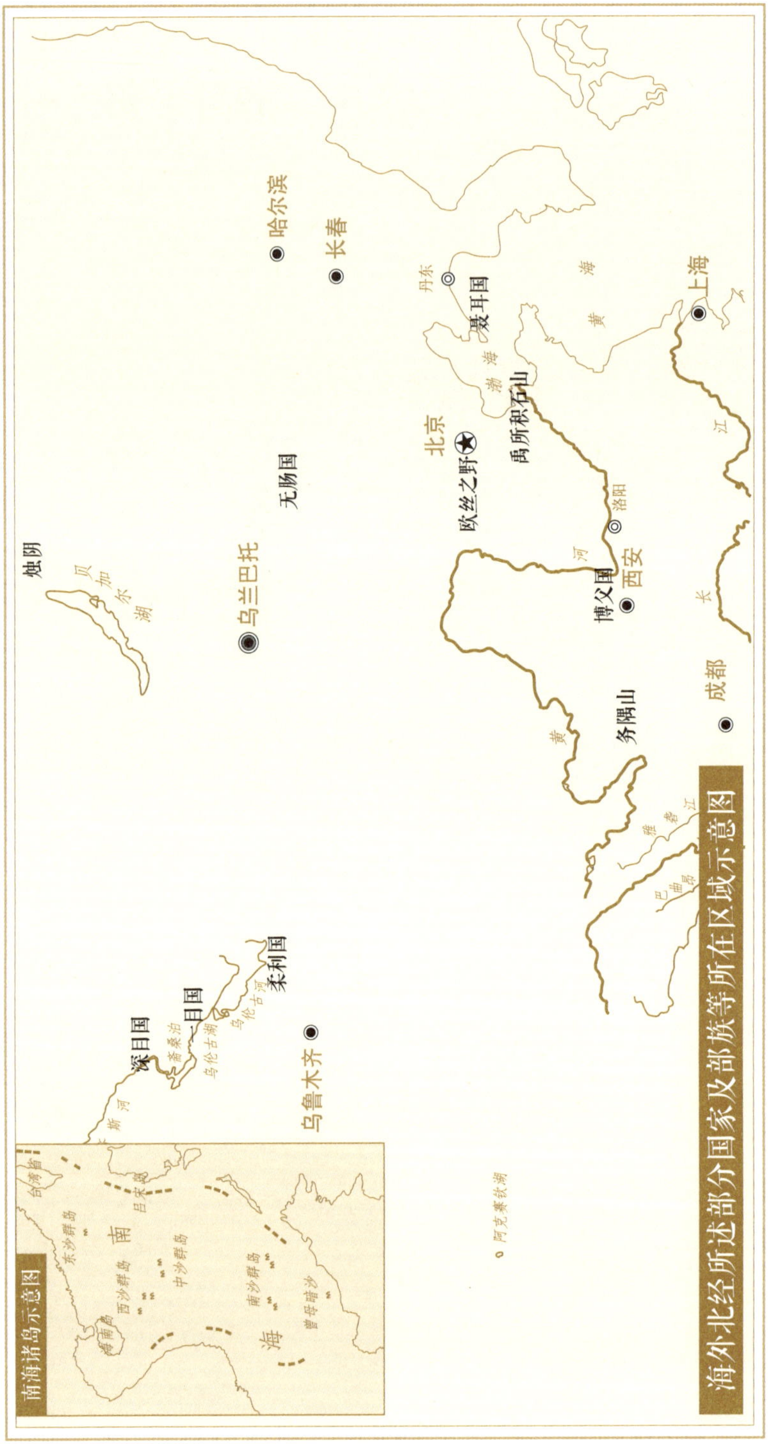

海外北经所述部分国家及部族等所在区域示意图

海外北经

海外从西北角至东北角的国家、风物如下。

无启国

无启国在长股国的东边。无启国的人不繁衍后代（他们死后埋掉，但他们的心肝不死，一百二十年之后还会变成活人。——编者注）。

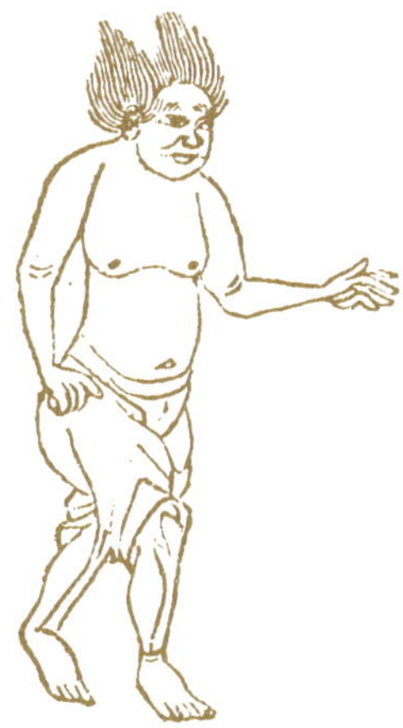

□ 无启国

传说无启国人居住在洞穴中，平常吃泥土，不分男女，死后即埋，但他们的心不会腐朽，死后一百二十年便又重新化成人。

烛阴之神

钟山山神的名字叫烛阴。他睁开眼睛就是白天；闭上眼睛则成夜晚。他一吹气天下就变为冬天；一吸气便成为夏天。他不饮水，不吃东西，也不呼吸，一呼吸便化为风，他的身体长千里。他居住在无启国的东边，长得人面蛇身，全身红彤彤的，就住在钟山脚下。

□ 烛阴

这是一种人面蛇身的龙，口中衔着烛。

一目国

一目国在钟山的东边（《淮南子·地形训》云："北方有一目民，在柔利民之次。"——编者注）。一目国的人，只有一只眼睛，而且长在脸的正中。

柔利国

在一目国的东边，有个柔利国。那里的

□ 第四十五图，（清）《山海经绘图广注》刻本，成或因绘图，咸丰五年（1855）刻印。

□ 第四十六图，（清）《山海经绘图广注》刻本，成或因绘图，咸丰五年（1855）刻印。

□ 第四十七图，（清）《山海经绘图广注》刻本，成或因绘图，咸丰五年（1855）刻印。

□ 一目国

一目国在钟山山神烛阴的东边，该国人只有一只眼睛，且长在脸的中间。

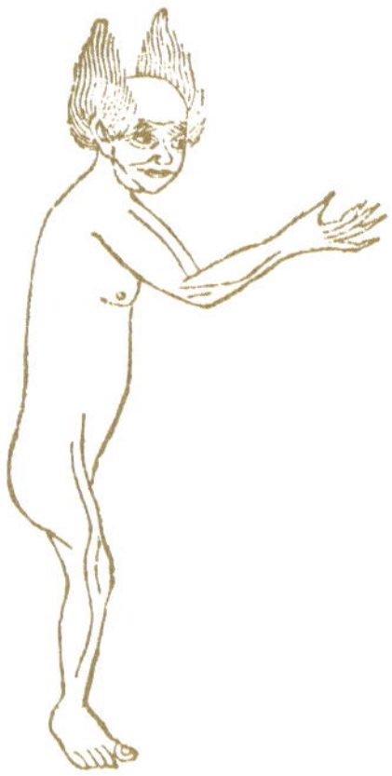

□ 柔利国

该国人只有一只手和一只脚，膝盖反卷，像被折断了似的。

□ 相柳氏

相柳氏人面蛇身，有九个脑袋。

人只有一条胳膊一条腿，膝盖向外反卷，脚也反卷朝上，像是折了似的。因为“留”与“柔”声音相近，所以又叫它“留利国”。

相柳之祸

共工的臣子相柳氏，有九颗头，九颗头各占一座山并在山中觅食。相柳所过之地，都会被掘成沼泽和溪流。后来，大禹治水，途经相柳氏的领地，见其残暴便杀死了他。但相柳氏的尸体腥臭难闻，血流过的地方草木不生。大禹便动手挖掉此地的土，用别的地方的土来填塞，填了几次就塌陷几次。后来大禹就把挖出来的土用来建造众帝之台，作为镇压之用。帝台建在昆仑山以北，柔利国以东。相柳氏，九个脑袋，有人的面孔，蛇的身体，全身青色。那些射箭的人因敬畏共工的威灵，都不敢引箭北射。共工台在相柳东边，台呈四方形，每一角有一条虎纹蛇，相传这就是相柳氏的化身，它的头向着南方。

深目国

深目国在相柳氏的东边。深目国人的眼睛都深陷着，常喜欢举起一只手，像打招呼。一说在共工台的东边。

无肠国

在深目国的东边，有个无肠国。这个国家的人体形高大，没有肠子，腹中如直筒一般，吃了东西都是直接排泄出来。

聂耳国

在无肠国的东面，有个聂耳国。那里的人每人使唤两只有花纹的老虎。聂耳国的人耳朵大得出奇，平时要用两手托着双个耳垂（聂耳国人睡觉的时候，常以一只耳朵当席子，另一只耳朵当被子。——编者注）。他们孤悬在海外的岛上，能看到海中各种精怪之物。两只老虎在聂耳国的东边。

□ **聂耳国**

聂耳国在无肠国的东面，该国人耳朵大得出奇，平时用两手托着耳垂，可以使唤两只有花纹的老虎。

夸父逐日

夸父想要把太阳摘下，于是追赶太阳。到了接近太阳的地方，他非常口渴，便喝光了黄河和渭水。可还不解渴，他便想去喝北方大泽的水，但却在半路上就渴死了。他死时所扔掉的拐杖变成了邓林。

□ **夸父逐日**

夸父追赶太阳。到了接近太阳的地方，他口渴难忍，于是喝光了黄河和渭水，但是仍然不解渴，就想去喝北方大泽的水，最后渴死在半路上。

夸父国

夸父国在聂耳国的东边。夸父国的人身材高大，右手捏一条青蛇，左手捏一条黄蛇。邓林在夸父国的东面，实际上只不过是两棵巨大的桃树而已。但因树盖十分巨大，所以二树成了林，方圆三百里。还有人认为夸父国又叫博父国。

□ **夸父国**

该国人身材高大，右手捏一条青蛇，左手捏一条黄蛇。

禹所积石山

禹所积石山在博父国的东边，是黄河流过的地方。

拘瘿国

在禹所积石山的东边，有个国家叫拘

□ 第四十八图，（清）《山海经绘图广注》刻本，成或因绘图，咸丰五年（1855）刻印。

□ 跂踵国
该国人走路双脚不着地。

瘿国。该国的人行走时常一只手托住自己脖子上的肉瘤。一说叫利瘿国。

寻木

寻木是一种树，高千里，直插云霄，它生长在拘瘿国的南面，黄河上游的西北边。

跂踵国

跂踵国（为西北民族。《吕氏春秋·当染篇》称岐踵戎，《淮南子》称岐踵民。——编者注）在拘瘿国之东。这里的人走路双脚都不着地。还有一种说法认为跂踵国叫反踵国。

欧丝之野

欧丝野在反踵国的东面。那里有一个女子跪靠着桑树在吐丝。（相传以前有户人家，父亲远征出外，家中只有一个女儿，还有一匹雄马。女儿独自生活，非常思念远征的父亲。姑娘便同那匹马开玩笑说："你如果能把我爸爸接回家，我便嫁给你。"那匹马听了姑娘的话后，竟然挣断缰绳，飞驰而去，为她寻父。终于马儿寻到了姑娘的父亲。精疲力竭的马回头望着来路，悲鸣不已。父亲寻思道："家中的马突然奔来，难道家中出了什么事吗?"便急忙骑上它飞奔回家。之后，父亲因这匹马懂人情，便以精草细料喂它。但马却不肯进食。那马每见姑娘出门，就用马蹄扒土，喜怒反常。这件事引起了父亲的怀疑，便问他的女儿怎么回事。姑娘如实告诉了她的父亲，父亲便对女儿说："这事千万别声张，免得辱没家门。你暂时不要出门了。"于是，父亲便用弓箭射杀了那匹马，剥去马皮，晒在房前。后来有一天，父亲不在家，姑娘与邻家女孩一起在马皮上玩耍。姑娘以脚踩马皮说："你本是畜牲，却为何想娶人当媳妇呢？结果招来这样的屠剥，简直是自找苦吃……"话还没说完，马皮突然翻起来，把姑娘卷起便跑。邻家的女孩害怕极了，急忙去告诉姑娘的父亲。等到其父亲赶来，马皮同人早已不知去向了。又过了很多天，他才在一棵大树上发现女儿及马皮已化成了蚕茧，在树上忙碌着吐丝。这件事就发生在欧丝野。——编者注）

三桑树

欧丝野的东边，生长着三桑树。三桑树高百丈，但没有枝叶，只有光秃秃的树干。

范林

在三桑树的东边，有片树林叫范林。其方圆三百里，位于海中的沙洲上。

务隅山

有座务隅山，天帝颛顼就葬在此山的南面，其九位嫔妃则葬在此山的北面。一说山中有罴、熊、花斑虎、离朱鸟、鸱久和视肉兽等野兽出没。

平丘

平丘在三桑树的东边。那里有上千年的玉石、青马、视肉兽、杨柳、甘柤梨、甘华树等。在两座山谷之中有两座大丘，即平丘。

騊駼

北海有一种野兽，样子像马，名字叫騊駼。还有一种兽，样子像白马，生有锯齿一样的利齿，专吃虎豹，名叫驳。（春秋战国时期，齐桓公骑马而行，老虎望见吓得伏倒在地。齐桓公便问管仲："我只是骑了一匹马，老虎见了却很害怕，这是什么原因呢？"管仲回答说："大王是不是骑着骏马迎着太阳奔跑呢？"齐桓公说："是呀。"管仲回答："这正是驳跑起来的样子啊！驳专吃虎豹，所以老虎一见就害怕了。"——编者注）此外，这里有一种白色的怪兽，也长得像马，名叫蛩蛩。还有一种青兽，样子像老虎，名叫罗罗。

□ 罗罗

它是一种青兽，长得像老虎。

禺疆

北方有个神人叫禺疆，长的是人面鸟身。他的耳朵上挂着两条青蛇，脚下踩着两条青蛇。（以上只是禺疆作为风神时的形象，当他作为水神时，则是鱼的身子，有手有足，驾着两条龙。——编者注）

卷九　海外东经

JUANJIU　HAIWAIDONGJING

《海外东经》记述了东南角向东北角，从大人国、君子国、𧈢𧈢、青丘国、黑齿国、雨师妾国、玄股国、毛民国、劳民国等广大地域诸国或部族生民的形貌特征、饮食习性、穿戴方式、地理方位及其部族神祇与历史故事。

此地域由东南向东北，在今广东、福建、东北境内。

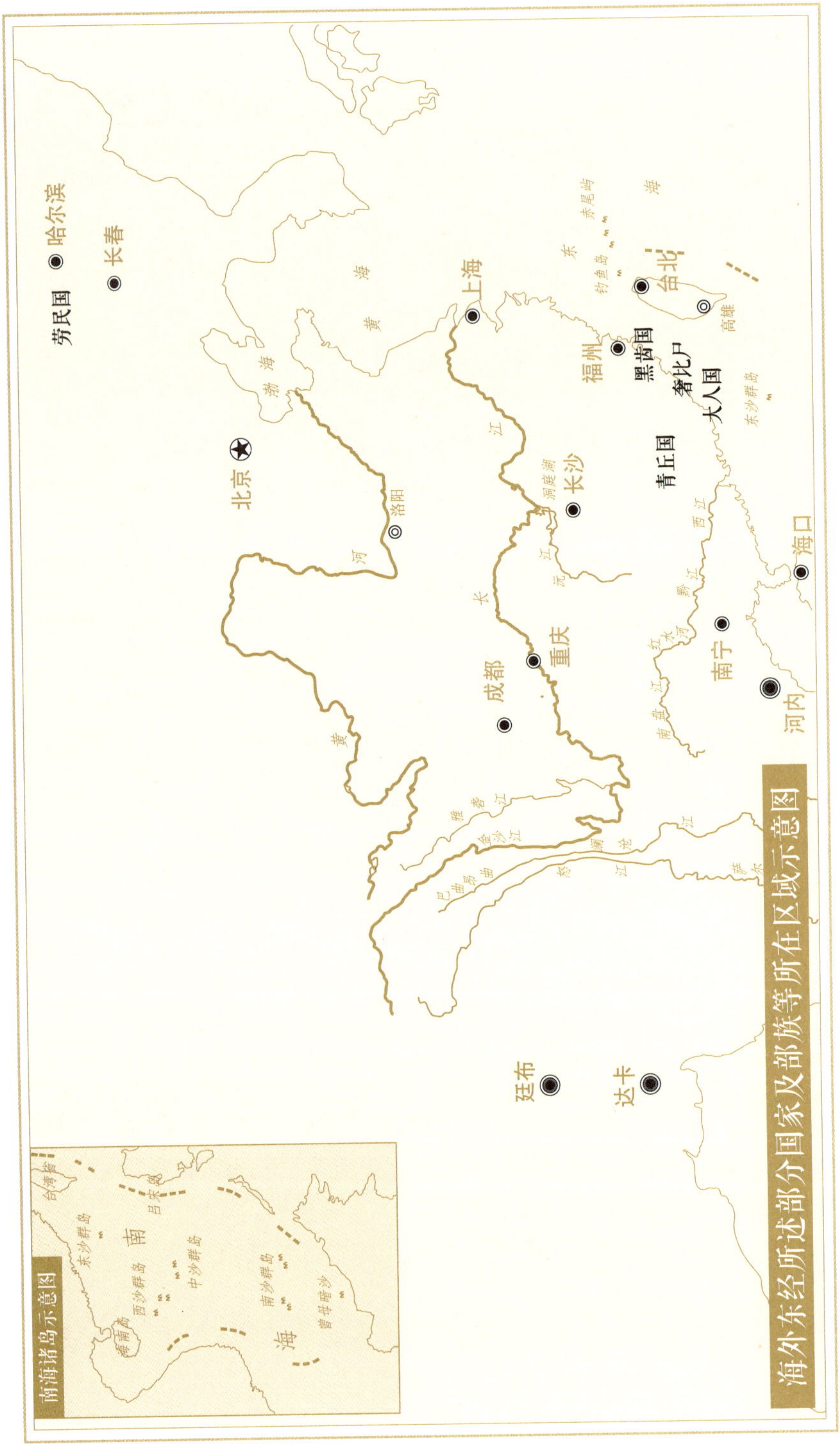

海外东经所述部分国家及部族等所在区域示意图

海外东经

海外自东南角向东北角的国家、风物如下。

䁖丘

䁖（jiē）丘，又叫嗟丘。丘中到处是玉石，还有青马、视肉兽等野兽出没，并有大片的杨柳、甜柤梨、甘华树等。它处于东海两山之间，其上有树木。另一种说法认为䁖丘生长着许多果树，在尧帝陵所在的狄山的东边。

大人国

大人国在䁖丘的北边。大人国人的个子比一般人要大得多，坐在船上撑船。（大人国的胎儿要在母腹中孕育三十六年才生下来，一出生便是白头，而且身材异常高大，能乘云雨而飞却不能步行，应该是属于龙的一种。——编者注）也有人认为大人国在䁖丘的北边。

奢比尸

奢比尸神在大人国的北面，人面兽身，耳朵特别大，其上挂着两条青蛇。也有人认为奢比尸就是肝榆尸，位于大人国的北边。

□ 奢比尸

奢比尸神为人头兽身，一对大耳朵上各挂着一条青蛇。

君子国

君子国在奢比尸神的北边。这里的人穿戴讲究，主食肉类，左右常有两头花斑虎作侍从。君子国人为人互尊互让，不相争执。国中还生长着一种叫薰华的植物，这种植物早晨开花，晚上就凋谢了。

□ 第四十九图，（清）《山海经绘图广注》刻本，成或因绘图，咸丰五年（1855）刻印。

□ 第五十图，（清）《山海经绘图广注》刻本，成或因绘图，咸丰五年（1855）刻印。

□ 天吴

天吴神人面虎身，有八个脑袋、八只脚、八条尾巴，背上是青黄色的毛。

重重

重重国在君子国的北边，该国人长有两个脑袋。

天吴

朝阳谷有位神仙，名叫天吴，他就是传说中的水伯。天吴居住在重重北面的两河之间。天吴长着神兽的样子，有八颗人头，八只脚、八条尾巴，背上有青黄色的毛。

青丘国

青丘国在天吴国的北边（《逸周书·王会解》孔晁注云：“青丘，海东地名，狐九尾。”——编者注）。那里有一种狐狸，长着四只脚和九条尾巴。（青丘国人以五谷杂粮为食，穿丝帛织成的衣服。当地人称九尾狐为三寿或王寿。大禹年已三十尚未娶妻，经过涂山时说：“我若娶妻，定有吉光才好。”话刚说完，便有一条九尾白狐走到大禹面前。大禹高兴地说：“白色表示我应穿的衣服，九条尾巴是我称王的证据。”于是大禹便在涂山娶妻，妻名女娇、女攸。这九尾狐，便是青丘国的神兽。——编者注）还有一种说法认为青丘国在朝阳谷的北边。

步量疆域

天帝命竖亥神用脚步丈量中国的疆域。竖亥从最东端走到最西端，共计有五亿十万九千八百步。竖亥右手持算筹（计数用的工具。——编者注），左手指向青丘的北面。一说是大禹命令竖亥测量疆域的。一说共计五亿十万九千八百步。

黑齿国

黑齿国在竖亥的北边（《东夷传》云：“倭国东四千余里有裸国，裸国东南有黑齿国，船行一年可至也。”——编者注）。黑齿国人牙齿漆黑。那里的人吃稻米和蛇。黑齿国人身旁常伴一红一青两条蛇。另一种说法认为在竖亥北边有黑齿国，这里的人脑袋是黑色的，他们吃稻米并且使唤一条红蛇。（据说黑齿国人的牙齿是用草药染黑的。——编者注）

汤谷

黑齿国的北方有汤谷。汤谷中有一棵高大的扶桑树，是十个太阳洗浴的地方。扶桑树的下半截在水中，树枝在水上，九个太阳停歇在树的下枝，另外的那个太阳则停在树的上枝。

□ 雨师妾国

该国人皮肤黢黑，两手各执一条蛇，左耳挂着一条青蛇，右耳挂着一条红蛇。

雨师妾国

雨师妾国在汤谷的北面。那里的人皮肤非常黑，两只手各捏着一条蛇，左耳挂一条青蛇，右耳挂一条红蛇。也有人说雨师妾国在十个太阳的北面，那里的人身体很黑，长着人面双手各托着一只乌龟。

□ 毛民国

该国人浑身长着长长的毛发。

玄股国

玄股国在雨师妾国的北边。这个国家的人腿很黑，穿的衣服是用鱼皮做成，吃海鸥等水鸟。他们身边总有两只鸟伴于两侧，任凭他们使唤。

毛民国

毛民国在玄股国的北面。那里的人浑身长着黑毛。（在临海郡东南二千里的地方，有长着毛的人在大海洲上生活。他们身材短小，遍体生毛，像猪熊一样。他们穴居，不穿衣服。晋永嘉四年，吴郡司盐都尉戴逢在海边得到一条船，船上有男女四个人，长的就是上面这副模样。因言语不通，戴逢便把他们送往丞相府，途中死了三个，只有一个男的活了下来，并且娶妻生子。后来这个幸存者常出入于街市，渐渐懂得人的语言，便自我介绍说他原是毛民国的人。——编者注）

劳民国

劳民国在毛民国的北边（《淮南子》云：“东北方有劳民。”但具体不详。——编者注）。该国的人长得像雨师妾国的人，皮肤特别黑，面目手脚也是黑的。他们吃野果草种。有的人称它为教民国，国内还生长着一种双头鸟。

东方句芒

东方有木神句（gōu）芒，长着人头鸟身，乘两条龙出行。（据说郑穆公在寺院中遇到木神句芒。郑穆公见他人头鸟身，便吓得要跑。句芒说："不必害怕，天帝知道你施行德政，派我赐你增寿十九年；并使你国家繁荣昌盛，六畜兴旺。"穆公叩首拜问："请问尊神大名？"答道："我是木神句芒。"——编者注）

卷十　海内南经

JUANSHI　HAINEINANJING

《海内南经》记述了东南角向西，从郁水四国、枭阳国、氐人国等广大地域诸国或部族生民的形貌特征、饮食习性、穿戴方式、地理方位及其部族神祇与历史故事。

此地域由东南向西，在今东南沿海、中南半岛、西北部一带。

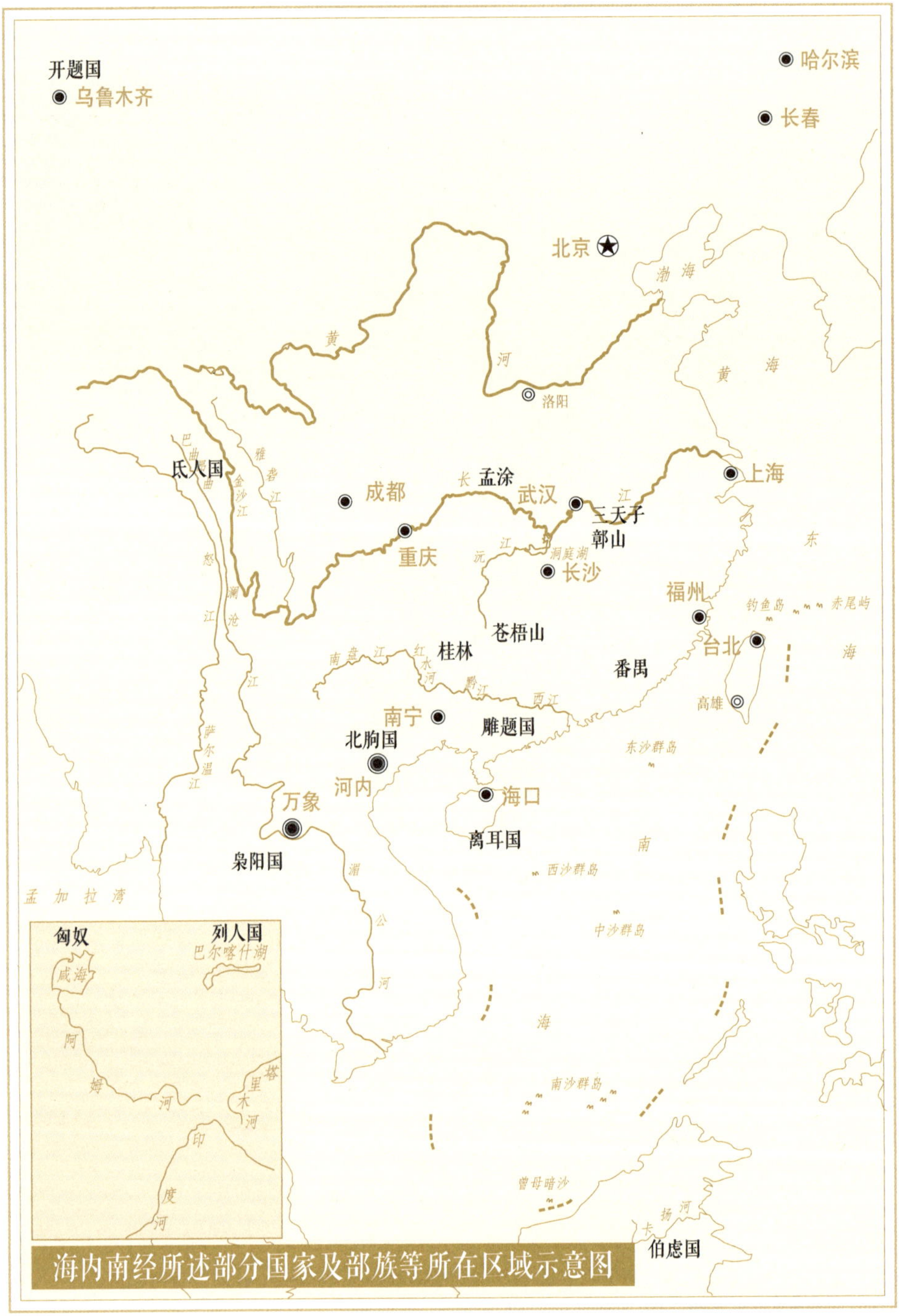

海内南经所述部分国家及部族等所在区域示意图

海内南经

海内东南角以西的国家、风物如下。

瓯与闽

瓯在海内，闽也在海内，闽的西北山峦起伏。也有人说闽中的山在海峡中央。（中原大地四面环海，所以古人以为，国境之内为海内，国境之外为海外。古人在闽中一带打井掘地，也常得到许多海螺和海蚌等化石，因此，古人认为瓯（今温州一带）、闽（今浙江、福建）在海内或海中。——编者注）

三天子鄣山

三天子鄣山在闽的西北方，一说在海内（在安徽省境内。古称三天子都、三王山、障峰。春秋时吴越以此分界。——编者注）。

桂林八树

桂林八树在番禺（在今广州番禺。——编者注）的东边。其树木高大，八棵树长成了一片树林。

郁水四国

伯虑国、离耳国、雕题国和北朐（qú）国都在郁水的南面（《伊尹四方令》云："伯虑、离耳、雕题皆西方之国。"——编者注）。郁水河从湘陵南山流出。一说伯虑国也叫相虑国。（据说，雕题国女子到了成年，便会在额头上刺细纹，因此该国女子又叫刺面女。——编者注）

枭阳国

枭阳国在北朐国的西边。枭阳国人为伏羲氏的后裔，他们长着人的面孔并且嘴唇很大，一身黑毛，脚趾在后，脚跟在前，左手拿一根竹管。他们一见人

□ 第五十一图，（清）《山海经绘图广注》刻本，成或因绘图，咸丰五年（1855）刻印。

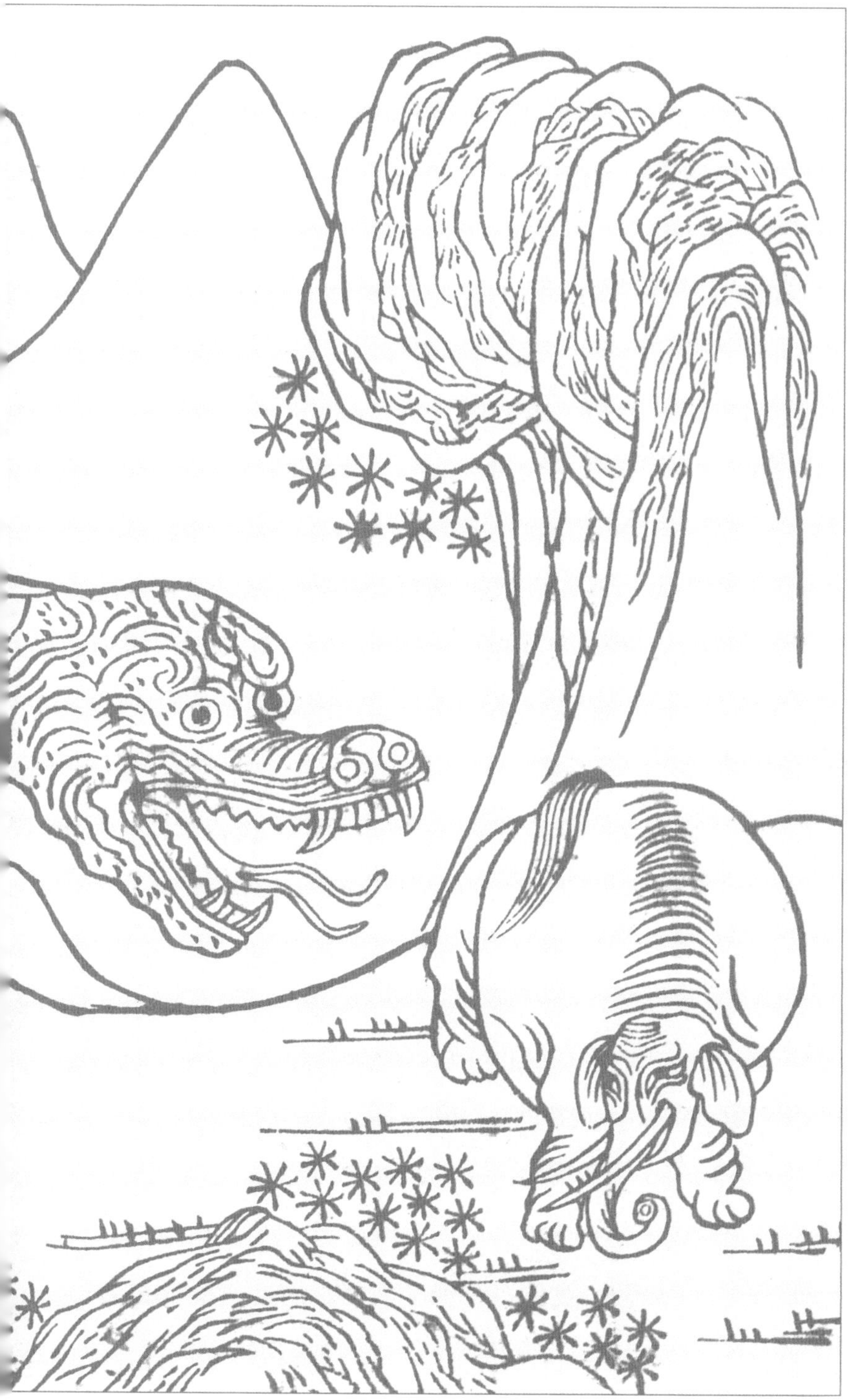

□ 第五十二图，（清）《山海经绘图广注》刻本，成或因绘图，咸丰五年（1855）刻印。

□ 枭阳国人

枭阳国人嘴巴很大，全身披着黢黑的毛发，脚反向生长，左手持一根竹管，见人就笑。

就笑。

兕

兕生活在帝舜陵的东边，湘水的南边。其样子像牛，一身黑毛，只生一只角。

苍梧山

苍梧山的南边埋葬着帝舜，山的北边埋葬着帝丹朱（即今九嶷山，位于湖南省永州市宁远县。——编者注）。

氾林

氾林方圆三百里，在狌狌（即猩猩。——编者注）生活地的东边。

狌狌

狌狌能知道人的名字。其体形像猪，却长着人面，生活在帝舜陵的西边。

犀牛

在狌狌栖息地西北有种野兽叫犀牛，它的样子像牛，毛是黑色的。（犀牛角是一种珍贵的清热凉血的中药材，犀牛皮和血也可以入药，其中犀牛皮被广泛用于士兵皮甲制作，这便加速了它的灭绝速度。可以说，它们从远古时代便受到人类的大肆猎杀。——编者注）

孟涂

夏后启有一名大臣名叫孟涂，是掌管巴地的神。当地人到孟涂那里告状，孟涂见谁身上有血，就命人将他囚禁起来，因为这样就不会判冤案，这是他爱护生灵的德政。孟涂居住在丹山西面。

窫窳

窫窳，居住在弱水（古时，凡水道由于水浅而舟楫不通，便称弱水。——编者注）之中，在狌狌栖息地的西边。窫窳这种怪兽形貌像貙，长着龙头，吃人。

建木

有一种神树，形状像牛，树皮一拉就掉下来，剥下来的树皮像帽子上的缨穗，又像黄色的蛇皮。其叶子是网状的，果实圆圆的像栾树的果实，树干像刺榆，这种神树名叫建木。它生长在窫窳西边的弱水河畔。（众帝便是从此处往来于天上人间。建木没有树影，在树下大呼而没有一点声音，相传这里便是天地的中心。——编者注）

□ **窫窳**

它形貌像貙，长着龙头，吃人。

氐人国

氐人国（有人认为是氐族，但氐族人认为鱼为不洁之物，一般不会以鱼为图腾。——编者注）在建木的西边。氐人国的人长着人面鱼身，且没有脚。

□ **氐人国**

该国人为人面鱼身，没有脚。

巴蛇

巴蛇吃象，吞吃三年后才把象骨吐出来。有才德之人吃了巴蛇的肉，便不会心痛和腹痛。巴蛇的颜色有黑色，有青黄色，五彩斑斓。也有人说巴蛇的脑袋是青色，身体为黑色，在犀牛栖息地的西边。（巴蛇其实就是巨蟒，长十丈，身围七八尺，常在树上窥伺鹿兽，待野兽经过时，便将其缠住，然后整个吞下。兽骨有时会从它的鳞甲之间钻出来，因此有巴蛇吞象之说。——编者注）

□ **巴蛇**

一说巴蛇为青色的头，黑色的身子，一说它全身青黄赤黑，五彩斑斓。

旄马

旄马的样子和普通马没有区别，但其四条腿的关节上长着很长的毛。它栖息在

□ **旄马**

这种马体形似普通马，但四条腿的关节上都长着长毛。

巴蛇西北方一座高山的南麓。

西北诸国

匈奴、开题、列人等国都在旄马栖息的西北部。（或此条应归于《海内北经》“犬封国”之上。——编者注）

卷十一　海内西经

JUANSHIYI　HAINEIXIJING

《海内西经》记述了西南角向北，从流黄酆氏国等广大地域诸国或部族生民的形貌特征、饮食习性、穿戴方式、地理方位及其部族神祇与历史故事。

此地域由西南向北，在今四川及北部广大地区。

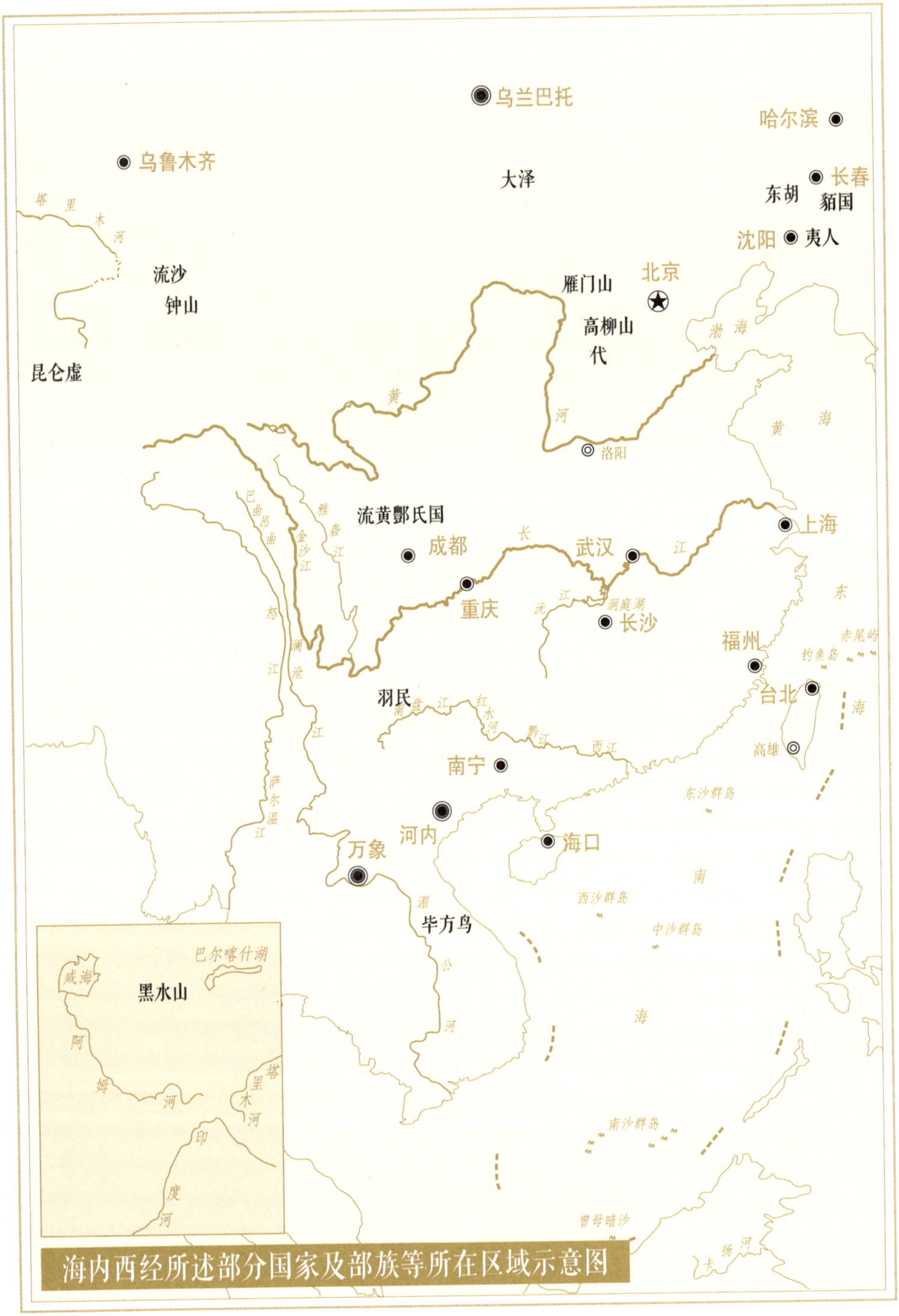

海内西经所述部分国家及部族等所在区域示意图

海内西经

海内西南角以北的国家、风物如下。

贰负与危

贰负有个大臣名叫危，与贰负合伙杀了窫窳。黄帝大怒，把他俩流放到位于开题国西北的疏属山中，并给他俩戴上脚镣，反绑着他们的手，把他们困在山林之中。（汉宣帝时，有人在疏属山的一个石盖下发现了这两个人，此时他们仍然被捆缚着。这人便把他俩运往长安，两人已变得像石头一样。宣帝召集群臣询问，没有人知道他们是谁。只有刘向回答说：“这是黄帝时，贰负与危犯了大逆不道之罪，黄帝不忍杀之，便流放在疏属山中。黄帝曾经说过，若后世有圣明的君主，应当放他们出来。”宣帝不相信，说刘向是妖言惑众，便将他逮捕入狱。刘向的儿子刘歆去探望父亲时，其父告诉他说：“如果以少女的乳汁喂他们，他们便可以活过来。”宣帝便派人喂他们少女的乳汁，果然死而复生。宣帝很高兴，升刘向为大中大夫，升刘歆为宗正卿。（或此条应归于《海内北经》“犬封国”之上。——编者注）

雁门大泽

大泽方圆百里，是群鸟生卵孵化幼鸟及脱换羽毛的地方。大泽在雁门的北边。（或此条及以下两条应归于《海内北经》“舜帝之女”之前。——编者注）

雁门山

雁门山，“天下九塞”之首，也是大雁的栖息地，在高柳山的北面。（自从建了雁门关后，这里便有“一夫当关，万夫莫开”的势头。相传每年春来，南雁北飞，口衔芦叶，飞到雁门盘旋半晌，直到叶落才能过关。——编者注）

高柳山

高柳山在代县的北边。（此山重峦叠嶂，向东可出辽塞。——编者注）

□ 第五十三图，（清）《山海经绘图广注》刻本，成或因绘图，咸丰五年（1855）刻印。

后稷墓葬

后稷的墓葬在山水环绕的地方，位于氐人国的西边。

流黄酆氏国

流黄酆氏国，其疆域方圆三百里。该国交通四通八达。国中有一座大山。这个国家在后稷墓葬的西边。

流沙

流沙从钟山流出，向西流，又拐向南流过昆仑虚，再向西南流入大海，到达黑水山。

东胡国

东胡（我国东北三大原始族系之一，语言属阿尔泰语系，因居匈奴以东而得名。——编者注），即通古斯，在大泽的东边。（高辛氏到海滨游猎，留下他的小儿子厌越居住在北夷，后来其子定国号为东胡，其后人为慕容氏。（或此条及以下三条应归于《海内北经》。——编者注）

夷人国

夷人国在东胡国的东边。

貊国

貊（mò）国在汉水东北。该国靠近燕国，后被燕国所灭。（貊国出产名马、玉石、貂皮和珍珠等。——编者注。）

孟鸟

孟鸟生活在貊国的东北，这种鸟的羽毛是红、青、黄相间，五彩斑斓。

海内昆仑虚

海内的昆仑虚位于西北方，是天帝在下界的都城。昆仑虚方圆八百里，高八千丈。山顶长着一株大树一样的稻谷，高四丈，需五人合抱。昆仑虚的正面有九眼泉井，每眼井都用玉石的栏杆围起来，并有九扇门。帝都宫殿的正门面向东方，迎着朝阳，名叫“开明门”。门前有一只神兽，名叫开明兽。它威风凛凛地站在门前，面向东方，守护着这座宫殿。此地在八方山岩之间，赤水的岸边没有后羿那样的德才，恐怕是攀不上去的。

□ 开明兽

这种野兽体形像老虎，身子比较大，有九个脑袋，长着人面，向东站在昆仑山上。

赤水从昆仑虚东南麓的山谷中流出，向东北方流去，又转向西南注入南海厌火国的东面。

河水从昆仑虚东北角流出，经北麓，再向西南流入渤海，又流出海外，向西复向北，流入大禹所疏导过的积石山中。

□ 窫窳

长着人面蛇身，后被贰负与危所杀。

洋水和黑水发源于昆仑虚的西北角，向东北再向南流入大海，即羽民国的南边。

弱水（疑为今印度河。——编者注）和青水两条河发源于昆仑虚的西南角，向东又向北，再转向西南，流经毕方鸟以东的地区。

昆仑虚南面有深渊，水深三百丈。那里有个像虎一样的神兽，名叫开明兽。此兽长有九颗人头，面向东，立于昆仑虚上。

开明兽的西边有凤凰和鸾鸟，它们头上顶着蛇，爪下踩着蛇，胸前还挂一条红蛇。

开明兽的北边有视肉兽、三珠树、五彩玉树、赤玉树和用来炼仙丹的不死树。那里的凤凰和鸾鸟头上都戴着一种像盾一样的饰物。另外还有三足鸟、木禾、柏树、醴泉和吃了能使人长智慧的圣树，以及一种叫曼兑的圣树。一说此圣树叫挺木牙交。

开明兽的东边有许多巫医，如巫彭、巫抵、巫阳、巫履、巫凡、巫相。他们围在窫窳周围，手里拿着不死药欲使窫窳死而复生。窫窳，长的是蛇身人面，后被贰负与危所杀。

服常树，也是一棵神树，树上有个长着三颗脑袋的人，两眼直盯着一棵琅玕树，因为树上长着像玉一样的琅玕，那是凤凰的食物。

开明兽的南边有树鸟，这种鸟有六个头，那里还有蛟龙、蝮蛇、蛇、长尾猿和豹，都围绕在一个水池的四周，这个水池可能是西王母的瑶池。瑶池周围有鸟秩树，还有诵鸟、雕及数之不尽的视肉兽。

卷十二　海内北经

JUANSHI'ER HAINEIBEIJING

《海内北经》记述了西北角向东，从犬封国、鬼国、阘非国、戎、林氏国等广大地域诸国或部族生民的形貌特征、饮食习性、穿戴方式、地理方位及其部族神祇与历史故事。

此地域由西北向东，在今甘肃、陕西、山西、东北境内。

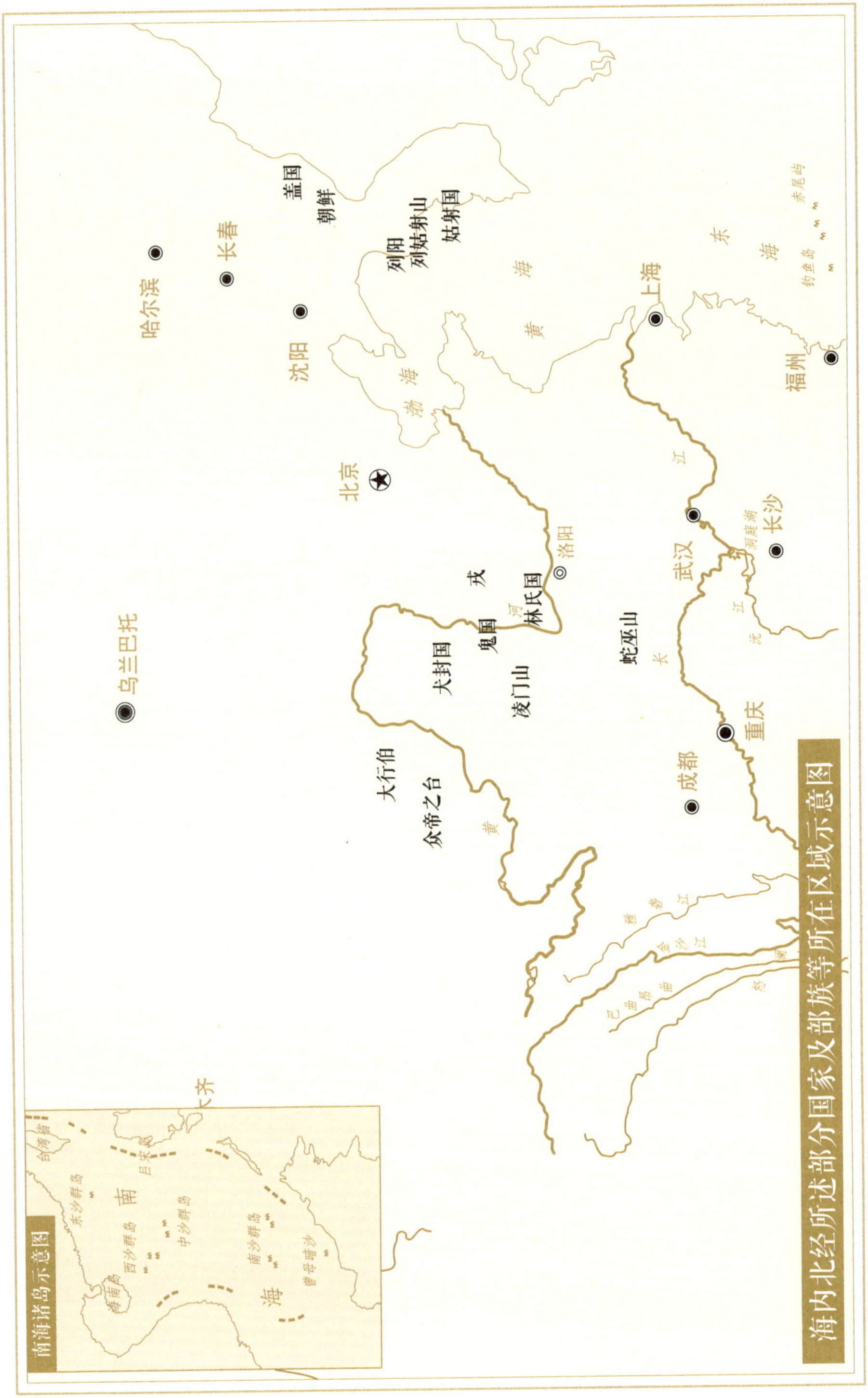

海内北经所述部分国家及部族等所在区域示意图

海内北经

海内西北角以东各国的国家、风物如下。

蛇巫山

蛇巫山上有人面东而站，手拿大棒，气势汹汹。也有人说蛇巫山又叫龟山。（或此条与下条应归于《海内西经》。——编者注）

西王母

西王母身体倚靠着几（古人用以倚凭身体的器物。——编者注），头上戴着闪光的玉胜，南面有三只劲健的大青鸟对着她站立，它们专为西王母取食。西王母的居所位于昆仑虚的北面。

犬封国

有个神名叫大行伯，手持一柄长戈。他的东边是犬封国，贰负的尸体就在大行伯的东边。（关于犬封国，还有个传说。高辛氏时，房王叛乱，帝喾下诏说："谁能献上房氏人头，赏一千两黄金和美女。"群臣都知道房氏兵强马壮，难以擒获，不敢贸然行动。帝喾有条狗名叫盘瓠，身长五色毛，常伴随在帝喾左右。一天，这条狗突然不见了，帝喾很奇怪。原来，这条狗跑到房王那里去了。房王见了它非常高兴，告诉左右说："高辛氏的末日到了！连狗都舍弃了他。"房氏于是大摆宴席，为狗的到来而庆贺。这天深夜，房氏喝得大醉，盘瓠便趁机咬下他的头回去见主人。帝喾见到了房王的头颅，十分高兴，便拿出许多鲜肉喂狗，可是狗竟然一点也不吃。整整一天，帝喾叫它，它也不动。帝喾说："莫不是恨怨我不守信用？那我现在就实现我的承诺吧。"于是帝喾便封盘瓠为会稽侯，赐五个美女。会稽郡有一千户，而盘瓠也生了三个儿子六个女儿。男孩生下后，像人，但有狗尾巴。之后，他们繁衍生息子孙昌盛，便号犬戎，或称犬封国。——编者注）犬封国也叫犬戎国，犬戎国的人样子像狗，他们身旁通常有一名女子，正跪着侍奉她的丈夫。犬戎国有种文马，身上毛色纯白，脖子上的鬃毛是红色的，双眼金光灿灿，这种马叫吉量马，骑上它的人可活千年。

□ 鬼国
该国人只有一只眼睛。

鬼国

鬼国在贰负尸体的北边。鬼国的人都只有一只眼睛。有人说贰负神在鬼国的东边，他们长着人面蛇身。

蜪犬

蜪（táo）犬样子像狗，一身青毛。这种犬吃人先吃头。

□ 蜪犬
它长得像狗，全身青毛。它吃人先吃头。

穷奇

穷奇长得像虎，有一对翅膀，它吃人是从头部开始，喜欢吃披着头发的人。穷奇在蜪犬的北边。也有人说它从人的脚部吃起。（穷奇与饕餮、混沌、梼杌并称四大魔兽。——编者注）

众帝之台

帝尧台、帝喾台、帝丹朱台、帝舜台各有两座台，台面向东西南北四方，它们都位于昆仑虚的东北方。

大蜂与朱蛾

大蜂体形像蝗虫，只是个头更大；朱蛾体形像蚍蜉，却有大象的个头。

蟜

蟜（qiáo）在穷奇的东边。其身上有斑纹，小腿肚上的肉强健刚硬。也有人说它们长得像人，只有昆仑虚北边才能见到。

阘非国

阘（tà）非国的人都是人面兽身，一身青毛。

据比之尸

天神据比尸，他的脖颈已被砍断，披头散发，一只手也不知所踪。

环狗

环狗，兽首人身。也有人说它的样子像刺猬，又像黄狗。

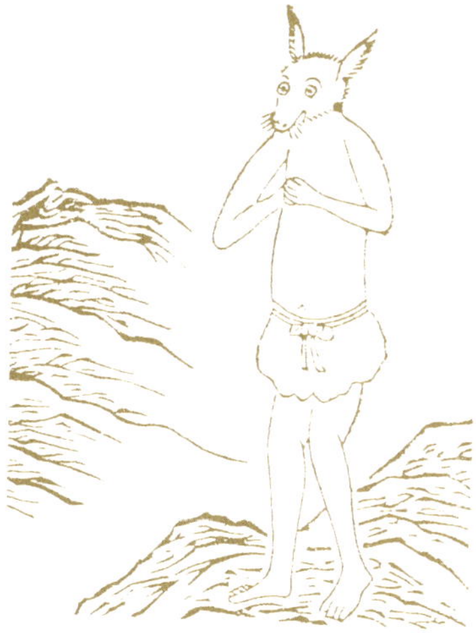

□ 环狗

它长着人身兽首。也有人说它的样子像刺猬，又像黄狗。

袜

袜（mèi）（袜就是鬼魅。——编者注），黑黑的脑袋，身子像人身，眼睛是竖着长的。

戎

戎的脑袋与一般人差不多，只是上面长了三只角。

林氏国

林氏国有一种十分珍贵的神兽，个头和老虎差不多，身上有五彩斑斓的花纹，尾巴比身子还要长，它名叫驺（zōu）吾，骑着它能日行千里。

□ 驺吾

这种神兽体形像老虎，身上有五彩斑斓的花纹，尾巴比身子长。它不吃活的禽兽，精力旺盛，骑上它能日行千里。

南汜林

昆仑虚的南面，有一大片树林，方圆三百里。这就是南汜林。

从极之渊

从极渊深三百丈，河神冰夷占据着这里。冰夷人头鱼身，乘双龙出行。（当时黄河经常泛滥成灾，河神性情暴烈，喜好溺杀过河之人。一次，河神变成一条白龙，羿见了，趁机射其左眼。河神向天帝申诉说：“请为臣杀掉羿。”天帝便问道：“你为什么

□ 第五十四图，（清）《山海经绘图广注》刻本，成或因绘图，咸丰五年（1855）刻印。

□ 第五十五图，（清）《山海经绘图广注》刻本，成或因绘图，咸丰五年（1855）刻印。

□ 第五十六图，（清）《山海经绘图广注》刻本，成或因绘图，咸丰五年（1855）刻印。

□ 第五十七图，（清）《山海经绘图广注》刻本，成或因绘图，咸丰五年（1855）刻印。

□ 河神

古代神话中的黄河水神。原名冯夷，也作“冰夷”。他过河时被淹死，天帝便任命他为河神，管理河川。

被他射呢？”河神回答说：“我当时变作白龙出去游玩，被他看见了。”天帝说：“假设你深守在水宫之中，羿如何能射你？现在你浮出水面来，如同虫兽一样，被他射中，羿有什么罪？”——编者注）一说此渊叫忠极渊。

阳汙山

阳汙山，河水从此山发源；凌门山，黄河的另一条支流也从此山发源。

王子夜之尸

王子夜的尸体，两只手、两条腿、胸脯、头颅、牙齿都被斩断而散落在不同的地方。

舜帝之女

舜帝的妻子登比氏生有两个女儿，一个叫宵明，一个叫烛光，她们住在黄河附近的大泽边上。两个女儿的神光可以照亮方圆百里。也有人说舜帝的妻子叫登北氏。

盖国

盖国在大燕的南边，倭国的北边。倭国也属燕国管辖。（倭国在东边的大海中，以女子为尊，她们用丹朱涂身，无妒忌之心，该国实行一夫多妻制。（或此条及以下九条应归入《海内东经》。——编者注）

朝鲜

朝鲜（应为今之朝鲜。《尚书大传》云：“武王胜殷，释箕子之囚，箕子不忍为周所释，走之朝鲜。”——编者注）在列阳河的东边，黄海的北边，分黎山的南面。列阳河也属燕国。

列姑射山

列姑射山在大海的沙洲之中。（山中住着神女，其冰肌玉洁，亭亭若处女，不食五谷，只吸风饮露，乘云气驭飞龙，游于四海之外。——编者注）

射姑国

射姑国在海中，属姑射国的属国，其西南有山环绕，东北被大海包围。

大蟹

北海有一只大蟹，生活在海中。

陵鱼

陵鱼有一副人的面孔，有手足，但身子像鱼，生活在海中。（陵鱼就是美人鱼，它一哭泣，泪水就会化为珍珠。她们还会纺织。人鱼有时会寓居陆上的人家，用她们所纺织的绢帛与人交换物品。她们都是美丽的女子，皮肤白如凝脂，长发及腰。——编者注）

□ **陵鱼**

这种鱼人面鱼身，有手足，在海中生活。

大鲠鱼

大鲠鱼生活在海中。

明组邑

明组邑可能是部落名，明组人居住在海岛上。

蓬莱山

蓬莱山在大海中巍然屹立。（蓬莱山上有仙人宫室，皆用金银建造而成。山中的鸟兽皆有白云般洁白无瑕的羽翼。《列子·汤问》也有“渤海之东有五山焉，一曰岱兴，二曰员峤，三曰方壶，四曰瀛洲，五曰蓬莱”的记载。——编者注）

大人市

大人市可能是国名，该国人居住在渤海中。（大人市的人、物和建筑都飘在茫茫大海中，也就是海市蜃楼，蜃是传说中的一种海怪，形似大牡蛎，能吐气成楼台形状。古帝王把蜃景看成是仙境，秦始皇、汉武帝都曾派人前往寻访。——编者注）

卷十三　海内东经

JUANSHISAN HAINEIDONGJING

《海内东经》记述了东北角向南，从钜燕国、西胡、韩雁国、始鸠等广大地域诸国或部族生民的形貌特征、饮食习性、穿戴方式、地理方位及其部族神祇与历史故事。

此地域由东北向南，在今北部沿海及西北部一带。

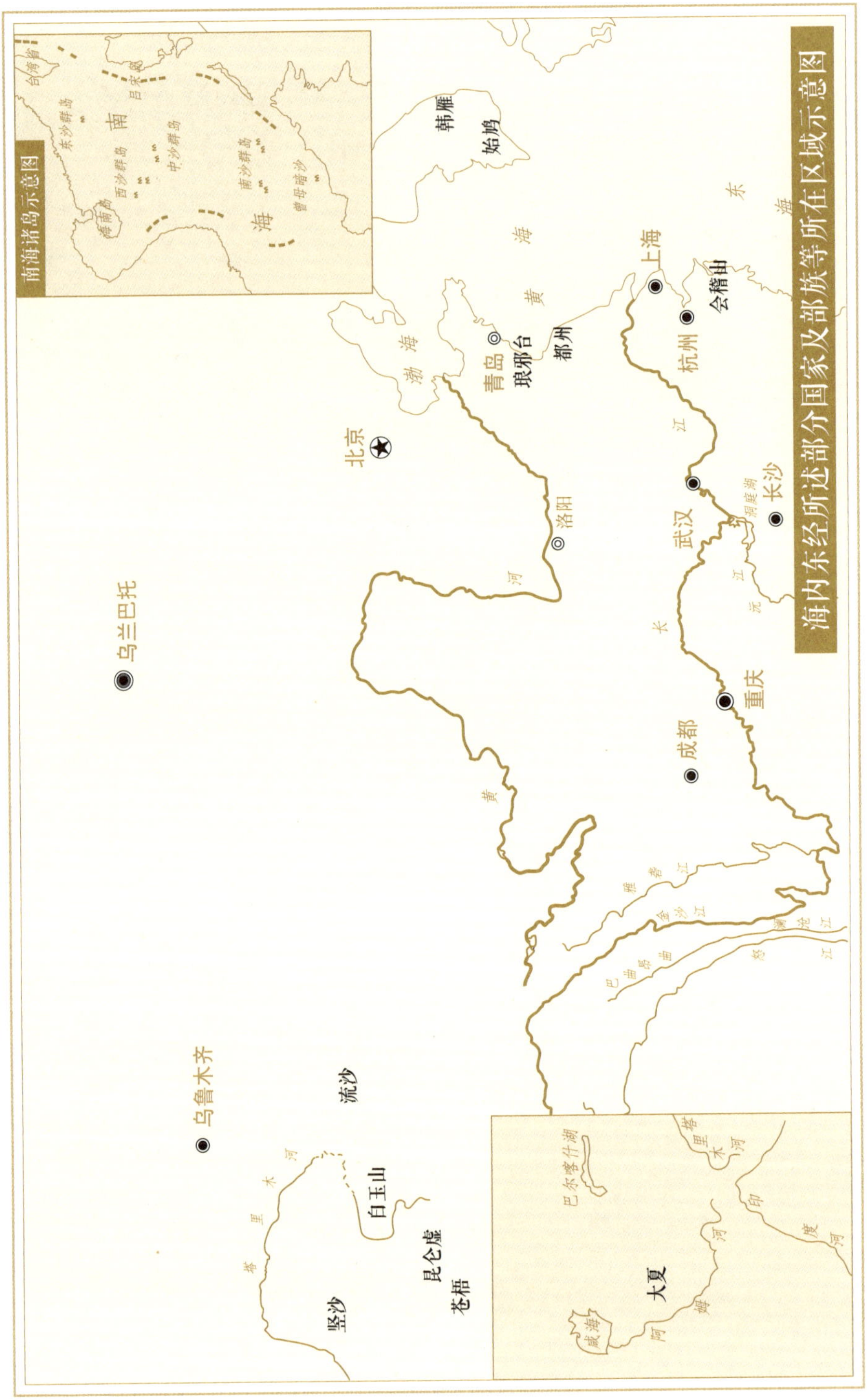
海内东经所述部分国家及部族等所在区域示意图
南海诸岛示意图
台湾省
吕宋岛
东沙群岛
西沙群岛
中沙群岛
南沙群岛
海南岛
曾母暗沙
南
海
韩雁
始鸠
黄
海
渤
海
东
海
上海
会稽山
杭州
青岛
琅邪台
都州
北京
洛阳
武汉
长沙
洞庭湖
乌兰巴托
重庆
成都
流沙
乌鲁木齐
白玉山
昆仑虚
苍梧
竖沙
巴尔喀什湖
大夏
咸海

海内东经

海内东北角以南的国家、风物如下。

钜燕国

钜燕国在东北角上。

流沙内诸国

流沙内的国家有埻（dūn）端国、玺唤（huàn）国，它们都在昆仑虚的东南方。另一种说法认为，埻端国和玺唤国本是设立的郡县，之所以撤郡县设国家，是因为它们处在流沙中。（或此条及以下两条应归于《海内西经》。——编者注）

流沙外诸国

流沙外的国家有大夏国、竖沙国、居繇国和月支国。（先秦时的大夏在今山西省太原。《管子》云："桓公伐大夏，涉流沙。"《史记》云："大夏在大宛西南二千余里。"又《魏略》云："流沙西有大夏国、竖沙国、属繇国。"月氏是匈奴崛起以前居于河西走廊、祁连山的古代游牧民族，亦称"月支""禺知""吐火罗"。其中，大夏国城方圆二三百里，有几十个部落，气候温和，适合五谷生长。月支国盛产骏马和美味的水果及一种大尾巴羊，这种羊叫羬羊。——编者注）

西胡

西胡（古人对西域疏勒、于阗、乌孙、龟兹等国的泛称。——编者注）白玉山国，在大夏国东边，苍梧国则在白玉山国的西南，这两个国家都在流沙的西边、昆仑虚的东南。昆仑山在西胡的西边，它们都位于西北部。（白玉山国出产美玉。周穆王时，该国进贡一种玉杯，便是玉中之精品。——编者注）

□ 雷神

这是一种半人半兽，龙身人首的神兽，生活在雷泽之中。它只要一拍自己的肚子，天上就会打雷。

雷神

雷泽中，有一个神兽名叫雷神，它是个龙身人头、半人半兽的怪物，常在雷泽中出入。雷神喜欢拍打自己的肚子，只要它一拍肚子，就会发出轰隆隆的雷声。雷泽在吴国的西部。

都州

都州在海中。也有人称它为郁州（今江苏省连云港附近。——编者注）。

琅邪台

琅邪台在琅邪山的东边，渤海岸上（应在山东省境内。——编者注）。也有人说琅邪台在海中。琅邪山的北面也有大山。（琅邪山是越王勾践建都的地方。——编者注）

韩雁国

韩雁国在海中央，都州的南边。（其国人是十日部的后裔，伏羲氏是他们的祖先。——编者注）

始鸠

始鸠在海中央，韩雁国的南边。

会稽山

会稽山（疑在今浙江绍兴。——编者注）在大楚国的南边。

岷三江

岷山有三条江水流出：长江从汶山流出，北江从曼山流出，南江从高山流出。高山坐落在成都的西面。这三条江水最终从长州（长州即苏州。——编者注）的南面注入大海。（疑此条及以下诸条为刘歆等人将校阅的《水经》散简编入此

处。——编者注）

钱塘江

钱塘江因流经古钱塘县（今杭州。——编者注）而得名。其发源于安徽休宁、江西婺源交界的率山（率山又称天子鄣山。——编者注），向东经福建的西北方，在浙江萧山西部入海。（钱塘江受天体引力和地球自转的离心力影响，再加上杭州湾喇叭口的特殊地形所形成的特大涌潮，形成了被誉为“天下第一潮”的钱塘江潮。——编者注）

庐源水

庐源水发源于率山，在彭泽西部汇入钱塘江。

淮水

淮水发源于河南桐柏山，在河南邓县东部、桐柏西部汇入江苏涟水。

湘江

湘江发源于舜的墓葬的东南角，绕其西部汇入洞庭湖。也有一种说法认为它是绕舜墓的东南入西泽。

汉水

汉水发源于鲋鱼山，帝颛顼就葬在汉水南岸，他的九个嫔妃葬在北岸。有四条蛇围绕着保卫他们。（汉水分为几个流域：流经沔县的称沔水；东流至汉中的始称汉水；自安康至丹江口段的古称沧浪水，襄阳以下别名襄江、襄水。——编者注）

□ 四蛇

帝颛顼葬在汉水南岸，他的九个嫔妃葬在北岸，四条蛇围绕着保卫他们。

□ 第五十八图，（清）《山海经绘图广注》刻本，成或因绘图，咸丰五年（1855）刻印。

大渡河

大渡河发源于汉水西南部，在聂阳西部汇入岷江。

温水

温水发源于崆峒山，流经临汾南部，在陕西商州汇入黄河。

颍水

颍水发源于少室山，少室山在河南雍氏山南边，经河南鄢陵汇入淮水。一说叫缑氏。（相传因纪念春秋郑人颍考叔而得名。——编者注）

汝水

汝水发源于河南天息山，在河南汝州西南，在淮滨汇入淮水。也有人说，淮水在期思北面。

泾水

泾水发源于崆峒山秦长城附近，崆峒山在甘肃庆阳、镇原北部，在陕西临潼东北汇入渭水。

渭水

渭水发源于甘肃渭源西部的鸟鼠同穴山——青雀山，向东在陕西华阴汇入黄河。（渭河流域可分为东西二部：西为黄土丘陵沟壑区，东为关中平原区。——编者注）

白水江

白水江发源于四川，向东南汇入嘉陵江，绕过重庆城下。

沅水

沅水发源于广西西部、贵州南部的云雾山。往东经湖南南部汇入洞庭湖。沅水为长江支流。

赣水

赣水发源于江西大余的聂都山，行往东北，注入赣江，最后汇入彭泽西部。

泗水

泗水发源于山东东南而流向南方，转向西南后，绕过鱼台西部，经江苏淮阴北部往东南方汇入黄海。

郁水

郁水发源于象郡，经过须陵东南部，往西南方注入南海。

肄水

肄水发源于湖南临武西南，经广西西部注入南海。

潢水

潢水发源于桂阳西北山上，过敦浦西部往东南汇入肄水。

洛水

洛水发源于冢岭山，过河南荥阳西部，往东北方注入黄河。

汾水

汾水源于山西宁武管涔山，过河南武陟西部，调头东南，注入黄河。汾水为黄河第二大支流。

沁水

沁水，发源于河北井陉山东部，经过河南武陟东南，注入黄河。

济水

济水发源于王屋山南边山丘，截断大野泽，经山东东北注入渤海。

潦水

潦水（即辽河。——编者注）发源于白岔山东部，过辽阳，往东南方注入渤海。

虖沱水

虖沱水，发源于山西晋阳城南，向西过阳曲北部、河北章武北部，再向东注入渤海。

漳水

漳水发源于河南山阳东部，经章武城南，向东注入渤海。

卷十四　大荒东经

JUANSHISI DAHUANGDONGJING

《大荒东经》记述了东海之外，从少昊国、大人国、小人国、艻国、中容国、君子国、司幽国、白民国、青丘国、柔仆民、黑齿国、夏州国、玄股国、因民国、猗天苏门山、女和月母国等广大地域诸国生民的形貌特征、饮食习性、穿戴方式、地理方位及其部族神祇与历史故事。

此地域在东海之外，在今东部沿海一带。

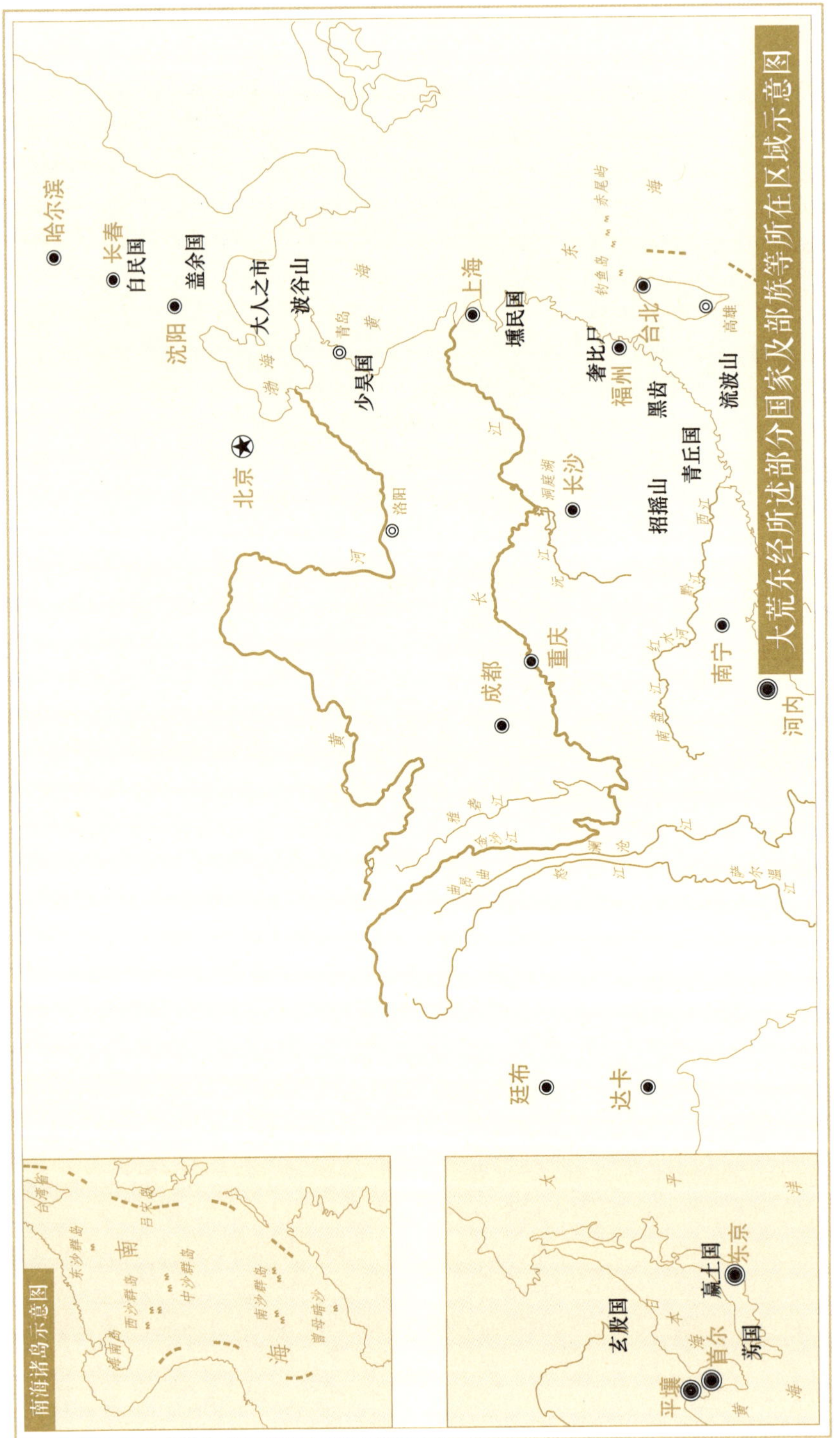
大荒东经所述部分国家及部族等所在区域示意图
哈尔滨
长春
白民国
盖余国
沈阳
大人之市
波谷山
少昊国
北京
上海
壎民国
奢比尸
福州
台北
黑齿
流波山
青丘国
招摇山
长沙
重庆
成都
南宁
河内
廷布
达卡
南海诸岛示意图
玄股国
平壤
首尔
蒍国
嬴土国
东京

大荒东经

少昊国

东海以外有一条深不见底的沟壑，那里是少昊建国的地方。少昊曾在这里养育帝颛顼直到成人，颛顼孩童时练过的琴瑟至今仍丢弃在这里。这里还有座山，叫甘山，是甘水的发源地，甘水最终在此汇流成甘渊。（少昊史称青阳氏、金天氏、穷桑氏，又名玄嚣。少昊被尊为西方大帝，据记载，其部族以鸟为图腾，在他的部落里诞生了原始的凤文化，成为汉民族的图腾之一。其子孙分化出很多姓氏，如：嬴、桑、秦、谭、徐、黄、江、李、赵、萧等。——编者注）

皮母地丘山

大荒的东南角有座大山，名叫皮母地丘山。

大言山

东海之外，大荒之中，有座山名叫大言山，是太阳和月亮升起的地方。

大人国

在波谷山附近，有个国叫大人国。大人国有大人市，是大人们做买卖的集市，集市就在那座叫大人堂的山上。有个高大的大人蹲在山上，张开他的双臂。（大人国的人高三十丈，可以活一万八千岁，男女都穿布帛衣服。——编者注）

□ **小人国**

小人国又叫靖人国。

小人国

有个小人国，人们称该国的人为靖人。

犂䰠尸

有个神仙，长着人面兽身，名叫犂䰠（líng）尸。

潏山

有座潏（jué）山，是杨水河的发源地。

蒍国

附近有个国家名叫蒍（wěi）国，百姓都以小米为食。蒍国的人会驯服老虎、豹子、熊、罴这四种野兽。

合虚山

在大荒之中，有座山名叫合虚山，是太阳和月亮升起的地方。

中容国

有个中容国，其国人是帝俊的后裔。中容国人以捕猎及吃野果为生，并能役使豹、虎、熊、罴四种野兽。

君子国

有座山名叫东口山，山中有一个君子国。君子国的人衣冠整洁，腰佩宝剑，且文质彬彬，大有君子风范。

司幽国

有个司幽国。帝俊生了晏龙，晏龙又生司幽，司幽再生思士，思士没有娶妻；司幽还生了思女，而思女终身未嫁。司幽国人以小米为主食，也能役使豹、虎、熊、罴这四种野兽。

大阿山

有座山叫大阿山。

明星山

大荒中还有座明星山，是太阳和月亮升起的地方。

白民国

有个白民国。帝俊生了帝鸿，帝鸿生了白民，白民即白民国祖先。白民国的人都姓销，以小米为食，能役使虎、豹、熊、罴四种野兽。

青丘国

有青丘国，那里有九尾狐（《海外东经》中已有叙述。——编者注）。

柔仆民

有称柔仆民的，是维嬴土国的国人。

黑齿国

黑齿国是帝俊的后裔，姓姜，以小米为食，能役使虎、豹、熊、罴四种野兽。（由此可见，圣人神化无方，导致后世多异类。——编者注）

夏州国

有个夏州国，其附近还有个盖余国。

天吴

有个神人，有八颗脑袋且有人的面孔，形貌像虎，有十条尾巴，名叫天吴。

东极山

大荒之中，有三座大山，一座叫鞠陵于天，一座叫东极，一座叫离瞀（mào），太阳和月亮从这里升起。有个神人名叫折丹——东方为折，来风称作俊——在东边主管风。

海神

东海的小岛上，有个神长着人头鸟身，双耳挂着两条黄蛇，脚下踩踏两条黄蛇，名叫禺虢。禺虢是黄帝的后代，而禺虢生了禺京。禺京住在北海，禺虢在

□ 第五十九图，（清）《山海经绘图广注》刻本，成或因绘图，咸丰五年（1855）刻印。

□ 第六十图，（清）《山海经绘图广注》刻本，成或因绘图，咸丰五年（1855）刻印。

□ 第六十一图，（清）《山海经绘图广注》刻本，成或因绘图，咸丰五年（1855）刻印。

东海，是各自管治一方的海神。

玄股国

有座招摇山，为融水的发源地。那里有个国家名叫玄股国，国人吃小米，能役使虎、豹、熊、罴四种野兽。

因民国

有因民国（或曰摇民国。——编者注），其国人都姓勾，以小米为食。因民国有个人叫王亥，经常两手抓着一只鸟吃鸟头。王亥与其弟王恒把本族部落富余的货物和牛羊从商丘运至有易氏部落（今河北省易县一带。——编者注）以物换物。有易氏部落首领绵臣见财起歹意，杀死王亥，抢走了他的货物和牛羊。王亥的儿子上甲微借助河伯的力量，诛杀绵臣，为父报仇，并将其部落驱逐出境。河伯本与有易氏相识，既而同情有易氏部民，便帮助他们迁徙并成立国家，名叫摇民国。也有种说法是，帝舜的后裔是有易氏，有易氏的后裔便是摇民。

女丑

海内有两个神人，其中一个名叫女丑。女丑有一只巨大无比的螃蟹。

孽摇頵羝山

大荒之中，有座孽摇頵羝山。山上有棵扶桑树，高三百里，叶子像芥菜。山中有个温源谷，也叫汤谷。汤谷中也有扶桑树。两个太阳从这里乘三足鸟轮流出入。

奢比尸

有个神，人头兽身，长着狗一般的耳朵，硕大的耳朵上挂着两条青蛇，名叫奢比尸。

五彩鸟

有两只神鸟，身披五彩羽毛，婆娑起舞。帝俊不耻下交，以鸟为友，帝俊在下界的两座祭坛也都是由五彩鸟守护的。

猗天苏门山

在大荒之中，有座山名为猗天苏门，是日月所出之地。那里有个壎（xūn）民国。

还有綦山、摇山、䰝（zèng）山、门户山、盛山、待山，也有五彩鸟。东荒之中，还有座壑明俊疾山，也是日月出入的地方。中容之国在其附近。

海外诸神兽

东北海外，有三青马、三骓（zhuī）马和甘华树。那里还有遗玉、三青鸟、视肉兽及甘柤树，更是庄稼生长的好地方。

女和月母国

有个国家叫女和月母国，有个神名叫鹓（wǎn）。从该国吹来的风叫做狻（yǎn）。鹓在东北角掌管着太阳和月亮，使它们不交相错乱地出没，并掌握它们在天上运行时间的长短。

□ **应龙**

应龙为化龙之精，长有一对翅膀。头大而长，吻尖，鼻子、眼睛和耳朵都很小。

应龙

在大荒东北角上，有座山名叫凶犁土丘。应龙（应龙为化龙之精，所以有翅膀。相传其为黄帝身边的神龙。——编者注）居住在山的最南边。当年，应龙奉黄帝之命诛杀了蚩尤和夸父，用尽了神力，所以不能返回天界。没有应龙掌管云雨，天下便连年干旱；后来人们造应龙神像，向天乞雨，最终得雨。

□ **夔**

这是一种牛形异兽，没有角，只有一只脚。

流波山

东海有座流波山，山离海岸七千里。

山中有一只神兽，长得像牛，青灰色的皮毛，头上没有角，只有一条腿，出入海中时必携带风雨，其吼声如雷。它身上光彩夺目，如同太阳和月亮光一般，这种神兽名叫夔。相传，黄帝捕获了它，取其皮制成鼓，再用雷兽之骨做成槌，声传五百里，威震诸侯。

卷十五　大荒南经

JUANSHIWU　DAHUANGNANJING

《大荒南经》记述了南海之外，从三身国、成山诸国、盈民国、不死国、季釐国、臷民国、蜮民国、焦侥国、伯服国、张弘之国、驩头、羲和国等广大地域诸国或部族生民的形貌特征、饮食习性、穿戴方式、地理方位及其部族神祇与历史故事。

此地域在南海之外，在今湖南、广西、云南、广东境内。

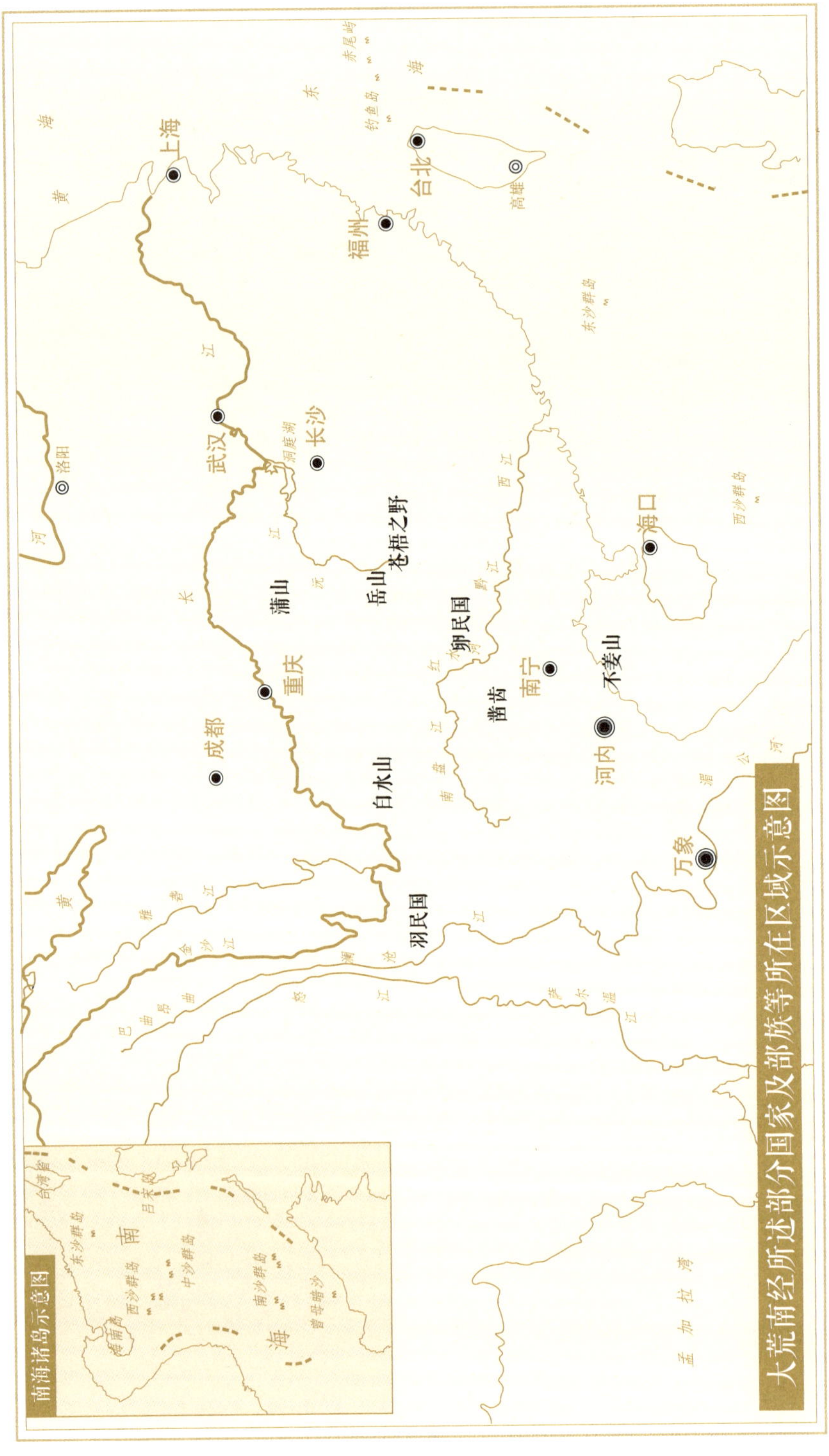

大荒南经所述部分国家及部族等所在区域示意图

大荒南经

跊踢　双双

南海之外，赤水之西，流沙以东，有个神兽左右各有一个头，名叫跊（chù）踢。此处还有三只青兽并在一起，名叫双双。

□ 跊踢

这种野兽有两个脑袋。

苍梧之野

有座阿山。南海之中，有一座氾天山，赤水流至此处即止。赤水的东面有苍梧野，是舜与他的儿子叔均被埋葬的地方。这里有紫贝、离朱、鸱鸮、苍鹰、贾、委蛇、熊、罴、象、虎、豹、狼和视肉兽等。

荣山　玄蛇

有一座荣山，荣水从那里发源。在黑水的南面，有一条黑蛇，以鹿为食。

□ 双双

这是一种多体合一（三只青兽）的奇兽。

巫山黄鸟

有一座巫山，山的西面有一种黄鸟。天帝的仙药就藏在巫山的八个斋舍中。黄鸟在巫山中，监视着黑水旁边的那条黑蛇，以防它偷吃天帝的仙药。

三身国

在大荒之中，有座不庭山，荣水流到此处即止。这里有个三身国，国人长着三个身子，他们是帝俊与娥皇的后代。他们都姓姚，以小米为食，能役使虎、豹、熊、罴四种野兽。这里有一个方形深渊，四个角均与其他水系相通：北边与黑水相连，南边和大荒相通，北倚少和渊，南连从渊，是帝舜淋浴的地方。

成山诸国

在甘水的尽头，有座成山。那儿有个季禺国，其国人是颛顼的后裔，以小米为食。另有个羽民国，该国的人身上都长着羽毛。还有个卵民国，该国的人都从卵中孵化而来。

不姜山系

大荒之中，有座不姜山，位于黑水尽头。这附近有座贾山，汔水从那里发源。附近还有言山、登备山、恝（qì）恝山、蒲山和隗（wěi）山。其中蒲山是澧水的发源地，隗山的西面蕴藏着丹沙，山的东部有玉石。隗山再往南又有座山，漂水从此山发源。附近还有尾山和翠山。

盈民国

有个盈民国，其国人都姓於，以小米为食，但饥饿时也会吃树叶。

不死国

有个不死国，其国人都姓阿，以不死树为生。

去痓山

大荒之中，有座山名叫去痓（chì）山。南极果，北不成，去痓果（“南极果，北不成，去痓果。”这句可能是巫师的咒语。——编者语）。

不廷胡余

在南海沙洲中，有个神人名叫不廷胡余，长得像人，耳朵上挂着两条青蛇，脚下踩着两条红蛇。

因因乎

有个神名叫因因乎，南方人叫他因乎。从南方吹来的风称作民。因因乎在大地的最南端，主管风。

季釐国

有一座襄山和重阴山。有人吞食野兽，他名叫季釐（lí）。季釐为帝俊所生，所以该国被称为季釐国。有一个大渊被称为缗（mín）渊。那儿的人叫倍伐人，是少昊的后裔。缗渊旁边有个像坛一样的方形水池，名叫俊坛。

䰠民国

有个国家叫䰠（zhí）民国。帝舜生了无淫，无淫被贬到䰠这个地方，他的子孙就是所谓的巫䰠民。巫䰠民的百姓都姓朌，吃五谷杂粮。该国人不从事纺织，自然都有衣服穿，因为那里盛产布帛；他们不事耕种，却有粮食吃，因为那里的五谷自己生长，可见其丰衣足食。那里的鸾鸟和凤凰自由自在地歌唱和舞蹈。那里的野兽成群出没，也是各种农作物汇聚的地方。

融天山

在大荒之中，有座山叫融天山，有海水从其南面流过这座山。

凿齿之死

有个神名叫凿齿，被羿用箭射死。

蜮民国

有一座蜮（yù）山，山中有个蜮民国。国人都姓桑，以小米和蜮为生。国内有个人善于引弓猎杀黄蛇，他名叫蜮人。（蜮像鳖一样，会含沙射影，即口含沙粒射人或射人的影子，射中之人就要生疮，被射中影子的也要生病。而蜮人则专门除此害。——编者注）

育蛇

有一座宋山，山中有一种育蛇，通体红色。山上还生长一种树，名叫枫木。枫木是蚩尤被杀之后，黄帝摘去他的刑具以后幻化而成的一种树。

祖状尸

有个神人，牙齿为方形，长一条虎尾，名叫祖状尸。

□ 第六十二图，（清）《山海经绘图广注》刻本，成或因绘图，咸丰五年（1855）刻印。

□ 第六十三图，（清）《山海经绘图广注》刻本，成或因绘图，咸丰五年（1855）刻印。

焦侥国

有一座焦侥国，其国人都非常矮小。焦侥国的人都姓幾，以小米为食。

禹攻云雨

在大荒之中，有座山名叫歹涂山，位于青水的尽头。歹涂山附近还有座云雨山，山中有很多栾树。据说大禹到云雨山伐树以治水，发现栾树长在红色的石头上，这种树的树干是黄色的，红色的枝杈，青色叶子，它的枝、叶、果实都是帝王们的神药。（也有人说云雨山就是巫山。——编者注）

伯服国

有一个伯服国，伯服国是颛顼的后代，以小米为食。还有个鼬（yòu）姓的国家。伯服有苕山、宗山、姓山、壑山、陈州山、东州山和白水山。白水从白水山发源，河水积而生成白渊，昆吾（相传昆吾为陶器的发明者。——编者注）的军队在这里洗过澡。（陆终娶鬼方氏的妹妹女贵，怀孕三年也不生产。后来，人们剖开她的左胳膊窝，生下了三个孩子，再剖开她的右胳膊窝，又生下三个孩子。右边第一个叫樊，即昆吾。据此可以看出昆吾也是古代英雄之一，其后代繁衍成了许多重要的姓氏，包括黄、苏、顾、温、董、彭、曹、娄等。——编者注）

张弘之国

有种叫张弘的人，在海上以捕鱼为生。他们的国家在海中，叫张弘国，该国的人以鱼为食，可以役使虎、豹、熊、罴四种野兽。

驩头

有种人，长着鸟喙，生有翅膀，擅长在海中捕鱼。

大荒之中，有驩头人。据说鲧的妻子名叫士敬，士敬生了炎融，炎融又生了驩头。驩头长着人面鸟喙，有翅膀，捕食海鱼，他可以利用翅膀在水面上滑行。驩头的后人建立了一个国家叫驩头国，该国人以芑、苣、穋和杨树叶为食。

岳山

帝尧、帝喾和帝舜都葬在岳山。那里有花斑贝、离朱鸟、猫头鹰、老鹰、两头蛇、视肉兽、熊、罴、虎、豹等鸟兽；那里还有一种朱木，红色的枝条，青色的叶子，黑色的果实。那里还有座山名叫申山。（帝喾、帝尧、帝舜都是圣明的天子，特别是帝舜，是个孝子。舜生活在“父顽、母嚣、象傲”的家庭环境里，家人都想置他于死地。有次舜的父亲瞽叟让舜修补仓房的屋顶，却在下面纵火焚烧仓房。舜靠两只斗笠作翼，从房上跳下，幸免于难。后来瞽叟又让舜掘井，井挖得很深了，瞽叟和弟弟象却在上面填土，要把井堵上，将舜活埋在里面。幸亏舜事先有所警觉，在井筒旁边挖了一条通道，从通道穿出，躲了一段时间。瞽叟和象以为阴谋得逞，象说这主意是他想出来的，分东西时要琴，还要尧的两个女儿给他做妻子，只把牛羊和仓房分给父母。象住进了舜的房子，弹奏舜的琴，舜去见他，象大吃一惊，假惺惺地说：“我正在忧伤地想念你啊舜！”舜也不放在心上，一如既往地孝顺父母，关怀兄弟，只是比以前更加诚恳谨慎。——编者注）

天台山

在大荒之中，有座很高的山，名为天台山，海水从它的南面流入山中。

羲和国

在东海之外，甘水流域，有个羲和国。那里有个女子名叫羲和，她时常在甘渊为太阳儿子洗浴。羲和是帝俊的妻子，也是太阳之母，她一共生了十个太阳。（疑此条应归于《大荒东经》。——编者注）

盖犹山

有座盖犹山，山上有甜柤树，这种树有红色的树干、黄色的叶子、白色的花朵和黑色的果实。山的东面有甘华树，这种树也生有红色的枝干和黄色的叶子。山上有青马和赤马，名叫三骓马。山中还时有视肉兽出没。

菌人

有一种身材矮小的人，名叫菌人（个子极小，高不过一寸，穿红衣戴圆帽，乘白色的马车出行。人们吃了他的肉，可以驱虫，并能识别各种动物和植物。除此之外，还能杀死腹中的三种虫子，一旦这三种虫子死了，人才可以服仙药。——编者注）。

南类山

有座南类山，山中有遗玉、青马、三骓马、视肉兽、甘华树等，此处百谷生长繁茂。

卷十六　大荒西经

JUANSHILIU　DAHUANGXIJING

《大荒西经》记述了西北海之外，从淑士国、白民国、长胫国、西周国、天民国、北狄国、沃野、女子国、丈夫国、轩辕国、寒荒之国、寿麻国、盖山国、一臂民、三面一臂人、氐人国等广大地域诸国或部族生民的形貌特征、饮食习性、穿戴方式、地理方位及其部族神祇与历史故事。

此地域在西北海外，在今新疆、甘肃、四川、云南境内。

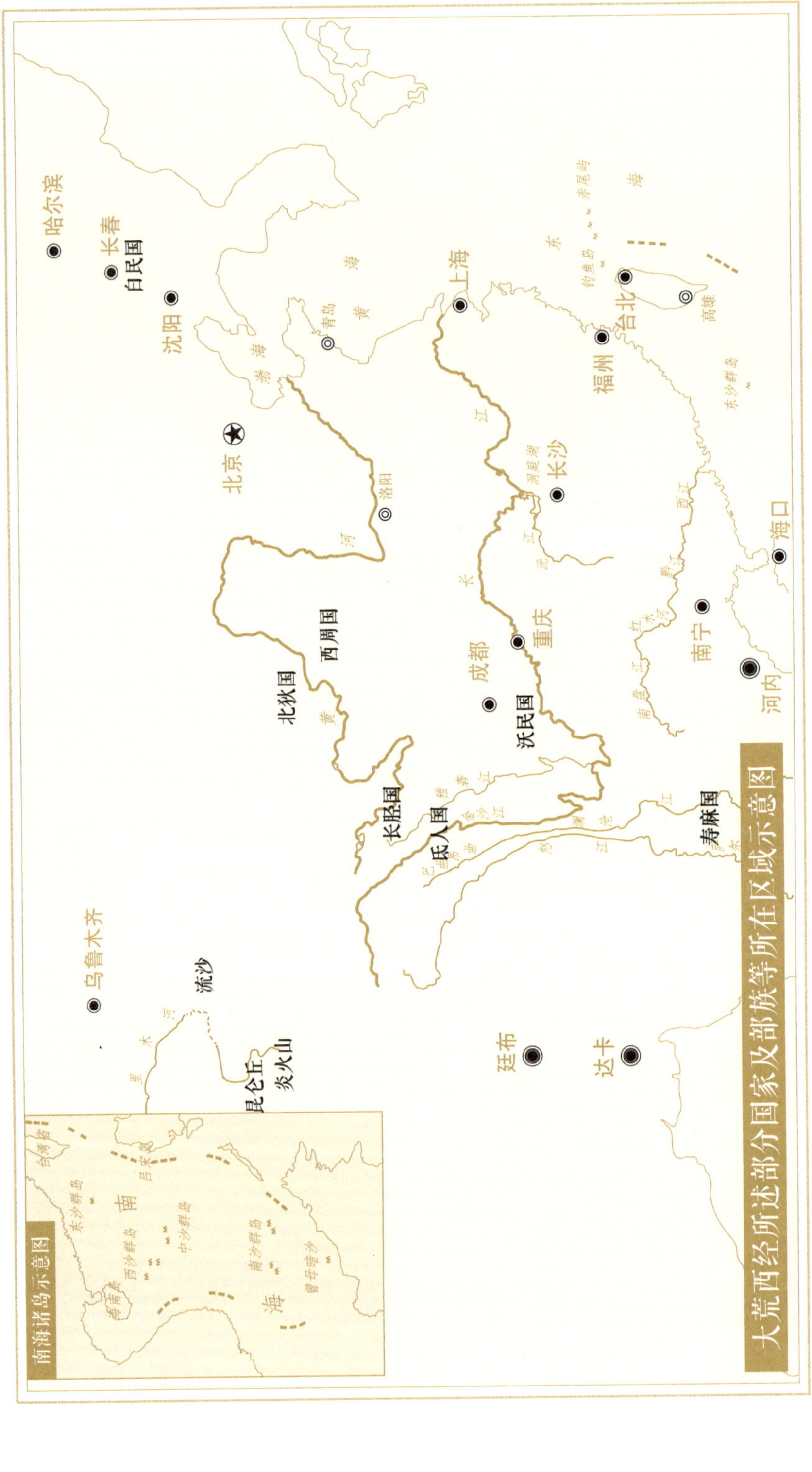
大荒西经所述部分国家及部族等所在区域示意图
南海诸岛示意图
哈尔滨
长春
白民国
沈阳
北京
上海
福州
台北
长沙
重庆
成都
西周国
北狄国
沃民国
长胫国
氐人国
寿麻国
南宁
河内
海口
乌鲁木齐
流沙
昆仑丘
炎火山
廷布
达卡

大荒西经

不周

在西北海之外，大荒的一角，有座山，山形断裂合不拢，名叫不周山，有两只黄色的神兽守护着它。有一眼泉水叫寒暑水。水的西边有座湿山，东边有座幕山，还有一座禹攻共工国山。

淑士国

有个淑士国，国人是颛顼的后裔。

女娲之肠

有十个神人，因是女娲的肠子变成的，所以叫女娲之肠，他们都定居在栗广野，就像肠一样横在道路中。（女娲人首蛇身，一日中七十变化，以黄泥仿照自己抟土造人，创造人类社会并建立婚姻制度；后因世间天塌地陷，于是熔彩石来补苍天，斩断鳌足来支撑四极。——编者注）

□ **女娲补天**

水神共工氏和火神祝融氏在不周山大战，结果共工氏因为大败而怒撞不周山，导致天塌地陷。后来，女娲用五彩石将天补好。

石夷

有个神人叫石夷，西方叫他夷。吹来的风叫韦，石夷居住在大荒西北角，主管太阳和月亮的运行。

狂鸟

有个身长五彩羽毛的神鸟，头上有冠，名叫狂鸟。

白民国

有座山名叫大泽长山，山中有个白民国。

长胫国

在西北大海之外，赤水河之东，有个国家叫长胫国。

西周国

有个西周国，该国人姓姬，以五谷为食。国中有个人善耕种，名叫叔均。后稷是帝俊的后裔，他曾经到天上将各种农作物的种子带回人间。后稷的弟弟台玺生叔均。叔均代替他父亲及后稷播种各种农作物，并教人耕作之法。西周国有个赤国妻氏，还有座双山。

方山

西海之外，大荒之中，有座山叫方山。山上有棵青松，叫柜格松，是太阳和月亮升落的地方。

天民国

在西北海外，赤水以西，有个天民国。他们以五谷为食，能够役使虎、豹、熊、罴四种野兽。

北狄国

有个北狄国。国人是黄帝的孙子始均的后裔。

北狄国附近有芒山，有桂山，有榣山。山上有个神人叫太子长琴。颛顼生老童，老童生祝融，祝融生太子长琴。太子长琴居住在榣山上，始作乐曲并流行于世。

五彩神鸟

有三种长着五彩羽毛的鸟，分别叫做皇鸟、鸾鸟、凤鸟。

异虫

有一种虫子，它的形状与兔子相似，除胸脯以外的部分全部裸露着，它的皮毛青得像猿猴，把裸露的部分遮住了。

丰沮玉门山

在大荒之中，有座山名叫丰沮玉门山（丰沮、玉门可能分别是两处关隘。在甘肃省酒泉市。——编者注），是太阳和月亮降落的地方。

灵山十巫

有一座灵山，山中生长着各种草药。巫咸、巫即、巫朌、巫彭、巫姑、巫真、巫礼、巫抵、巫谢、巫罗这十个巫医都在此山中采过药。

沃野

有座西王母山，附近是壑山和海山。那里有个沃民国，其国人称为沃民。沃野的百姓以凤鸟蛋为食，饮甘露。那里有各种珍奇美味，还有甘华树、甜柤树、白柳、白木、视肉兽、三骓马、璇瑰玉、瑶碧玛瑙及琅玕、白丹、青丹等，并盛产银、铁。那里凤鸟和鸾鸟自由歌舞，百兽成群，物产极为丰富。

三青鸟

有三只青鸟，头是红色的，眼为黑色。一只名叫大鵹，一只名叫少鵹，一只名叫青鸟。

轩辕台

有座大土台叫轩辕台，射箭的人常常会因敬畏黄帝的威灵而不敢向此方向（向西）放箭。

龙山

在大荒之中，有座龙山，是太阳和月亮降落的地方。有三片大沼泽地，名叫三淖，属昆吾的封地，其国人在此觅食。

女丑尸

有个人穿着青色的衣服，用袖子遮住面部，她的名字叫女丑尸。

女子国　丈夫国

有个女子国，还有个丈夫国。（相传大禹率众西行曾到过女子国和丈夫国，发现

□ 第六十四图，（清）《山海经绘图广注》刻本，成或因绘图，咸丰五年（1855）刻印。

□ 第六十五图，（清）《山海经绘图广注》刻本，成或因绘图，咸丰五年（1855）刻印。

女子国中只有女子而无男子，丈夫国则只有男子而没有女子，于是大禹萌生了让两国结姻的想法。不过由于彼此之间有太多猜忌，后为夏耕阻拦，姻缘未成。——编者注）

桃山

有座桃山。附近有宝山、桂山和于土山。

弇州山

有座弇（yǎn）州山（可能在今山东兖州。——编者注），山上有只五彩鸟正仰头朝天，这只鸟叫鸣鸟。各种乐曲和歌舞在此风行。

轩辕国

有个国家名叫轩辕国。人们喜欢住在江山的南边，认为这样吉祥。该国人寿命长，最少也可活到八百岁。

弇兹之神

西海沙洲中，有个神长着人头鸟身，耳垂上挂着两条青蛇，脚下踩踏着两条红蛇，他名叫弇兹。

吴姖天门山

在大荒中，有座日月山，是天的枢纽。其主峰为吴姖天门山，是太阳和月亮降落的地方。山上有个神人，长着人面，没有胳膊，两脚朝上，连接着头，名字叫嘘。颛顼生老童，老童有两个儿子，一个叫重，一个叫黎，帝颛顼令重举着天，令黎压着地，天和地从此分开。黎生了噎，噎就处在大地的最西端，主管着太阳、月亮和星辰运行的次序。

天虞

有个神人双臂反长着，名叫天虞。

月母常羲

常羲是帝俊的妻子，也是月的母亲，她一共生了十二个月亮。为保持月亮的皓洁，常羲每天都要给月亮洗浴。

玄丹山

有一座玄丹山。山上有一种五彩羽毛的鸟。那鸟长着人面孔且有头发。这里还有青鸾（wén）鸟、黄鷔（áo）鸟，即青鸟、黄鸟这两种鸟聚集在哪个国家，哪个国家便有亡国之祸。

孟翼攻颛顼池

有个大池，名叫孟翼攻颛顼池。

鏖鏊钜山

大荒之中，有座高山，名为鏖鏊钜山，是太阳和月亮降落的地方。

屏蓬

有一种怪兽，其左边和右边各长着一个头，它名叫屏蓬。

三神山

有三大神山，分别是巫山、壑山、金门山。金门山上有人叫做黄姖尸。山中有比翼鸟。并有一种白鸟，长着青色的翅膀和黄尾巴，黑嘴壳，不知叫什么名字。有只红毛狗，名叫天犬。天犬到哪里，哪里就会有战事。

□ 天犬

它全身长着红毛，它到哪里，哪里就会有战事。

昆仑西王母

西海的南面，流沙的尽头，黑水的前面，赤水的后面，有座大山名叫昆仑丘，山中有世间万物。山上有个神，人首虎身，尾巴上有许多白色斑点。昆仑丘被弱水的大渊环绕着，渊外有座炎火山，一投进东西就会燃烧起来。山上有个神人，她头戴玉胜，长着虎牙豹尾，居住在洞穴中，她就是西王母。

常阳山

大荒之中，有座山名叫常阳山，是太阳和月亮降落的地方。

寒荒之国

有个寒荒国，国中有两位女神，一位手拿盛酒的觯，叫女祭；另一位手持肉板，叫女薎。

寿麻国

有个寿麻国。据传，南岳娶了州山的女儿女虔。虔生下季格，季格生下寿麻。寿麻没有影子，他放声大喊却听不到回声。寿麻国十分炎热，常人无法到达和居住。（据说寿麻国人的祖先来自大地的最南端。寿麻在世时，发生过一次大地震，幸亏寿麻那时早有防备，带领乡亲们乘船北逃，到得此地，虽然气候恶劣，但是都保全了性命。于是大家感激寿麻，奉他为王，并定国名为寿麻国。传说中有个没有影子的人，叫玄俗，自称来自河间。他在市集上卖药，七粒药只卖一文钱。有王某患怪病，服了他的药，拉了十几条蛇，病就好了。王某父亲知道玄俗这个人，见他没有影子，猜他可能来自寿麻国。——编者注）

夏耕之尸

有个人没有脑袋，手拿盾和戈立在山顶，名叫夏耕尸。当年成汤将夏桀打败于章山上，夏耕勇猛，冲在前头，结果被成汤砍掉了头，但他没有倒下，而是逃到巫山，一直站在那里。

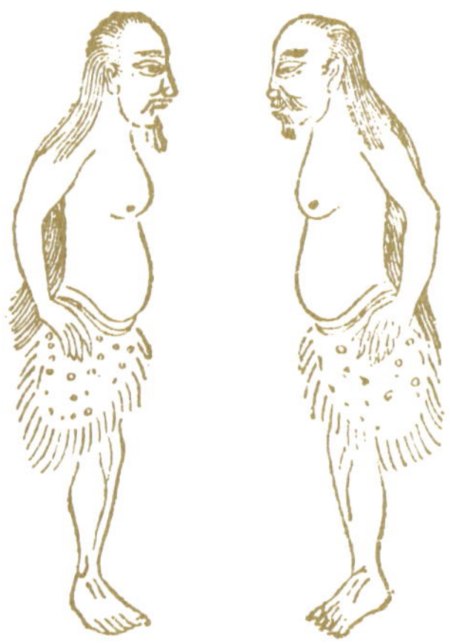

□ **一臂国**

一臂国的人只有一条胳膊、一只眼睛和一个鼻孔。

吴回

有个神名叫吴回，他只有一只左臂，没有右臂。

盖山国

有个盖山国，这个国家有一种树，枝干和树皮都是红色的，叶子是青色的，这种树叫朱木。

一臂民

有种人只有一条胳膊，人们称其一臂民。

大荒山

在大荒中，有座山名叫大荒山，是太阳和月亮降落的地方。

三面一臂人

有种人，头的正面和两边各长一张脸，只有一条胳膊，他们是颛顼的后裔，人称三面一臂人。这种人长生不老，生活在大荒中。

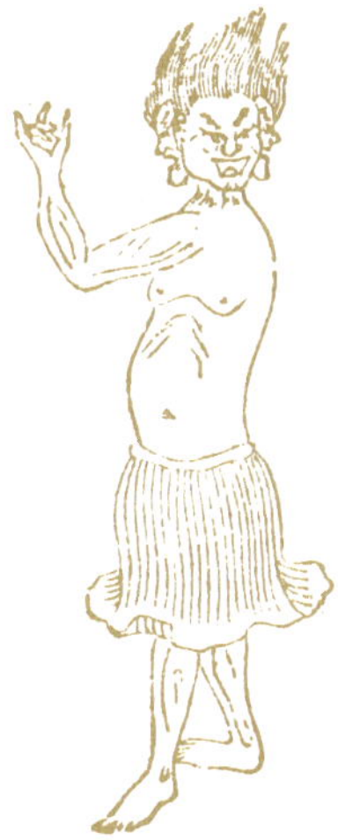

□ 三面一臂人

这种人长着三张脸，只有一条胳膊。

夏后开

西南海之外，赤水之南，流沙以西，有个人双耳垂着两条青蛇，乘两条巨龙出入，他名叫夏后开。他向天帝献上了三个美女，得到天帝所赐的《九辩》和《九歌》而下到人间。后来，他在高两千仞的天穆野演奏《九招》。

氐人国

有个氐人国。炎帝（炎帝即神农，当时有只丹雀口衔九穗禾飞过这里，九穗禾的种子掉落在地上，炎帝拾起它种在田里，不久就长出了新的九穗禾，人们吃了这种种子，不但可以充饥，还能长寿。——编者语）的孙子名叫灵恝，灵恝生了氐人。氐人能乘云驾雾，在天界和人间来去自由。

□ 蜀鸟

这种鸟身体为黄色，脚为红色，长有六个脑袋。

鱼妇

有一种鱼，半边身子干枯，一半是人形，一半是鱼体，人们称她为鱼妇。据说鱼妇是颛顼死后幻化而成的。颛顼是昌意的儿子，在他死的时候，刚巧北风吹来，海水被风吹得奔流而出，蛇变成了鱼。已经死去的颛顼便趁着蛇即将变成鱼而未定形的时候，把生命寄托到鱼的躯体中，死而复生。

鸀鸟

有一种青鸟，叫鸀（chù）鸟，它的身子是黄的，长着红色的脚，有六个头。

常羊山

有两座大山，大巫山和金山。在这两座山的西南，大荒的角落里，还有偏句山和常羊山。

卷十七　大荒北经

JUANSHIQI　DAHUANGBEIJING

《大荒北经》记述了东北海之外，从胡不与国、不咸山、大人国、叔歜国、北齐国、始州国、毛民国、儋耳国、无肠国、深目民国、犬戎、一目人、无继民、中辐国、犬戎国、牛黎国等广大地域诸国或部族生民的形貌特征、饮食习性、穿戴方式、地理方位及其部族神祇与历史故事。

此地域在东北海外，在今西北至东北一带。

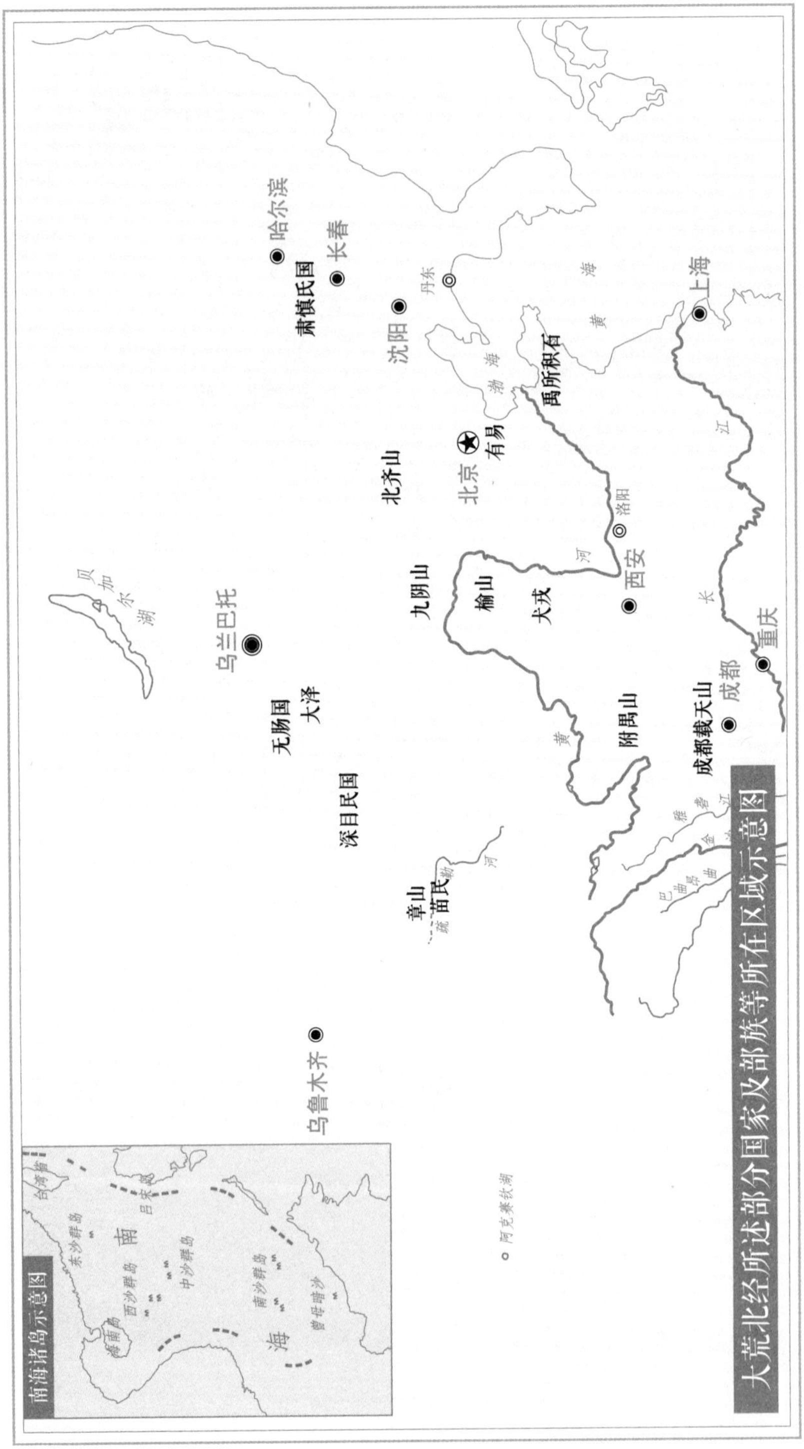

大荒北经所述部分国家及部族等所在区域示意图

大荒北经

附禺山

在东北海之外，大荒之中，黄河流经的地方，有座大山叫附禺山，帝颛顼与他的九个嫔妃便葬在那里。据说那里有猫头鹰、花斑贝、离朱、鸾鸟、凤鸟及颛顼的各种殉葬品。还有青鸟、琅鸟、燕子、黄鸟、虎、豹、熊、罴、黄蛇、视肉兽、璋玉、瑰玉、瑶玉、碧玉等。陵墓方圆三百里，丘南有一大片竹林，叫帝俊林。竹林高大挺拔，可以做船。竹林之南有赤泽，名叫封渊。还有三棵无枝的桑树，都有百仞之高。丘西有个大渊叫沈渊，是颛顼沐浴的地方。

胡不与国

有个国家叫胡不与国，国人全都姓烈，以小米为食。

不咸山

大荒之中，有座不咸山。那里有个肃慎氏国，国中有一种野兽叫蜚蛭，长有四个翅膀。还有一种虫，长着兽头蛇身，名叫琴虫。

大人国

有种人叫大人。他们所在的国家叫大人国，国人姓釐，以小米为食。该国有一种巨蟒，头是黄色的，专门吞食鹿一类的野兽。

榆山

有座山叫榆山。还有座山叫鲧攻程州山。

衡天山

大荒当中，有座山叫衡天山，还有座先民山。有一棵盘曲的参天大树，占

□ 第六十六图，（清）《山海经绘图广注》刻本，成或因绘图，咸丰五年（1855）刻印。

□ 第六十七图，（清）《山海经绘图广注》刻本，成或因绘图，咸丰五年（1855）刻印。

地广达千里。

叔歜国

有个国家叫叔歜（chù）国，是颛顼的后代。他们以小米为食，能役使虎、豹、熊、罴四种野兽。国中还有一种像熊的野兽，名叫猎猎。

北齐国

有个北齐国，国人都姓姜，能役使虎、豹、熊、罴四种野兽。

先槛大逢山

大荒之中，有座山名叫先槛大逢山，黄河水和济水流过这里，海水从山的北面灌注。山的西边也有座山，名叫禹所积石山。

始州国

有座阳山。阳山附近有座顺山，顺水从那里发源。那附近还有个始州国，国中有座山叫丹山。

大泽之鸟

有一片大的沼泽，方圆千里，群鸟在这里换新羽毛。

毛民国

有个毛民国，国人都姓依，以小米为食，会役使虎、豹、熊、罴四种野兽。大禹生了均国，均国生了役采，役采生了修鞈（gé），修鞈杀了绰人（绰人脸上、身上都是毛。——编者语）。黄帝悯念绰人，便默许他的后代重建一个国家，这就是毛民国。

儋耳国

有个儋（dān）耳国，国人都姓任，是禺号神的后裔，以小米为食。在北海的一个沙洲上，有个神人，人面鸟身，耳朵上挂着两条青蛇，脚下踩踏着两条红蛇，名叫禺疆。

北极天柜山

大荒之中，有座山叫北极天柜山，海水从山的北面灌注进来。那里有个神，有九颗脑袋，长着人的面孔和鸟的身子，名叫九凤。还有个神，嘴里叼着蛇，手里拿着蛇，虎头人身，有四只蹄，肘臂很长，名叫彊良。

□ 禺彊

他长着人面鸟身，耳朵上挂着两条青蛇，脚踩两条红蛇。

成都载天山

在大荒之中，有座山叫成都载天山。山上有个神人，双耳挂着一条黄蛇，双手各握着一条黄蛇，他名叫夸父。后土生了信，信生了夸父。夸父不自量力，想捉住太阳，准备在禺谷这个地方把太阳逮住。夸父中途口渴，喝干了黄河还不解渴，于是准备到北方的沼泽去喝水，结果被渴死在路上。另一种说法是：应龙相继杀了蚩尤和夸父后，他的神力耗尽不能回到天上，所以南方的雨水多。

□ 九凤

这种鸟人面鸟身，长着九个脑袋。

无肠国

又有个无肠国，国人都姓任，是无继国人的后代，以鱼为主食。

相繇之祸

共工有一个臣属名叫相繇（yóu）。他长着九个头，身体像蛇一样蜷成一团。他独霸九座神山，享受着九座山的食物。他呕吐而成的沼泽，气味非辣即苦，百兽不敢靠近。大禹治理洪水时，杀死了

□ 彊良

彊良神嘴里叼着蛇，虎头人身，有四只蹄子。

相繇，相繇流出的血腥臭，所喷洒的地方五谷不生。他的血膏滂流，化成一片汪洋，人们根本无法居住。大禹去堵这片大水，堵了三次，结果塌陷了三次，后来只好挖成了一个水池，诸帝用挖出的土建起了几座高台，位于昆仑山的北边。

岳山

有一座岳山，那里有一种十分高大的竹子，叫寻竹。

不句山

在大荒之中，有座山叫不句山，海水从北面流至那里。

系昆山

有座系昆山，附近有共工台，射箭的人因畏惧共工神威而不敢向北发射。山中有个青衣女子，名叫黄帝女魃（bá）。当年蚩尤兴兵讨伐黄帝，黄帝命令应龙大战蚩尤于冀州野。应龙能积水，蚩尤便请来风伯、雨师，放纵狂风暴雨使应龙不能再积储。黄帝便派旱神魃助战，魃一到，雨便停了，蚩尤兵败被杀。但魃耗尽神力而不能重返天宫，她在人间的居住地也滴雨不下。叔均将这件事禀报黄帝，黄帝立刻将女魃迁徙到偏远的赤水北面，叔均当了管农田的神。魃只好四处流亡，所到之处都会出现旱情，人们总会驱逐她，并祷告说："神啊，请速速北去吧！"祷告之前要事先清除水道，疏通大小沟渠。

深目民国

有个深目民国，国人都姓昐（fēn），以鱼为主食。

钟山

有座钟山，山上有个青衣女子，她名叫赤水女子魃。

犬戎

大荒之中，顺水的尽头，有座山名叫融父山。那里有个叫犬戎的民族。黄帝生了苗龙，苗龙生了融吾，融吾生了弄明，弄明生了白犬。白犬有一雌一雄，自相繁衍，后成犬戎族，他们以肉为主食。有一种红色的野兽，形状像马却无头，它名叫戎宣王尸。

齐州山

有座山名叫齐州山，其附近有君山、鬵（qián）山、鲜野山、鱼山。

一目人

有种人，只在面部正中央长了一只眼睛。据说他们都姓威，是少昊的后裔，以小米为食。

无继民

有个叫无继民的民族，他们都姓任，是无骨民的后裔，吃鱼为生，擅长吐纳。

中辐国

西北海外，流沙以东，有个中辐国，其国人是颛顼的后裔，以小米为食。

犬戎国

有个赖丘国。还有个犬戎国，犬戎国的人都是人面兽身。

西北海外，黑水以北，有个民族的人身上都长有双翅，叫苗民。颛顼生了驩头，驩头生了苗民，后形成苗民。苗民国人姓釐，以肉为食。苗民国有座山叫章山。

若木

大荒之中，有衡石山、九阴山、灰野山。山上有一种红色的树，青叶，开红花，名叫若木（其生长在昆仑山的最西部，红光普照大地。——编者注）。

牛黎国

有个牛黎国。其国人有筋无骨，是儋耳国人的后裔。

烛龙

西北海之外，赤水以北，有座山叫章尾山（在今青海省境内。——编者注）。

山上有个神，人面蛇身，全身通红，身长达千里，双眼眯成一条缝。他闭上眼睛就是黑夜，睁开眼睛便是白天。他不吃不睡也不休息，能呼风唤雨，并能照亮一切幽暗阴深之处，它便是烛龙。

卷十八　海内经

JUANSHIBA　HAINEIJING

《海内经》记述了海内各方位，从朝鲜、天毒、壑市国、氾叶国、韩流、盐长国、巴国、流黄辛氏国、朱卷国、嬴民国、苗民、先龙、幽都山、钉灵国等广大地域诸国或部族生民的形貌特征、饮食习性、穿戴方式、地理方位及其部族神祇与历史故事。

此地域在海内诸地，在东至今日本、西至今中亚、南至今中南半岛、北至今俄罗斯一带。

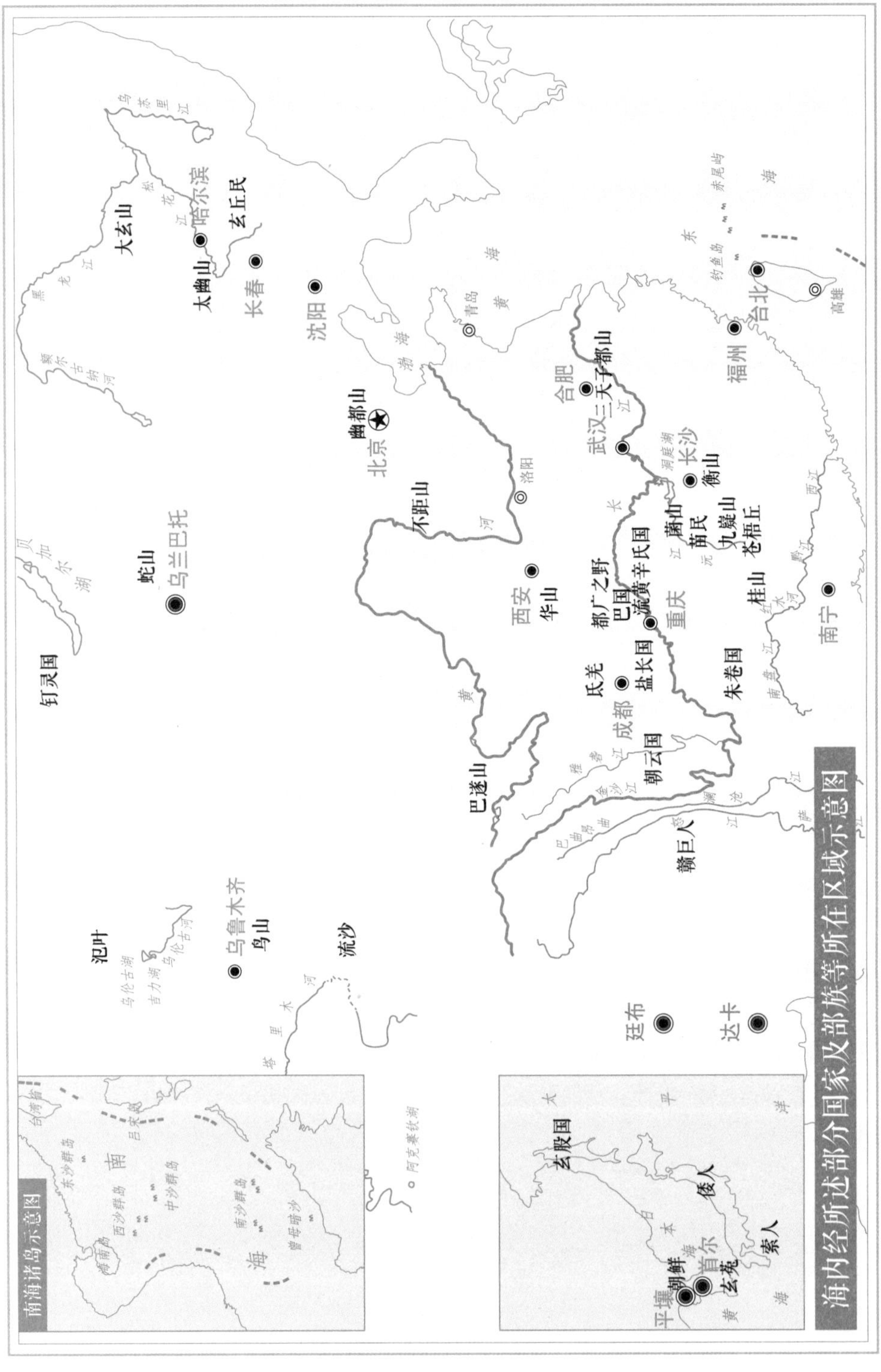

海内经所述部分国家及部族等所在区域示意图

海内经

朝鲜 天毒

在东海以内，北海的一角，有个国家名叫朝鲜。有一个国家名叫天毒（此天毒可能不是印度，因为方向反了，或许为东夷九族之东屠。——编者注）。那里的人傍水而居，常修善心，从不杀生。

壑市国

西海之内，流沙之中，有个国家叫壑市国。

氾叶国

西海之内，流沙之西，有个国家名氾叶国。

鸟山

流沙的西面，有座山名叫鸟山，山中有很多杂珍奇货。有三条河都发源于此。那里藏有黄金、璿瑰、丹沙、银、铁等矿藏。附近有座山名叫淮山，好水从此山发源。

韩流

流沙的东面，黑水的西面，有朝云国和司彘国。黄帝的妻子雷祖生了昌意，昌意从天而降，被贬到若水，又生下了韩流。韩流有着长长的脑袋，小耳朵，人脸，猪嘴巴，麒麟的身子，罗圈腿，脚像猪蹄。他娶了淖子族的阿女，生下了帝颛顼。

不死山

流沙的东面，黑水流过之处，有座山叫不死山。

□ 第六十八图，（清）《山海经绘图广注》刻本，成或因绘图，咸丰五年（1855）刻印。

肇山

在华山和青水的东面，有座山名叫肇山。山上有个仙人叫柏子高。柏子高便是从此山上天入地。

都广之野

在黑水的西南方，有片原野叫都广野，那里有后稷的陵墓。其地方圆三百里，在天和地的中心，素女出现在这个地方。此处出产菽、稻、黍、稷等各种谷物，冬夏都可以播种。鸾鸟和凤鸟在这里自由歌舞。灵寿树在此地开花结果，各种草木丛生。这里还有许多种野兽群居在一起。这里的草木终年不枯。

若木

在南海以内，黑水和青水之间，有种树名叫若木，若水便自那里发源。

蝡蛇

有个禺中国，还有个列襄国。有座灵山，山里的树上有一种红蛇，名叫蝡（ruǎn）蛇，它不食禽兽，只吃树木。

盐长国

西海之中，有个盐长国，这里的人长着鸟一样的脑袋，名叫鸟氏。

建木

有九座被水环绕的山丘，分别为陶唐丘、叔得丘、孟盈丘、昆吾丘、黑白丘、赤望丘、参卫丘、武夫丘、神民丘。山上有棵神树，青叶紫茎，黑花黄果，名叫建木。建木的树干高百仞，但不生长枝条，只在树顶上有九根盘桓曲折的枝丫，树下有九条盘旋交错的根。其果实像麻子，叶子像芒树叶。大皞（hào）神从这棵树上天下地，据说是黄帝特意安排的。

窫窳　猩猩

有种兽叫窫窳，脑袋像龙，吃人。还有一种青兽，长得像人，名叫猩猩。

巴国

西南方有个巴国。大皞生了咸鸟，咸鸟生了乘釐，乘釐生了后照。后照便是巴国人的始祖。（大皞，即太昊，伏羲氏。伏羲有个后代叫务相，属巴氏氏族。巴氏与樊氏、曋氏、相氏、郑氏这四族人聚居在南方武落钟离山的洞穴之中。这五个氏族没有共同的首领。族中长老便商定：五族中最强者可称王，统领五族。通过较量，务相获胜，于是五族人奉务相为王，即“廪君”。山中贫瘠，于是廪君带着整个部族顺着夷水沿江而下，寻找沃土。不久，他们来到盐泽。盐泽中有个女神，对廪君十分爱慕，便对廪君说：“盐泽之地盛产鱼和盐，希望你和你的部族就留在这里，不要再四处奔波了。”但廪君有更远大的志向，所以没有答应盐泽女神的请求。痴心的女神却希望用真心来打动自己的心上人，于是她每天晚上悄悄跑来陪伴廪君，天亮便化为萤火虫离开。山林水泽中的许多精灵同情盐泽女神，也一起变成许许多多的萤火虫飞舞在天空中。萤火虫越聚越多，让廪君他们分辨不清方向，导致无法起程。这样的状况一直持续了七天七夜。廪君万般无奈，只好从头上拔下一缕发丝，派人送给盐泽女神，并说：“廪君送给你这缕青丝，表示愿和你同生共死，请务必把它带在身上。”盐水女神不知是计，便高高兴兴地把发丝带在身上。次晨，当她又化成萤火虫欢快地同精灵们漫天飞舞，有那缕青丝作记号，廪君便认出了她，于是他踏上一块天雨初晴的阳石，挽弓搭箭，朝着青丝一箭射去，盐泽女神当场就被射落于水面，渐渐沉没了。萤火虫们被吓得四散逃走，无影无踪。霎时，大地一片明朗，五族人欢呼雀跃。廪君带着他的部族出发，最终到了一个丰饶之地，并在那里建起了雄伟的都城，名叫夷城。他们的子孙就在那座城里繁衍下去，并发展成为中国西南一个强大的氏族——“巴族”，也叫巴国。——编者注）

流黄辛氏国

有个国家名叫流黄辛氏国，其疆域方圆三百里。该国有一种麈兽，有一座巴遂山，渑水发源于那座山。

朱卷国

有个朱卷国。该国有一种黑蛇，青色的头，能吞象。

赣巨人

南方有种赣巨人，长着人脸，嘴唇特长，身上长满黑毛，脚是反长的，见人笑他也跟着笑，一笑嘴唇就会遮住他的脸面，人一靠近，他就立即逃走。

黑人

有一种黑人，脑袋像虎，长着鸟足，两手握蛇，想要吃掉它。

嬴民国

有个嬴民国，那里的人脚像鸟足一样。还有一种叫封豕的大野猪。

苗民

有种人叫苗民。那里有位神，人头蛇身，身躯长长的像车辕，两个头，穿紫衣，戴毡帽，名叫延维，谁得到它并用厚礼祭祀，便可称霸天下。

鸾凤

有鸾鸟自在地鸣唱，有凤鸟自由地起舞。凤鸟头上的花纹是“德”字，翅膀上的花纹是“顺”字，胸脯上的花纹是“仁”字，脊背上的花纹是“义”字，它一出现就会使天下太平。

菌狗

有种像兔子一样的青兽，名叫菌（jùn）狗。有翠鸟和孔鸟（孔鸟即孔雀，生在南海，尾巴长七年才丰满，长六七尺，展开时像车轮一样，金翠闪闪，开春尾巴便生出来，过三四个月后便会像花朵一样败落。——编者注）。

三天子都山

在南海之内有衡山、菌山、桂山，还有一座三天子都山。

苍梧丘

南方有山丘叫苍梧丘，其下有大渊叫苍梧渊，渊中有座大山叫九嶷山，帝舜便葬于此山。九嶷山在长沙零陵境内。

蛇山

北海之内，有座山叫蛇山，蛇水从那里发源，向东流入大海。有种五彩鸟，它们成群地飞上蓝天，遮天蔽日，这种鸟叫翳鸟。那里还有座不距山，巧倕（chuí）便葬于其西面。

相顾之尸

北海之内，有个被反捆双手，身戴刑具，背着一把戈的人，名叫相顾之尸。

先龙

伯夷父生了西岳，西岳生了先龙，先龙是氐（dī）羌的祖先，氐羌姓乞。

幽都山

在北海内，有座山名叫幽都山，黑水从那里发源。山上有黑鸟、黑蛇、黑豹、黑虎，还有蓬松着尾巴的黑狐。另有座山叫大玄山，山民皮肤黝黑，被称为玄丘民。附近还有个大幽国，有一种小腿是红色的人。

钉灵国

有个钉灵国，国人膝盖以下长着长毛，两只脚像马蹄，疾步如飞。

伯陵之子

炎帝的孙子叫伯陵。伯陵与吴权的妻子阿女缘妇通奸后，阿女缘妇怀孕三年，生下殳（shū）、鼓、延三个儿子。后来殳发明了箭靶，鼓、延二人发明了钟，并作乐曲和音律。

鲧

黄帝生了骆明，骆明生了白马，白马就是鲧（gǔn）（鲧受封于崇地，为伯爵，故称崇伯鲧或崇伯。——编者注），即禹的父亲。

番禺　吉光

帝俊生了禺号，禺号生了淫梁，淫梁生了番禺。番禺发明了船。番禺生了奚仲，奚仲生了吉光，吉光用木头造出了车。

少皞与般

少皞（少皞就是少昊，史称青阳氏或穷桑氏，姓己，一说姓嬴，名挚（zhì），又名玄嚣，是黄帝的长子。——编者注）有个儿子叫般。般造出了弓箭。

□ 第六十九图，（清）《山海经绘图广注》刻本，成或因绘图，咸丰五年（1855）刻印。

帝俊与羿

帝俊赐给后羿一张红色的弓和白羽短箭，令后羿射除恶患，扶助下界各国。于是后羿开始致力于消除民间疾苦，为民除害。

晏龙

帝俊生了晏龙，晏龙发明了琴瑟这两种乐器。

帝俊八子

帝俊有八个儿子。这八个儿子发明了歌曲和舞蹈。

巧倕与叔均

帝俊生了三身，三身生了义均，义均便是巧倕。从巧倕开始，世间才有了制作各种工具的工艺技巧。从后稷开始，人们懂得了怎样播种。后稷之孙为叔均，他发明了用牛耕田。后稷的母亲姜嫄最初建立了国家。大禹和鲧最早挖掘泥土治理洪水，并规划疆域，九州的雏形始被确定。

炎帝后裔

炎帝的妻子是赤水氏的女儿听訞。炎帝与听訞结合，生下了炎居。炎居生了节并，节并生了戏器，戏器又生了祝融。祝融被谪降到江水一带，后来生下了共工。共工又生了术器。术器的头顶是方形的，他恢复了先祖的土地，居住在长江一带。共工还有个儿子叫后土。后土又生下了噎鸣，噎鸣是其母怀孕十二年所生。

息壤

帝尧时，洪水滔天。鲧偷了天帝的息壤（息壤是大禹之父鲧治水时在荆州古城留下的一处遗迹，位于南门外西侧城墙脚边，系一长约40米、宽约10米的土丘，其上有石柱四根，以示标志。“息”为生长之意；息壤，就是指能不断增长与水势相抗衡的土壤或沙石土填充物。——编者注），以堵塞洪水。于是天帝派遣祝融杀鲧于羽山郊野。禹从鲧的遗体肚腹中生出。天帝便命令禹整治国土治理洪水，从而划定九州区域。

原文

南山经

南山经之首曰䧿山。其首曰招摇之山，临于西海之上，多桂，多金玉。有草焉，其状如韭而青华，其名曰祝馀，食之不饥。有木焉，其状如榖而黑理，其华四照，其名曰迷榖，佩之不迷。有兽焉，其状如禺而白耳，伏行人走，其名曰狌狌，食之善走。丽麂之水出焉，而西流注于海，其中多育沛，佩之无瘕疾。

又东三百里，曰堂庭之山，多棪木，多白猿，多水玉，多黄金。

又东三百八十里，曰猨翼之山，其中多怪兽，水多怪鱼，多白玉，多蝮虫，多怪蛇，多怪木，不可以上。

又东三百七十里，曰杻阳之山，其阳多赤金，其阴多白金。有兽焉，其状如马而白首，其文如虎而赤尾，其音如谣，其名曰鹿蜀，佩之宜子孙。怪水出焉，而东流注于宪翼之水。其中多玄龟，其状如龟而鸟首虺尾，其名曰旋龟，其音如判木，佩之不聋，可以为底。

又东三百里，曰柢山，多水，无草木。有鱼焉，其状如牛，陵居，蛇尾有翼，其羽在魼下，其音如留牛，其名曰鯥，冬死而复生，食之无肿疾。

又东四百里，曰亶爰之山，多水，无草木，不可以上。有兽焉，其状如狸而有髦，其名曰类，自为牝牡，食者不妒。

又东三百里，曰基山，其阳多玉，其阴多怪木。有兽焉，其状如羊，九尾四耳，其目在背，其名曰猼訑，佩之不畏。有鸟焉，其状如鸡而三首六目，六足三翼，其名曰鹋鸺，食之无卧。

又东三百里，曰青丘之山，其阳多玉，其阴多青雘。有兽焉，其状如狐而九尾，其音如婴儿，能食人；食者不蛊。有鸟焉，其状如鸠，其音若呵，名曰灌灌，佩之不惑。英水出焉，南流注于即翼之泽。其中多赤鱬，其状如鱼而人面，其音如鸳鸯，食之不疥。

又东三百五十里，曰箕尾之山，其尾踆于东海，多沙石。汸水出焉，而南流注于淯，其中多白玉。

凡䧿山之首，自招摇之山，以至箕尾之山，凡十山，二千九百五十里。其神状皆鸟身而龙首，其祠之礼：毛用一璋玉瘗，糈用稌米，一璧，稻米、白菅为席。

* * *

南次二经之首，曰柜山，西临流黄，北望诸毗，东望长右。英水出焉，西南流注于赤水，其中多白玉，多丹粟。有兽焉，其状如豚，有距，其音如狗吠，其名曰狸力，见则其县多土功。有鸟焉，其状如鸱而人手，其音如痺，其名曰鴸，其名自号也，见则其县多放士。

东南四百五十里，曰长右之山，无草木，多水。有兽焉，其状如禺而四耳，其名长右，其音如吟，见则郡县大水。

又东三百四十里，曰尧光之山，其阳多玉，其阴多金。有兽焉，其状如人而彘鬣，穴居而冬蛰，其名曰猾褢，其音如斫木，见则县有大繇。

又东三百五十里，曰羽山，其下多水，其上多雨，无草木，多蝮虫。

又东三百七十里，曰瞿父之山，无草木，多金玉。

又东四百里，曰句馀之山，无草木，多金玉。

又东五百里，曰浮玉之山，北望具区，东望诸毗。有兽焉，其状如虎而牛尾，其音如吠犬，其名曰彘，是食人。苕水出于其阴，北流注于具区。其中多鮆鱼。

又东五百里，曰成山，四方而三坛，其上多金玉，其下多青雘。阌水出焉，而南流注于虖勺，其中多黄金。

又东五百里，曰会稽之山，四方，其上多金玉，其下多砆石。勺水出焉，而南流注于湨。

又东五百里，曰夷山，无草木，多沙石，湨水出焉，而南流注于列涂。

又东五百里，曰仆勾之山，其上多金玉，其下多草木，无鸟兽，无水。

又东五百里，曰咸阴之山，无草木，无水。

又东四百里，曰洵山，其阳多金，其阴多玉。有兽焉，其状如羊而无口，不可杀也，其名曰𪊨。洵水出焉，而南流注于阏之泽，其中多茈蠃。

又东四百里，曰虖勺之山，其上多梓枏，其下多荆杞。滂水出焉，而东流注于海。

又东五百里，曰区吴之山，无草木，多沙石。鹿水出焉，而南流注于滂水。

又东五百里，曰鹿吴之山，上无草木，多金石。泽更之水出焉，而南流注于滂水。水有兽焉，名曰蛊雕，其状如雕而有角，其音如婴儿之音，是食人。

东五百里，曰漆吴之山，无草木，多博石，无玉。处于东海，望丘山，其光载出载入，是惟日次。

凡南次二经之首，自柜山至于漆吴之山，凡十七山，七千二百里。其神状皆龙身而鸟首。其祠：毛用一璧瘗，糈用稌。

＊＊＊

南次三经之首，曰天虞之山，其下多水，不可以上。

东五百里，曰祷过之山，其上多金玉，其下多犀、兕，多象。有鸟焉，其状如䴔，而白首、三足、人面，其名曰瞿如，其鸣自号也。泿水出焉，而南流注于海。其中有虎蛟，其状鱼身而蛇尾，其音如鸳鸯，食者不肿，可以已痔。

又东五百里，曰丹穴之山，其上多金玉。丹水出焉，而南流注于渤海。有鸟焉，其状如鸡，五采而文，名曰凤皇，首文曰德，翼文曰义，背文曰礼，膺文曰仁，腹文曰信。是鸟也，饮食自然，自歌自舞，见则天下安宁。

又东五百里，曰发爽之山，无草木，多水，多白猿。汎水出焉，而南流注于渤海。

又东四百里，至于旄山之尾，其南有谷，曰育遗，多怪鸟，凯风自是出。

又东四百里，至于非山之首，其上多金玉，无水，其下多蝮虫。

又东五百里，曰阳夹之山，无草木，多水。

又东五百里，曰灌湘之山，上多木，无草；多怪鸟，无兽。

又东五百里，曰鸡山，其上多金，其下多丹雘。黑水出焉，而南流注于海。其中有鱄鱼，其状如鲋而彘尾，其音如豚，见则天下大旱。

又东四百里，曰令丘之山，无草木，多火。其南有谷焉，曰中谷，条风自是出。有鸟焉，其状如枭，人面四目而有耳，其名曰颙，其鸣自号也，见则天下大旱。

又东三百七十里，曰仑者之山，其上多金玉，其下多青雘。有木焉，其状如穀而赤理，其汗如漆，其味如饴，食者不饥，可以释劳，其名曰白䓘，可以血玉。

又东五百八十里，曰禺稾之山，多怪兽，多大蛇。

又东五百八十里，曰南禺之山，其上多金玉，其下多水。有穴焉，水出辄入，夏乃出，冬则闭。佐水出焉，而东南流注于海，有凤皇、鹓雏。

凡南次三经之首，自天虞之山以至南禺之山，凡一十四山，六千五百三十里。其神皆龙身而人面。其祠皆一白狗祈，糈用稌。

右南经之山，大小凡四十山，万六千三百八十里。

西山经

西山经华山之首，曰钱来之山，其上多松，其下多洗石。有兽焉，其状如羊而马尾，名曰羬羊，其脂可以已腊。

西四十五里，曰松果之山。濩水出焉，北流注于渭，其中多铜。有鸟焉，其名曰螐渠，其状如山鸡，黑身赤足，可以已㬥。

又西六十里，曰太华之山，削成而四方，其高五千仞，其广十里，鸟兽莫居。有蛇焉，名曰肥𧔥，六足四翼，见则天下大旱。

又西八十里，曰小华之山，其木多荆杞，其兽多㸲牛，其阴多磬石，其阳多㻬琈之玉，鸟多赤鷩，可以御火，其草有萆荔，状如乌韭，而生于石上，亦缘木而生，食之已心痛。

又西八十里，曰符禺之山，其阳多铜，其阴多铁。其上有木焉，名曰文茎，其实如枣，可以已聋。其草多条，其状如葵，而赤华黄实，如婴儿舌，食之使人不惑。符禺之水出焉，而北流注于渭。其兽多葱聋，其状如羊而赤鬣。其鸟多鴖，其状如翠而赤喙，可以御火。

又西六十里，曰石脆之山，其木多棕楠，其草多条，其状如韭，而白华黑实，食之已疥。其阳多㻬琈之玉，其阴多铜。灌水出焉，而北流注于禺水。其中有流赭，以涂牛马无病。

又西七十里，曰英山，其上多杻橿，其阴多铁，其阳多赤金。禺水出焉，北流注于招水，其中多鲜鱼，其状如鳖，其音如羊。其阳多箭䉋，其兽多㸲牛、羬羊。有鸟焉，其状如鹑，黄身而赤喙，其名曰肥遗，食之已疠，可以杀虫。

又西五十二里，曰竹山，其上多乔木，其阴多铁。有草焉，其名曰黄雚，其状如樗，其叶如麻，白华而赤实，其状如赭，浴之已疥，又可以已胕。竹水出焉，北流注于渭，其阳多竹箭，多苍玉。丹水出焉，东南流注于洛水，其中多水玉，多人鱼。有兽焉，其状如豚而白毛，大如笄而黑端，名曰豪彘。

又西百二十里，曰浮山，多盼木，枳叶而无伤，木虫居之。有草焉，名曰薰草，麻叶而方茎，赤华而黑实，臭如蘼芜，佩之可以已疠。

又西七十里，曰羭次之山，漆水出焉，北流注于渭。其上多棫橿，其下多竹箭，其阴多赤铜，其阳多婴垣之玉。有兽焉，其状如禺而长臂，善投，其名曰嚣。有鸟焉，其状如枭，人面而一足，曰橐𩇯，冬见夏蛰，服之不畏雷。

又西百五十里，曰时山，无草木。逐水出焉，北流注于渭，其中多水玉。

又西百七十里，曰南山，上多丹粟。丹水出焉，北流注于渭。兽多猛豹，鸟多尸鸠。

又西百八十里，曰大时之山，上多榖柞，下多杻橿，阴多银，阳多白玉。涔水出焉，北流注于渭。清水出焉，南流注于汉水。

又西三百二十里，曰嶓冢之山，汉水出焉，而东南流注于沔；嚣水出焉，北流注于汤水。其上多桃枝钩端，兽多犀、兕、熊、罴，鸟多白翰赤鷩。有草焉，其叶如蕙，其本如桔梗，黑华而不实，名曰蓇蓉，食之使人无子。

又西三百五十里，曰天帝之山，上多棕枏，下多菅蕙。有兽焉，其状如狗，名曰谿边，席其皮者不蛊。有鸟焉，其状如鹑，黑文而赤翁，名曰栎，食之已痔。有草焉，其状如葵，其臭如蘼芜，名曰杜衡，可以走马，食之已瘿。

西南三百八十里，曰皋涂之山，蔷水出焉，西流注于诸资之水；涂水出焉，南流注于集获之水。其阳多丹粟，其阴多银、黄金，其上多桂木。有白石焉，其名曰礜，可以毒鼠。有草焉，其状如槀茇，其叶如葵而赤背，名曰无条，可以毒鼠。有兽焉，其状如鹿而白尾，马足人手而四角，名曰玃如。有鸟焉，其状如鸱而人足，名曰数斯，食之已瘿。

又西百八十里，曰黄山，无草木，多竹箭。盼水出焉，西流注于赤水，其中多玉。有兽焉，其状如牛，而苍黑大目，其名曰𤛎。有鸟焉，其状如鸮，青羽赤喙，人舌能言，名曰鹦䳇。

又西二百里，曰翠山，其上多棕枏，其下多竹箭，其阳多黄金、玉，其阴多旄牛、麢、麝；其鸟多鸓，其状如鹊，赤黑而两首四足，可以御火。

又西二百五十里，曰騩山，是錞于西海，无草木，多玉。凄水出焉，西流注于海，其中多采石、黄金，多丹粟。

凡西山经之首，自钱来之山至于騩山，凡十九山，二千九百五十七里。华山，冢也，其祠之礼：太牢。羭山，神也，祠之用烛，斋百日以百牺，瘗用百瑜，汤其酒百樽，婴以百珪百璧。其余十七山之属，皆毛牷用一羊祠之。烛者，百草之未灰，白席采等纯之。

* * *

西次二经之首，曰钤山，其上多铜，其下多玉，其木多杻橿。

西二百里，曰泰冒之山，其阳多金，其阴多铁。浴水出焉，东流注于河，其中多藻玉，多白蛇。

又西一百七十里，曰数历之山，其上多黄金，其下多银，其木多杻橿，其鸟多鹦䳇。楚水出焉，而南流注于渭，其中多白珠。

又西百五十里，曰高山，其上多银，其下多青碧、雄黄，其木多棕，其草多竹。泾水出焉，而东流注于渭，其中多磬石、青碧。

西南三百里，曰女床之山，其阳多赤铜，其阴多石涅，其兽多虎、豹、犀、兕。有鸟焉，其状如翟而五采文，名曰鸾鸟，见则天下安宁。

又西二百里，曰龙首之山，其阳多黄金，其阴多铁。苕水出焉，东南流注于泾水，其中多美玉。

又西二百里，曰鹿台之山，其上多白玉，其下多银，其兽多㸲牛、羬羊、白豪。有鸟焉，其状如雄鸡而人面，名曰凫徯，其鸣自叫也，见则有兵。

西南二百里，曰鸟危之山，其阳多磬石，其阴多檀楮，其中多女床。鸟危之水出焉，西流注于赤水，其中多丹粟。

又西四百里，曰小次之山，其上多白玉，其下多赤铜。有兽焉，其状如猿，而白首赤足，名曰朱厌，见则大兵。

又西三百里，曰大次之山，其阳多垩，其阴多碧，其兽多㸲牛、麢羊。

又西四百里，曰薰吴之山，无草木，多金玉。

又西四百里，曰底阳之山，其木多稷、枏、豫章，其兽多犀、兕、虎、犳、㸲牛。

又西二百五十里，曰众兽之山，其上多㻬琈之玉，其下多檀楮，多黄金，其兽多犀、兕。

又西五百里，曰皇人之山，其上多金玉，其下多青雄黄。皇水出焉，西流注于赤水，其中多丹粟。

又西三百里，曰中皇之山，其上多黄金，其下多蕙、棠。

又西三百五十里，曰西皇之山，其阳多金，其阴多铁，其兽多麋鹿、㸲牛。

又西三百五十里，曰莱山，其木多檀楮，其鸟多罗罗，是食人。

凡西次二经之首，自钤山至于莱山，凡十七山，四千一百四十里。其十神者，皆人面而马身。其七神皆人面牛身，四足而一臂，操杖以行：是为飞兽之神；其祠之，毛用少牢，白菅为席。其十辈神者，其祠之，毛一雄鸡，钤而不糈；毛采。

* * *

西次三经之首，曰崇吾之山，在河之南，北望冢遂，南望䍃之泽，西望帝之搏兽之丘，东望蠕渊。有木焉，员叶而白柎，赤华而黑理，其实如枳，食之宜子孙。有兽焉，其状如禺而文臂，豹虎而善投，名曰举父。有鸟焉，其状如凫，而一翼一目，相得乃飞，名曰蛮蛮，见则天下大水。

西北三百里，曰长沙之山。泚水出焉，北流注于泑水，无草木，多青雄黄。

又西北三百七十里，曰不周之山。北望诸毗之山，临彼岳崇之山，东望泑泽，河水所潜也，其原浑浑泡泡。爰有嘉果，其实如桃，其叶如枣，黄华而赤柎，食之不劳。

又西北四百二十里，曰峚山，其上多丹木，员叶而赤茎，黄华而赤实，其味如饴，食之不饥。丹水出焉，西流注于稷泽，其中多白玉，是有玉膏，其原沸沸汤汤，黄帝是食是飨。是生玄玉。玉膏所出，以灌丹木。丹木五岁，五色乃清，五味乃馨。黄帝乃取峚山之玉荣，而投之钟山之阳。瑾瑜之玉为良，坚粟精密，浊泽有而光。五色发作，以和柔刚。天地鬼神，是食是飨；君子服之，以御不祥。自峚山至于钟山，四百六十里，其间尽泽也。是多奇鸟、怪兽、奇鱼，皆异物焉。

又西北四百二十里，曰钟山，其子曰鼓，其状如人面而龙身，是与钦䲹杀葆江于昆仑之阳，帝乃戮之钟山之东曰䍃崖，钦䲹化为大鹗，其状如雕而黑文白首，赤喙而虎爪，其音如晨鹄，见则有大兵；鼓亦化为鵕鸟，其状如鸱，赤足而直喙，黄文而白首，其音如鹄，见则其邑大旱。

又西百八十里，曰泰器之山。观水出焉，西流注于流沙。是多文鳐鱼，状如鲤鱼，鱼身而鸟翼，苍文而白首，赤喙，常行西海，游于东海，以夜飞。其音如鸾鸡，其味酸甘，食之已狂，见则天下大穰。

又西三百二十里，曰槐江之山。丘时之水出焉，而北流注于泑水。其中多蠃母，其上多青雄黄，多藏琅玕、黄金、玉，其阳多丹粟，其阴多采黄金、银。实惟帝之平圃，神英招司之，其状马身而人面，虎文而鸟翼，徇于四海，其音如榴。南望昆仑，其光熊熊，其气魂魂。西望大泽，后稷所潜也；其中多玉，其阴多榣木之有若。北望诸毗，槐鬼离仑居之，鹰鹯之所宅也。东望恒山四成，有穷鬼居之，各在一搏。爰有淫水，其清洛洛。有天神焉，其状如牛，而八足二首马尾，其音如勃皇，见则其邑有兵。

西南四百里，曰昆仑之丘，是实惟帝之下都，神陆吾司之。其神状虎身而九尾，人面而虎爪；是神也，司天之九部及帝之囿时。有兽焉，其状如羊而四角，名曰土蝼，是食人。有鸟焉，其状如蜂，大如鸳鸯，名曰钦原，蠚鸟兽则死，蠚木则枯。有鸟焉，其名曰鹑鸟，是司帝之百服。有木焉，其状如棠，黄华赤实，其味如李而无核，名曰沙棠，可以御水，食之使人不溺。有草焉，名曰蓍草，其状如葵，其味如葱，食之已劳。河水出焉，而南流东注于无达。赤水出焉，而东南流注于氾天之水。洋水出焉，而西南流注于丑涂之水。黑水出焉，而西流于大杅。是多怪鸟兽。

又西三百七十里，曰乐游之山。桃水出焉，西流注于稷泽，是多白玉。其中多鳛鱼，其状如蛇而四足，是食鱼。

西水行四百里，曰流沙，二百里至于蠃母之山，神长乘司之，是天之九德也。其神状如人而犳尾。其上多玉，其下多青石而无水。

又西三百五十里，曰玉山，是西王母所居也。西王母其状如人，豹尾虎齿而善啸，蓬发戴胜，是司天之厉及五残。有兽焉，其状如犬而豹文，其角如牛，其名曰狡，其音如吠犬，见则其国大穰。有鸟焉，其状如翟而赤，名曰胜遇，是食鱼，其音如录，见则其国大水。

又西四百八十里，曰轩辕之丘，无草木。洵水出焉，南流注于黑水，其中多丹粟，多青雄黄。

又西三百里，曰积石之山，其下有石门，河水冒以西流。是山也，万物无不有焉。

又西二百里，曰长留之山，其神白帝少昊居之。其兽皆文尾，其鸟皆文首。是多文玉石。实惟员神磈氏之宫。是神也，主司反景。

又西二百八十里，曰章莪之山，无草木，多瑶碧。所为甚怪。有兽焉，其状如赤豹，五尾一角，其音如击石，其名曰狰。有鸟焉，其状如鹤，一足，赤文青质而白喙，名曰毕方，其鸣自叫也，见则其邑有讹火。

又西三百里，曰阴山。浊浴之水出焉，而南流注于蕃泽，其中多文贝。有兽焉，其状如狸而白首，名曰天狗，其音如榴榴，可以御凶。

又西二百里，曰符惕之山，其上多棕枏，下多金玉，神江疑居之。是山也，多怪雨，风云之所出也。

又西二百二十里，曰三危之山，三青鸟居之。是山也，广员百里。其上有兽焉，其状如牛，白身四角，其豪如披蓑，其名曰傲㑩，是食人。有鸟焉，一首而三身，其状如鸈，其名曰鸱。

又西一百九十里，曰騩山，其上多玉而无石。神耆童居之，其音常如钟磬。其下多积蛇。

又西三百五十里，曰天山，多金玉，有青雄黄。英水也焉，而西南流注于汤谷。有神焉，其状如黄囊，赤如丹火，六足四翼，浑敦无面目，是识歌舞，实为帝江也。

又西二百九十里，曰泑山，神蓐收居之。其上多婴脰之玉，其阳多瑾瑜之玉，其阴多青雄黄。是山也，西望日之所入，其气员，神红光之所司也。

西水行百里，至于翼望之山，无草木，多金玉。有兽焉，其状如狸，一目而三尾，名曰讙，其音如夺百声，是可以御凶，服之已瘅。有鸟焉，其状如乌，三首六尾而善笑，名曰䳜鵸，服之使人不厌，又可以御凶。

凡西次三经之首，自崇吾之山至于翼望之山，凡二十三山，六千七百四十四里。其神状皆羊身人面。其祠之礼：用一吉玉瘗，糈用稷米。

* * *

西次四经之首，曰阴山，上多穀，无石，其草多茆蕃。阴水出焉，西流注于洛。

北五十里，曰劳山，多茈草。弱水出焉，而西流注于洛。

西五十里，曰罢谷之山。洱水出焉，而西流注于洛，其中多茈、碧。

北百七十里，曰申山，其上多穀柞，其下多杻橿，其阳多金玉。区水出焉，而东流注于河。

北二百里，曰鸟山，其上多桑，其下多楮，其阴多铁，其阳多玉。辱水出焉，而东流注于河。

又北百二十里，曰上申之山，上无草木，而多硌石，下多榛楛，兽多白鹿。其鸟多当扈，其状如雉，以其髯飞，食之不眴目。汤水出焉，东流注于河。

又北百八十里，曰诸次之山，诸次之水出焉，而东流注于河。是山也，多木无草，鸟兽莫居，是多众蛇。

又北百八十里，曰号山，其木多漆、棕，其草多药、䕷、芎䓖。多汵石。端水出焉，而东流注于河。

又北二百二十里，曰盂山，其阴多铁，其阳多铜，其兽多白狼、白虎，其鸟多白雉、白翠。生水出焉，而东流注于河。

西二百五十里，曰白於之山，上多松柏，下多栎檀，其兽多㸲牛、羬羊，其鸟多鸮。洛水出于其阳，而东流注于渭；夹水出于其阴，东流注于生水。

西北三百里，曰申首之山，无草木，冬夏有雪。申水出于其上，潜于其下，是多白玉。

又西五十五里，曰泾谷之山。泾水出焉，东南流注于渭，是多白金、白玉。

又西百二十里，曰刚山，多柒木，多㻬琈之玉。刚水出焉，北流注于渭。是多神䰠，其状人面兽身，一足一手，其音如钦。

又西二百里，至刚山之尾，洛水出焉，而北流注于河。其中多蛮蛮，其状鼠身而鳖首，其音如吠犬。

又西三百五十里，曰英鞮之山，上多漆木，下多金玉，鸟兽尽白。涴水出焉，而北流注于陵羊之泽。是多冉遗之鱼，鱼身蛇首六足，其目如马耳，食之使人不眯，可以御凶。

又西三百里，曰中曲之山，其阳多玉，其阴多雄黄、白玉及金。有兽焉，其状如马而白身黑尾，一角，虎牙爪，音如鼓，其名曰驳，是食虎豹，可以御兵。有木焉，其状如棠，而员叶赤实，实大如木瓜，名曰櫰木，食之多力。

又西二百六十里，曰邽山。其上有兽焉，其状如牛，蝟毛，名曰穷奇，音如獆狗，是食人。濛水出焉，南流注于洋水，其中多黄贝，蠃鱼，鱼身而鸟翼，音如鸳鸯，见则其邑大水。

又西二百二十里，曰鸟鼠同穴之山，其上多白虎、白玉。渭水出焉，而东流注于河。其中多鳋鱼，其状如鳣鱼，动则其邑有大兵。滥水出于其西，西流注于汉水，多䰻魮之鱼，其状如覆铫，鸟首而鱼翼鱼尾，音如磬石之声，是生珠玉。

西南三百六十里，曰崦嵫之山，其上多丹木，其叶如穀，其实大如瓜，赤符而黑理，食之已瘅，可以御火。其阳多龟，其阴多玉。苕水出焉，而西流注于海，其中多砥砺。有兽焉，其状马身而鸟翼，人面蛇尾，是好举人，名曰孰湖。有鸟焉，其状如鸮而人面，蜼身犬尾，其名自号也，见则其邑大旱。

凡西次四经自阴山以下，至于崦嵫之山，凡十九山，三千六百八十里。其神祠礼，皆用一白鸡祈。糈以稻米，白菅为席。

右西经之山，凡七十七山，一万七千五百一十七里。

北山经

北山经之首，曰单狐之山，多机木，其上多华草。逢水出焉，而西流注于泑水，其中多茈石、文石。

又北二百五十里，曰求如之山，其上多铜，其下多玉，无草木。滑水出焉，而西流注于诸毗之水。其中多滑鱼，其状如鱓，赤背，其音如梧，食之已疣。其中多水马，其状如马，而文臂牛尾，其音如呼。

又北三百里，曰带山，其上多玉，其下多青碧。有兽焉，其状如马，一角有错，其名曰矔疏，可以辟火。有鸟焉，其状如乌，五采而赤文，名曰鵸鵌，是自为牝牡，食之不疽。彭水出焉，而西流注于芘湖之水，其中多儵鱼，其状如鸡而赤毛，三尾、六足、四目，其音如鹊，食之可以已忧。

又北四百里，曰谯明之山，谯水出焉，西流注于河。其中多何罗之鱼，一首而十身，其音如吠犬，食之已痈。有兽焉，其状如貆而赤豪，其音如榴榴，名曰孟槐，可以御凶。是山也，无草木，多青雄黄。

又北三百五十里，曰涿光之山，嚣水出焉，而西流注于河。其中多鳛鳛之鱼，其状如鹊而十翼，鳞皆在羽端，其音如鹊，可以御火，食之不瘅。其上多松柏，其下多棕橿，其兽多麢羊，其鸟多蕃。

又北三百八十里，曰虢山，其上多漆，其下多桐椐。其阳多玉，其阴多铁。伊水出焉，西流注于河。其兽多橐驼，其鸟多寓，状如鼠而鸟翼，其音如羊，可以御兵。

又北四百里，至于虢山之尾，其上多玉而无石。鱼水出焉，西流注于河，其中多文贝。

又北二百里，曰丹熏之山，其上多樗柏，其草多韭薤，多丹雘。熏水出焉，而西流注于棠水。有兽焉，其状如鼠，而菟首麋身，其音如獋犬，以其尾飞，名曰耳鼠，食之不脎，又可以御百毒。

又北二百八十里，曰石者之山，其上无草木，多瑶碧。泚水出焉，西流注于河。有兽焉，其状如豹，而文题白身，名曰孟极，是善伏，其鸣自呼。

又北百一十里，曰边春之山，多葱、葵、韭、桃、李。杠水出焉，而西流注于泑泽。有兽焉，其状如禺而文身，善笑，见人则卧，名曰幽鴳，其鸣自呼。

又北二百里，曰蔓联之山，其上无草木。有兽焉，其状如禺而有鬣，牛尾、文臂、马蹄，见人则呼，名曰足訾，其鸣自呼。有鸟焉，群居而朋飞，其毛如雌雉，名曰鵁，其鸣自呼，食之已风。

又北百八十里，曰单张之山，其上无草木。有兽焉，其状如豹而长尾，人首而牛耳，一目，名曰诸犍，善吒，行则衔其尾，居则蟠其尾。有鸟焉，其状如雉，而文首、白翼、黄足，名曰白鵺，食之已嗌痛，可以已痸。栎水出焉，而南流注于杠水。

又北三百二十里，曰灌题之山，其上多樗柘，其下多流沙，多砥。有兽焉，其状如牛而白尾，其音如讠，名曰那父。有鸟焉，其状如雌雉而人面，见人则跃，名曰竦斯，其鸣自呼也。匠韩之水出焉，而西流注于泑泽，其中多磁石。

又北二百里，曰潘侯之山，其上多松柏，其下多榛楛，其阳多玉，其阴多铁。有兽焉，其状如牛，而四节生毛，名曰旄牛。边水出焉，而南流注于栎泽。

又北二百三十里，曰小咸之山，无草木，冬夏有雪。

北二百八十里，曰大咸之山，无草木，其下多玉。是山也，四方，不可以上。有蛇名曰长蛇，其毛如彘豪，其音如鼓柝。

又北三百二十里，曰敦薨之山，其上多棕枬，其下多茈草。敦薨之水出焉，而西流注于泑泽。出于昆仑之东北隅，实惟河源。其中多赤鲑，其兽多兕、旄牛，其鸟多鸤鸠。

又北二百里，曰少咸之山，无草木，多青碧。有兽焉，其状如牛，而赤身、人面、马足，名曰窫窳，其音如婴儿，是食人。敦水出焉，东流注于雁门之水，其中多鲈鲈之鱼，食之杀人。

又北二百里，曰狱法之山。瀤泽之水出焉，而东北流注于泰泽。其中多鱳鱼，其状如鲤而鸡足，食之已疣。有兽焉，其状如犬而人面，善投，见人则笑，其名曰山𤟤，其行如风，见则天下大风。

又北二百里，曰北岳之山，多枳棘刚木。有兽焉，其状如牛，而四角、人目、彘耳，其名曰诸怀，其音如鸣雁，是食人。诸怀之水出焉，而西流注于嚣水。其中多鮨鱼，鱼身而犬首，其音如婴儿，食之已狂。

又北百八十里，曰浑夕之山，无草木，多铜玉。嚣水出焉，而西北流注于海。有蛇一首两身，名曰肥遗，见则其国大旱。

又北五十里，曰北单之山，无草木，多葱韭。

又北百里，曰罴差之山，无草木，多马。

又北百八十里，曰北鲜之山，是多马。鲜水出焉，而西北流注于涂吾之水。

又北百七十里，曰隄山，多马。有兽焉，其状如豹而文首，名曰狕。隄水出焉，而东流注于泰泽，其中多龙龟。

凡北山经之首，自单狐之山至于隄山，凡二十五山，五千四百九十里，其神皆人面蛇身。其祠之：毛用一雄鸡彘瘗，吉玉用一珪，瘗而不糈。其山北人，皆生食不火之物。

* * *

北次二经之首，在河之东，其首枕汾，其名曰管涔之山。其上无木而多草，其下多玉。汾水出焉，而西流注于河。

又北二百五十里，曰少阳之山，其上多玉，其下多赤银。酸水出焉，而东流注于汾水，其中多美赭。

又北五十里，曰县雍之山，其上多玉，其下多铜，其兽多闾麋，其鸟多白翟白鹌。晋水出焉，而东南流注于汾水。其中多鮆鱼，其状如儵而赤鳞，其音如叱，食之不骚。

又北二百里，曰狐岐之山，无草木，多青碧。胜水出焉，而东北流注于汾水，其中多苍玉。

又北三百五十里，曰白沙山，广员三百里，尽沙也，无草木鸟兽。鲔水出于其上，潜于其下，是多白玉。

又北四百里，曰尔是之山，无草木，无水。

又北三百八十里，曰狂山，无草木。是山也，冬夏有雪。狂水出焉，而西流注于浮水，其中多美玉。

又北三百八十里，曰诸馀之山，其上多铜玉，其下多松柏。诸馀之水出焉，而东流注于旄水。

又北三百五十里，曰敦头之山，其上多金玉，无草木。旄水出焉，而东流注于邛泽。其中多騑马，牛尾而白身，一角，其音如呼。

又北三百五十里，曰钩吾之山，其上多玉，其下多铜。有兽焉，其状如羊身人面，其目在腋下，虎齿人爪，其音如婴儿，名曰狍鸮，是食人。

又北三百里，曰北嚣之山，无石，其阳多碧，其阴多玉。有兽焉，其状如虎，而白身犬首，马尾彘鬣，名曰独狢。有鸟焉，其状如乌，人面，名曰鹙鹃，宵飞而昼伏，食之已暍。涔水出焉，而东流注于邛泽。

又北三百五十里，曰梁渠之山，无草木，多金玉。脩水出焉，而东流注于雁门，其兽多居暨，其状如彙而赤毛，其音如豚。有鸟焉，其状如夸父，四翼、一目、犬尾，名曰嚣，其音如鹊，食之已腹痛，可以止衕。

又北四百里，曰姑灌之山，无草木。是山也，冬夏有雪。

又北三百八十里，曰湖灌之山，其阳多玉，其阴多碧，多马。湖灌之水出焉，而东流注于海，其中多䱻 。有木焉，其叶如柳而赤理。

又北水行五百里，流沙三百里，至于洹山，其上多金玉。三桑生之，其树皆无枝，其高百仞。百果树生之。其下多怪蛇。

又北三百里，曰敦题之山，无草木，多金玉。是錞于北海。

凡北次二经之首，自管涔之山至于敦题之山，凡十七山，五千六百九十里。其神皆蛇身人面。其祠：毛用一雄鸡彘瘗；用一璧一珪，投而不糈。

* * *

北次三经之首，曰太行之山。其首曰归山，其上有金玉，其下有碧。有兽焉，其状如麢羊而四角，马尾而有距，其名曰䍺，善还，其名自训。有鸟焉，其状如鹊，白身、赤尾、六足，其名曰鷶，是善惊，其鸣自詨。

又东北二百里，曰龙侯之山，无草木，多金玉。決決之水出焉，而东流注于河。其中多人鱼，其状如鯑鱼，四足，其音如婴儿，食之无痴疾。

又东北二百里，曰马成之山，其上多文石，其阴多金玉。有兽焉，其状如白犬而黑头，见人则飞，其名曰天马，其鸣自训。有鸟焉，其状如乌，首白而身青、足黄，是名曰鶌鶋，其鸣自詨，食之不饥，可以已寓。

又东北七十里，曰咸山，其上有玉，其下多铜，是多松柏，草多茈草。条菅之水出焉，而西南流注于长泽。其中多器酸，三岁一成，食之已疠。

又东北二百里，曰天池之山，其上无草木，多文石。有兽焉，其状如兔而鼠首，以其背飞，其名曰飞鼠。渑水出焉，潜于其下，其中多黄垩。

又东三百里，曰阳山，其上多玉，其下多金铜。有兽焉，其状如牛而赤尾，其颈腎，其状如句瞿，其名曰领胡，其鸣自詨，食之已狂。有鸟焉，其状如雌雉，而五采以文，是自为牝牡，名曰象蛇，其鸣自詨。留水出焉，而南流注于河。其中有䱻父之鱼，其状如鲋鱼，鱼首而彘身，食之已呕。

又东三百五十里，曰贲闻之山，其上多苍玉，其下多黄垩，多涅石。

又北百里，曰王屋之山，是多石。㶟水出焉，而西北流注于泰泽。

又东北三百里，曰教山，其上多玉而无石。教水出焉，西流注于河，是水冬干而夏流，实惟干河。其中有两山。是山也，广员三百步，其名曰发丸之山，其上有金玉。

又南三百里，曰景山，南望盐贩之泽，北望少泽，其上多草、藷薁，其草多秦椒，其阴多赭，其阳多玉。有鸟焉，其状如蛇，而四翼、六目、三足，名曰酸与，其鸣自詨，见则其邑有恐。

又东南三百二十里，曰孟门之山，其上多苍玉，多金，其下多黄垩，多涅石。

又东南三百二十里，曰平山。平水出其上，潜于其下，是多美玉。

又东二百里，曰京山，有美玉，多漆木，多竹，其阳有赤铜，其阴有玄碄。高水出焉，南流注于河。

又东二百里，曰虫尾之山，其上多金玉，其下多竹，多青碧。丹水出焉，南流注于河。薄水出焉，而东南流注于黄泽。

又东三百里，曰彭妣之山，其上无草木，多金玉，其下多水。蚤林之水出焉，东南流注于河。肥水出焉，而南流注于床水，其中多肥遗之蛇。

又东百八十里，曰小侯之山。明漳之水出焉，南流注于黄泽。有鸟焉，其状如乌而白文，名曰鸪鸐，食之不灂。

又东三百七十里，曰泰头之山。共水出焉，南注于虖池。其上多金玉，其下多竹箭。

又东北二百里，曰轩辕之山，其上多铜，其下多竹。有鸟焉，其状如枭而白首，其名曰黄鸟，其鸣自诐，食之不妒。

又北二百里，曰谒戾之山，其上多松柏，有金玉。沁水出焉，南流注于河。其东有林焉，名曰丹林。丹林之水出焉，南流注于河。婴侯之水出焉，北流注于汜水。

东三百里，曰沮洳之山，无草木，有金玉。濝水出焉，南流注于河。

又北三百里，曰神囷之山，其上有文石，其下有白蛇，有飞虫。黄水出焉，而东流注于洹。滏水出焉，而东流注于欧水。

又北二百里，曰发鸠之山，其上多柘木。有鸟焉，其状如乌，文首、白喙、赤足，名曰精卫，其鸣自诐。是炎帝之少女名曰女娃，女娃游于东海，溺而不返，故为精卫，常衔西山之木石，以堙于东海。漳水出焉，东流注于河。

又东北百二十里，曰少山，其上有金玉，其下有铜。清漳之水出焉，东流注于浊漳之水。

又东北二百里，曰锡山，其上多玉，其下有砥。牛首之水出焉，而东流注于滏水。

又北二百里，曰景山，有美玉。景水出焉，东南流注于海泽。

又北百里，曰题首之山，有玉焉，多石，无水。

又北百里，曰绣山，其上有玉、青碧。其木多栒，其草多芍药、芎䓖。洧水出焉，而东流注于河。其中有鳠、黾。

又北百二十里，曰松山，阳水出焉，东北流注于河。

又北百二十里，曰敦与之山，其上无草木，有金玉。溹水出于其阳，而东流注于泰陆之水；泜水出于其阴，而东流注于彭水。槐水出焉，而东流注于泜泽。

又北百七十里，曰柘山，其阳有金玉，其阴有铁。历聚之水出焉，而北流注于洧水。

又北三百里，曰维龙之山，其上有碧玉，其阳有金，其阴有铁。肥水出焉，而东流注于皋泽，其中多礨石。敞铁之水出焉，而北流注于大泽。

又北百八十里，曰白马之山，其阳多石玉，其阴多铁，多赤铜。木马之水出焉，而东北流注于虖沱。

又北二百里，曰空桑之山，无草木，冬夏有雪。空桑之水出焉，东流注于虖沱。

又北三百里，曰泰戏之山，无草木，多金玉。有兽焉，其状如羊，一角一目，目在耳后，其名曰𫏐𫏐，其鸣自讨。虖沱之水出焉，而东流注于溇水。液女之水出于其阳，南流注于沁水。

又北三百里，曰石山，多藏金玉。濩濩之水出焉，而东流注于虖沱；鲜于之水出焉，而南流注于虖沱。

又北二百里，曰童戎之山。皋涂之水出焉，而东流注于溇液水。

又北三百里，曰高是之山。滋水出焉，而南流注于虖沱。其木多棕，其草多条。滱水出焉，东流注于河。

又北三百里，曰陆山，多美玉。鄵水出焉，而东流注于河。

又北二百里，曰沂山。般水出焉，而东流注于河。

北百二十里，曰燕山，多婴石。燕水出焉，东流注于河。

又北山行五百里，水行五百里，至于饶山。是无草木，多瑶碧，其兽多橐驼，其鸟多鹛。历虢之水出焉，而东流注于河。其中有师鱼，食之杀人。

又北四百里，曰乾山，无草木，其阳有金玉，其阴有铁而无水。有兽焉，其状如牛而三足，其名曰獂，其鸣自詨。

又北五百里，曰伦山。伦水出焉，而东流注于河。有兽焉，其状如麋，其州在尾上，其名曰罴九。

又北五百里，曰碣石之山。绳水出焉，而东流注于河，其中多蒲夷之鱼。其上有玉，其下多青碧。

又北水行五百里，至于雁门之山，无草木。

又北水行四百里，至于泰泽。其中有山焉，曰帝都之山，广员百里，无草木，有金玉。

又北五百里，曰錞于毋逢之山，北望鸡号之山，其风如飚。西望幽都之山，浴水出焉。是有大蛇，赤首白身，其音如牛，见则其邑大旱。

凡北次三经之首，自太行之山以至于毋逢之山，凡四十六山，万二千三百五十里。其神状皆马身而人面者廿神。其祠之，皆用一藻珪瘗之。其十四神状皆彘身而载玉。其祠之，皆玉，不瘗。其十神状皆彘身而八足蛇尾。其祠之，皆用一璧瘗之。大凡四十四神，皆用稌糈米祠之，此皆不火食。

右北经之山，凡八十七山，二万三千二百三十里。

东山经

东山经之首，曰樕螽之山，北临乾昧。食水出焉，而东北流注于海。其中多鳙鳙之鱼，其状如犁牛，其音如彘鸣。

又南三百里，曰藟山，其上有玉，其下有金。湖水出焉，东流注于食水，其中多活师。

又南三百里，曰栒状之山，其上多金玉，其下多青碧石。有兽焉，其状如犬，六足，其名曰从从，其鸣自该。有鸟焉，其状如鸡而鼠毛，其名曰蚩鼠，见则其邑大旱。沢水出焉，而北流注于湖水。其中多箴鱼，其状如儵。其喙如箴，食之无疫疾。

又南三百里，曰勃亝之山，无草木，无水。

又南三百里，曰番条之山，无草木，多沙。減水出焉，北流注于海，其中多鳡鱼。

又南四百里，曰姑儿之山，其上多漆，其下多桑柘。姑儿之水出焉，北流注于海，其中多鳡鱼。

又南四百里，曰高氏之山，其上多玉，其下多箴石。诸绳之水出焉，东流注于泽，其中多金玉。

又南三百里，曰岳山，其上多桑，其下多樗。泺水出焉，东流注于泽，其中多金玉。

又南三百里，曰犲山，其上无草木，其下多水，其中多堪孖之鱼。其兽焉，其状如夸父而彘毛，其音如呼，见则天下大水。

又南三百里，曰独山，其上多金玉，其下多美石。末涂之水出焉，而东南流注于沔，其中多偹鳙，其状如黄蛇，鱼翼，出入有光，见则其邑大旱。

又南三百里，曰泰山，其上多玉，其下多金。有兽焉，其状如豚而有珠，名曰狪狪，其鸣自讠。环水出焉，东流注于汶，其中多水玉。

又南三百里，曰竹山，錞于江，无草木，多瑶碧。激水出焉，而东南流注于娶檀之水，其中多茈羸。

凡东山经之首，自樕螽之山以至于竹山，凡十二山，三千六百里。其神状皆人身龙首。祠：毛用一犬祈，衈用鱼。

＊＊＊

东次二经之首，曰空桑之山，北临食水，东望沮吴，南望沙陵，西望涽泽。有兽焉，其状如牛而虎文，其音如钦，其名曰軨軨，其鸣自叫，见则天下大水。

又南六百里，曰曹夕之山，其下多榖而无水，多鸟兽。

又西南四百里，曰峄皋之山，其上多金玉，其下多白垩。峄皋之水出焉，东流注于激女之水，其中多蜃珧。

又南水行五百里，流沙三百里，至于葛山之尾，无草木，多砥砺。

又南三百八十里，曰葛山之首，无草木。澧水出焉，东流注于余泽，其中多珠蟞鱼，其状如胏而有四目，六足有珠，其味酸甘，食之无疠。

又南三百八十里，曰馀峨之山，其上多梓柟，其下多荆芑。杂余之水出焉，东流注于黄水。有兽焉，其状如菟而鸟喙，鸱目蛇尾，见人则眠，名曰犰狳，其鸣自讠，见则螽蝗为败。

又南三百里，曰杜父之山，无草木，多水。

又南三百里，曰耿山，无草木，多水碧，多大蛇。有兽焉，其状如狐而鱼翼，其名曰朱獳，其鸣自讠，见则其国有恐。

又南三百里，曰卢其之山，无草木，多沙石。沙水出焉，南流注于涔水。其中多鵹鹕，其状如鸳鸯而人足，其鸣自讠，见则其国多土功。

又南三百八十里，曰姑射之山，无草木，多水。

又南水行三百里，流沙百里，曰北姑射山，无草木，多石。

又南三百里，曰南姑射之山，无草木，多水。

又南三百里，曰碧山，无草木，多大蛇，多碧、水玉。

又南五百里，曰缑氏之山，无草木，多金玉。原水出焉，东流注于沙泽。

又南三百里，曰姑逢之山，无草木，多金玉。有兽焉，其状如狐而有翼，其音如鸿雁，其名曰獙獙，见则天下大旱。

又南五百里，曰凫丽之山，其上多金玉，其下多箴石。有兽焉，其状如狐，而九尾、九首、虎爪，名曰蠪蛭，其音如婴儿，是食人。

又南五百里，曰𥑉山，南临𥑉水，东望湖泽。有兽焉，其状如马，而羊目、四角、牛尾，其音如獆狗，其名曰峳峳，见则其国多狡客。有鸟焉，其状如凫而鼠尾，善登木，其名曰絜钩，见则其国多疫。

凡东次二经之首，自空桑之山至于𥑉山，凡十七山，六千六百四十里。其神状皆兽身人面载觡。其祠：毛用一鸡祈，婴用一璧瘗。

＊＊＊

东次三经之首，曰尸胡之山，北望殚山，其上多金玉，其下多棘。有兽焉，其状如麋而鱼目，名曰妴胡，其鸣自讠。

又南水行八百里，曰岐山，其木多桃李，其兽多虎。

又南水行五百里，曰诸钩之山，无草木，多沙石。是山也，广员百里，多寐鱼。

又南水行七百里，曰中父之山，无草木，多沙。

又东水行千里，曰胡射之山，无草木，多沙石。

又南水行七百里，曰孟子之山，其木多梓桐，多桃李，其草多菌蒲，其兽多麋鹿。是山也，广员百里。其上有水出焉，名曰碧阳，其中多鳣鲔。

又南水行五百里，曰流沙，行五百里，有山焉，曰跂踵之山，广员二百里，无草木，有大蛇，其上多玉。有水焉，广员四十里，皆涌，其名曰深泽，其中多蠵龟。有鱼焉，其状如鲤，而六足鸟尾，名曰鲐鲐之鱼，其鸣自讠。

又南水行九百里，曰踇隅之山，其上多草木，多金玉，多赭。有兽焉，其状如牛而马尾，名曰精精，其鸣自叫。

又南水行五百里，流沙三百里，至于无皋之山，南望幼海，东望榑木，无草木，多风。是山也，广员百里。

凡东次三经之首，自尸胡之山至于无皋之山，凡九山，六千九百里。其神状皆人身而羊角。其祠：用一牡羊，米用黍。是神也，见则风雨水为败。

＊＊＊

又东次四经之首，曰北号之山，临于北海。有木焉，其状如杨，赤华，其实如枣而无核，其味酸甘，食之不疟。食水出焉，而东北流注于海。有兽焉，其状如狼，赤首鼠目，其音如豚，名曰猲狚，是食人。有鸟焉，其状如鸡而白首，鼠足而虎爪，其名曰鬿雀，亦食人。

又南三百里，曰旄山，无草木。苍体之水出焉，而西流注于展水。其中多鱃鱼，其状如鲤而大首，食者不疣。

又南三百二十里，曰东始之山，上多苍玉。有木焉，其状如杨而赤理，其汁如血，不实，其名曰芑，可以服马。泚水也焉，而东北流注于海，其中多美贝，多茈鱼，其状如鲋，一首而十身，其臭如蘪芜，食之不糟。

又东南三百里，曰女烝之山，其上无草木。石膏水出焉，而西注于鬲水，其中多薄鱼，其状如鳣鱼而一目，其音如欧，见则天下大旱。

又东南二百里，曰钦山，多金玉而无石。师水出焉，而北流注于皋泽，其中多鱃鱼，多文贝。有兽焉，其状如豚而有牙，其名曰当康，其鸣自叫，见则天下大穰。

又东南二百里，曰子桐之山，子桐之水出焉，而西流注于馀如之泽。其中多鮹鱼，其状如鱼而鸟翼，出入有光，其音如鸳鸯，见则天下大旱。

又东北二百里，曰剡山，多金玉。有兽焉，其状如彘而人面，黄身而赤尾，其名曰合窳，其音如婴儿。是兽也，食人，亦食虫蛇，见则天下大水。

又东二百里，曰太山，上多金玉、桢木。有兽焉，其状如牛而白首，一目而蛇尾，其名曰蜚，行水则竭，行草则死，见则天下大疫。钩水出焉，而北流注于劳水，其中多鱃鱼。

凡东次四经之首，自北号之山至于太山，凡八山，一千七百二十里。

右东经之山，凡四十六山，万八千八百六十里。

中山经

中山经薄山之首，曰甘枣之山。共水出焉，而西流注于河。其上多杻木，其下有草焉，葵本而杏叶，黄华而荚实，名曰箨，可以已瞢。有兽焉，其状如虤鼠而文题，其名曰𪊨，食之已瘿。

又东二十里，曰历儿之山，其上多橿，多枥木，是木也，方茎而员叶，黄华而毛，其实如楝，服之不忘。

又东十五里，曰渠猪之山，其上多竹。渠猪之水出焉，而南流注于河。其中多豪鱼，状如鲔，而赤喙赤尾赤羽，可以已白癣。

又东三十五里，曰葱聋之山，其中多大谷，是多白垩，黑、青、黄垩。

又东十五里，曰涹山，其上多赤铜，其阴多铁。

又东七十里，曰脱扈之山。有草焉，其状如葵叶而赤华，荚实，实如棕荚，名曰植楮，可以已癙，食之不眯。

又东二十里，曰金星之山，多天婴，其状如龙骨，可以已痤。

又东七十里，曰泰威之山，其中有谷，曰枭谷，其中多铁。

又东十五里，曰橿谷之山，其中多赤铜。

又东百二十里，曰吴林之山，其中多葌草。

又北三十里，曰牛首之山。有草焉，名曰鬼草，其叶如葵而赤茎，其秀如禾，服之不忧。劳水出焉，而西流注于潏水。是多飞鱼，其状如鲋鱼，食之已痔衕。

又北四十里，曰霍山，其木多榖。有兽焉，其状如狸，而白尾有鬣，名曰朏朏，养之可以已忧。

又北五十二里，曰合谷之山，是多薝棘。

又北三十五里，曰阴山，多砺石、文石。少水出焉，其中多雕棠，其叶如榆叶而方，其实如赤菽，食之已聋。

又东北四百里，曰鼓镫之山，多赤铜。有草焉，名曰荣草，其叶如柳，其本如鸡卵，食之已风。

凡薄山之首，自甘枣之山至于鼓镫之山，凡十五山，六千六百七十里。历儿，冢也，其祠礼：毛，太牢之具；县婴以吉玉。其余十三山者，毛用一羊，县婴用藻珪，瘗而不糈。藻珪者，藻玉也，方其下而锐其上，而中穿之加金。

* * *

中次二经济山之首，曰辉诸之山，其上多桑，其兽多闾麋，其鸟多鹖。

又西南二百里，曰发视之山，其上多金玉，其下多砥砺。即鱼之水出焉，而西流注于伊水。

又西三百里，曰豪山，其上多金玉而无草木。

又西三百里，曰鲜山，多金玉，无草木。鲜水出焉，而北流注于伊水。其中多鸣蛇，其状如蛇而四翼，其音如磬，见则其邑大旱。

又西三百里，曰阳山，多石，无草木。阳水出焉，而北流注于伊水。其中多化蛇，其状如人面而豺身，鸟翼而蛇行，其音如叱呼，见则其邑大水。

又西二百里，曰昆吾之山，其上多赤铜。有兽焉，其状如彘而有角，其音如号，名曰蚳蛭，食之不眯。

又西百二十里，曰葌山，葌水出焉，而北流注于伊水，其上多金玉，其下多青、雄黄。有木焉，其状如棠而赤叶，名曰芒草，可以毒鱼。

又西一百五十里，曰独苏之山，无草木而多水。

又西二百里，曰蔓渠之山，其上多金玉，其下多竹箭。伊水出焉，而东流注于洛。有兽焉，其名曰马腹，其状如人面虎身，其音如婴儿，是食人。

凡济山之首，自辉诸之山至于蔓渠之山，凡九山，一千六百七十里。其神皆人面而鸟身。祠用毛，用一吉玉，投而不糈。

* * *

中次三经萯山之首，曰敖岸之山，其阳多㻬琈之玉，其阴多赭、黄金。神熏池居之。是常出美玉。北望河林，其状如茜如举。有兽焉，其状如白鹿而四角，名曰夫诸，见则其邑大水。

又东十里，曰青要之山，实惟帝之密都。是多驾鸟。南望墠渚，禹父之所化，是多仆累、蒲卢。䰠武罗司之，其状人面而豹文，小要而白齿，而穿耳以鐻，其鸣如鸣玉。是山也，宜女子。畛水出焉，而北流注于河。其中有鸟焉，名曰鴢，其状如凫，青身而朱目赤尾，食之宜子。有草焉，其状如葌，而方茎、黄华、赤实，其本如藁本，名曰荀草，服之美人色。

又东十里，曰騩山，其上有美枣，其阴有㻬琈之玉。正回之水出焉，而北流注于河。其中多飞鱼，其状如豚而赤文，服之不畏雷，可以御兵。

又东四十里，曰宜苏之山，其上多金玉，其下多蔓居之木。滽滽之水出焉，而北流注于河，是多黄贝。

又东二十里，曰和山，其上无草木而多瑶碧，实惟河之九都。是山也五曲，九水出焉，合而北流注于河，其中多苍玉。吉神泰逢司之，其状如人而虎尾，是好居于萯山之阳，出入有光。泰逢神动天地气也。

凡萯山之首，自敖岸之山至于和山，凡五山，四百四十里。其祠：泰逢、熏池、武罗皆一牡羊副，婴用吉玉。其二神用一雄鸡瘗之，糈用稌。

* * *

中次四经鳌山之首，曰鹿蹄之山，其上多玉，其下多金。甘水出焉，而北流注于洛，其中多泠石。

西五十里，曰扶猪之山，其上多礝石。有兽焉，其状如貉而人目，其名曰䴥。虢水出焉，而北流注于洛，其中多瓀石。

又西一百二十里，曰釐山，其阳多玉，其阴多蒐。有兽焉，其状如牛，苍身，其音如婴儿，是食人，其名曰犀渠。滽滽之水出焉，而南流注于伊水。有兽焉，名曰㵀，其状如獳犬而有鳞，其毛如彘鬣。

又西二百里，曰箕尾之山，多榖，多涂石，其上多㻬琈之玉。

又西二百五十里，曰柄山，其上多玉，其下多铜。滔雕之水出焉，而北流注于洛。其中多羬羊。有木焉，其状如樗，其叶如桐而荚实，其名曰茇，可以毒鱼。

又西二百里，曰白边之山，其上多金玉，其下多青雄黄。

又西二百里，曰熊耳之山，其上多漆，其下多棕。浮濠之水出焉，而西流注于洛，其中多水玉，多人鱼。有草焉，其状如苏而赤华，名曰葶苧，可以毒鱼。

又西三百里，曰牡山，其上多文石，其下多竹箭、竹𥯨。其兽多㸲牛、羬羊，鸟多赤鷩。

又西三百五十里，曰讙举之山。雒水出焉，而东北流注于玄扈之水，其中多马肠之物。此二山者，洛间也。

凡釐山之首，自鹿蹄之山至于玄扈之山，凡九山，千六百七十里。其神状皆人面兽身。其祠之、毛用一白鸡，祈而不糈，以采衣之。

＊＊＊

中次五经薄山之首，曰苟林之山，无草木，多怪石。

东三百里，曰首山，其阴多榖柞，其草多茱芫，其阳多㻬琈之玉，木多槐。其阴有谷，曰机谷，多䲦鸟，其状如枭而三目，有耳，其音如录，食之已垫。

又东三百里，曰县劚之山，无草木，多文石。

又东三百里，曰葱聋之山，无草木，多𤹶石。

东北五百里，曰条谷之山，其木多槐桐，其草多芍药、虋冬。

又北十里，曰超山，其阴多苍玉，其阳有井，冬有水而夏竭。

又东五百里，曰成侯之山，其上多櫄木，其草多芃。

又东五百里，曰朝歌之山，谷多美垩。

又东五百里，曰槐山，谷多金锡。

又东十里，曰历山，其木多槐，其阳多玉。

又东十里，曰尸山，多苍玉，其兽多麖。尸水出焉，南流注于洛水，其中多美玉。

又东十里，曰良馀之山，其上多榖柞，无石。馀水出于其阴，而北流注于河；乳水出于其阳，而东南流注于洛。

又东南十里，曰蛊尾之山，多砺石、赤铜。龙馀之水出焉，而东南流注于洛。

又东北二十里，曰升山，其木多穀柞棘，其草多藷萸、蕙，多寇脱。黄酸之水出焉，而北流注于河，其中多璇玉。

又东十二里，曰阳虚之山，多金，临于玄扈之水。

凡薄山之首，自苟林之山至于阳虚之山，凡十六山，二千九百八十二里。升山，冢也，其祠礼：太牢，婴用吉玉。首山，䰠也，其祠用稌、黑牺太牢之具、蘖酿；干儛，置鼓；婴用一璧。尸水，合天也，肥牲祠之，用一黑犬于上，用一雌鸡于下，刉一牝羊，献血。婴用吉玉，采之，飨之。

* * *

中次六经缟羝山之首，曰平逢之山，南望伊、洛，东望穀城之山，无草木，无水，多沙石。有神焉，其状如人而二首，名曰骄虫，是为螫虫，实惟蜂蜜之庐。其祠之：用一雄鸡，禳而勿杀。

西十里，曰缟羝之山，无草木，多金玉。

又西十里，曰廆山，其阴多㻬琈之玉。其西有谷焉，名曰雚谷，其木多柳楮。其中有鸟焉，状如山鸡而长尾，赤如丹火而青喙，名曰鸰鹦，其鸣自呼，服之不眯。交觞之水出于其阳，而南流注于洛；俞随之水出于其阴，而北流注于穀水。

又西三十里，曰瞻诸之山，其阳多金，其阴多文石。谢水出焉，而东南流注于洛；少水出其阴，而东流注于穀水。

又西三十里，曰娄涿之山，无草木，多金玉。瞻水出于其阳，而东流注于洛；陂水出于其阴，而北流注于穀水，其中多茈石、文石。

又西四十里，曰白石之山。惠水出于其阳，而南流注于洛，其中多水玉。涧水出于其阴，西北流注于穀水，其中多麋石、栌丹。

又西五十里，曰穀山，其上多穀，其下多桑。爽水出焉，而西北流注于穀水，其中多碧绿。

又西七十二里，曰密山，其阳多玉，其阴多铁。豪水出焉，而南流注于洛。其中多旋龟，其状鸟首而鳖尾，其音如判木。无草木。

又西百里，曰长石之山，无草木，多金玉。其西有谷焉，名曰共谷，多竹。共水出焉，西南流注于洛，其中多鸣石。

又西一百四十里，曰傅山，无草木，多瑶碧。厌染之水出于其阳，而南流注于洛，其中多人鱼。其西有林焉，名曰墦冢。榖水出焉，而东流注于洛，其中多珚玉。

又西五十里，曰橐山，其木多樗，多楠木，其阳多金玉，其阴多铁，多萧。橐水出焉，而北流注于河。其中多脩辟之鱼，状如黾而白喙，其音如鸱，食之已白癣。

又西九十里，曰常烝之山，无草木，多垩。潐水出焉，而东北流注于河，其中多苍玉。菑水出焉，而北流注于河。

又西九十里，曰夸父之山，其木多棕枏，多竹箭，其兽多㸲牛、羬羊，其鸟多赤鷩，其阳多玉，其阴多铁。其北有林焉，名曰桃林，是广员三百里，其中多马。湖水出焉，而北流注于河，其中多珚玉。

又西九十里，曰阳华之山，其阳多金玉，其阴多青雄黄，其草多藷萸，多苦辛，其状如楸，其实如瓜，其味酸甘，食之已疟。杨水出焉，而西南流注于洛，其中多人鱼。门水出焉，而东北流注于河，其中多玄礵。缙姑之水出于其阴，而东流注于门水，其上多铜。

凡缟羝山之首，自平逢之山至于阳华之山，凡十四山，七百九十里。岳在其中，以六月祭之，如诸岳之祠法，则天下安宁。

＊＊＊

中次七经苦山之首，曰休与之山。其上有石焉，名曰帝台之棋，五色而文，其状如鹑卵，帝台之石，所以祷百神者也，服之不蛊。有草焉，其状如蓍，赤叶而本丛生，名曰夙条，可以为簳。

东三百里，曰鼓钟之山，帝台之所以觞百神也。有草焉，方茎而黄华，员叶而三成，其名曰焉酸，可以为毒。其上多砺，其下多砥。

又东二百里，曰姑媱之山。帝女死焉，其名曰女尸，化为䔄草，其叶胥成，其华黄，其实如菟丘，服之媚于人。

又东二十里，曰苦山。有兽焉，名曰山膏，其状如豚，赤若丹火，善詈。其上有木焉，名曰黄棘，黄华而员叶，其实如兰，服之不字。有草焉，员叶而无茎，赤华而不实，名曰无条，服之不瘿。

又东二十七里，曰堵山，神天愚居之，是多怪风雨。其上有木焉，名曰天楄，方茎而葵状，服者不哽。

又东五十二里，曰放皋之山。明水出焉，南流注于伊水，其中多苍玉。有木焉，其叶如槐，黄华而不实，其名曰蒙木，服之不惑。有兽焉，其状如蜂，枝尾而反舌，善呼，其名曰文文。

又东五十七里，曰大苦之山，多㻬琈之玉，多麋玉。有草焉，其状叶如榆，方茎而苍伤，其名曰牛伤，其根苍文，服者不厥，可以御兵。其阳狂水出焉，西南流注于伊水，其中多三足龟，食者无大疾，可以已肿。

又东七十里，曰半石之山，其上有草焉，生而秀，其高丈余，赤叶赤华，华而不实，其名曰嘉荣，服之者不霆。来需之水出于其阳，而西流注于伊水，其中多鲶鱼，黑文，其状如鲋，食者不睡。合水出于其阴，而北流注于洛，多䲢鱼，状如鳜，居逵，苍文赤尾，食者不痈，可以为瘘。

又东五十里，曰少室之山，百草木成囷。其上有木焉，其名曰帝休，叶状如杨，其枝五衢，黄华黑实，服者不怒。其上多玉，其下多铁。休水出焉，而北流注于洛，其中多䱱鱼，状如盩蜼而长距，足白而对，食者无蛊疾，可以御兵。

又东三十里，曰泰室之山。其上有木焉，叶状如梨而赤理，其名曰栯木，服者不妒。有草焉，其状如苿，白华黑实，泽如蘡薁，其名曰䔄草，服之不眯。上多美石。

又北三十里，曰讲山，其上多玉，多柘，多柏。有木焉，名曰帝屋，叶状如椒，反伤赤实，可以御凶。

又北三十里，曰婴梁之山，上多苍玉，錞于玄石。

又东三十里，曰浮戏之山。有木焉，叶状如樗而赤实，名曰亢木，食之不蛊。汜水出焉，而北流注于河。其东有谷，因名曰蛇谷，上多少辛。

又东四十里，曰少陉之山。有草焉，名曰䔄草，叶状如葵，而赤茎白华，实如蘡薁，食之不愚。器难之水出焉，而北流注于役水。

又东南十里，曰太山。有草焉，名曰梨，其叶状如荻而赤华，可以已疽。太水出于其阳，而东南流注于役水；承水出于其阴，而东北流注于役水。

又东二十里，曰末山，上多赤金。末水出焉，北流注于役水。

又东二十五里，曰役山，上多白金，多铁。役水出焉，北流注于河。

又东三十五里，曰敏山。上有木焉，其状如荆，白华而赤实，名曰蓟柏，服者不寒。其阳多㻬琈之玉。

又东三十里，曰大騩之山，其阴多铁、美玉、青垩。有草焉，其状如蓍而毛，青华而白实，其名曰䓘，服之不夭，可以为腹病。

凡苦山之首，自休与之山至于大騩之山，凡十有九山，千一百八十四里。其十六神者，皆豕身而人面。其祠：毛牷用一羊羞，婴用一藻玉瘗。苦山、少室、太室皆冢也，其祠之：太牢之具，婴以吉玉。其神状皆人面而三首，其余属皆豕身人面也。

＊＊＊

中次八经荆山之首，曰景山，其上多金玉，其木多杼檀。雎水出焉，东南流注于江，其中多丹粟，多文鱼。

东北百里，曰荆山，其阴多铁，其阳多赤金，其中多犛牛，多豹虎，其木多松柏，多橘櫾。其草多竹，漳水出焉，而东南流注于雎，其中多黄金，多鲛鱼，其兽多闾麋。

又东北百五十里，曰骄山，其上多玉，其下多青雘，其木多松柏，多桃枝钩端。神䨲围处之，其状如人面，羊角虎爪，恒游于雎漳之渊，出入有光。

又东北百二十里，曰女几之山，其上多玉，其下多黄金，其兽多豹虎，多闾麋麖麂，其鸟多白鸫，多翟，多鸩。

又东北二百里，曰宜诸之山，其上多金玉，其下多青雘。洈水出焉，而南流注于漳，其中多白玉。

又东北三百五十里，曰纶山，其木多梓枏，多桃枝，多柤、栗、橘、櫾，其兽多闾、麈、麢、臭。

又东二百里，曰陆郃之山，其上多㻬琈之玉，其下多垩，其木多杻橿。

又东百三十里，曰光山，其上多碧，其下多水。神计蒙处之，其状人身而龙首，恒游于漳渊，出入必有飘风暴雨。

又东百五十里，曰岐山，其阳多赤金，其阴多白珉，其上多金玉，其下多青雘，其木多樗。神涉䵋处之，其状人身而方面三足。

又东百三十里，曰铜山，其上多金、银、铁，其木多榖、柞、柤、栗、橘、櫾，其兽多犳。

又东北一百里，曰美山，其兽多兕牛，多闾麈，多豕鹿，其上多金，其下多青雘。

又东北百里，曰大尧之山，其木多松柏，多梓桑，多机，其草多竹，其兽多豹、虎、麢、臭。

又东北三百里，曰灵山，其上多金玉，其下多青雘，其木多桃、李、梅、杏。

又东北七十里，曰龙山，上多寓木，其上多碧，其下多赤锡，其草多桃枝钩端。

又东南五十里，曰衡山，上多寓木榖柞，多黄垩、白垩。

又东南七十里，曰石山，其上多金，其下多青雘，多寓木。

又南百二十里，曰若山，其上多㻬琈之玉，多赭，多封石，多寓木，多柘。

又东南一百二十里，曰彘山，多美石，多柘。

又东南一百五十里，曰玉山，其上多金玉，其下多碧铁，其木多柏。

又东南七十里，曰讙山，其木多檀，多封石，多白锡。郁水出于其上，潜于其下，其中多砥砺。

又东北百五十里，曰仁举之山，其木多榖柞，其阳多赤金，其阴多赭。

又东五十里，曰师每之山，其阳多砥砺，其阴多青雘，其木多柏，多檀，多柘，其草多竹。

又东南二百里，曰琴鼓之山，其木多榖、柞、椒、柘，其上多白珉，其下多洗石，其兽多豕鹿，多白犀，其鸟多鸩。

凡荆山之首，自景山至琴鼓之山，凡二十三山，二千八百九十里。其神状皆鸟身而人面。其祠：用一雄鸡祈瘗，用一藻圭，糈用稌。骄山，冢也，其祠：用羞酒少牢祈瘗，婴用一璧。

* * *

中次九经岷山之首，曰女几之山，其上多石涅，其木多杻橿，其草多菊茉。洛水出焉，东注于江。其中多雄黄，其兽多虎豹。

又东北三百里，曰岷山，江水出焉，东北流注于海，其中多良龟，多鼍。其上多金玉，其下多白珉，其木多梅棠，其兽多犀象，多夔牛，其鸟多翰鷩。

又东北一百四十里，曰崃山，江水出焉，东流注于大江。其阳多黄金，其阴多麋麈，其木多檀柘，其草多䪥韭，多药、空夺。

又东一百五十里，曰崌山，江水出焉，东流注于大江，其中多怪蛇，多鳌鱼，其木多楢杻，多梅梓，其兽多夔牛、麢、㚟、犀、兕。有鸟焉，状如鸮而赤身白首，其名曰窃脂，可以御火。

又东三百里，曰高梁之山，其上多垩，其下多砥砺，其木多桃枝、钩端。有草焉，状如葵而赤华，荚实白柎，可以走马。

又东四百里，曰蛇山，其上多黄金，其下多垩，其木多栒，多豫章，其草多嘉荣、少辛。有兽焉，其状如狐，而白尾长耳，名𤟹狼，见则国内有兵。

又东五百里，曰鬲山，其阳多金，其阴多白珉。蒲鸏之水出焉，而东流注于江，其中多白玉。其兽多犀、象、熊、罴，多猿、蜼。

又东北三百里，曰隅阳之山，其上多金玉，其下多青雘，其木多梓桑，其草多茈。徐之水出焉，东流注于江，其中多丹粟。

又东二百五十里，曰岐山，其上多白金，其下多铁，其木多梅梓，多杻楢。减水出焉，东南流注于江。

又东三百里，曰勾祢之山，其上多玉，其下多黄金，其木多栎柘，其草多芍药。

又东一百五十里，曰风雨之山，其上多白金，其下多石涅，其木多棷椫，多杨。宣余之水出焉，东流注于江，其中多蛇。其兽多闾麋麈，多豹虎，其鸟多白鹓。

又东北二百里，曰玉山，其阳多铜，其阴多赤金，其木多豫章楢杻，其兽多豕鹿麢㚟，其鸟多鸩。

又东一百五十里，曰熊山。有穴焉，熊之穴，恒出神人。夏启而冬闭，是穴也，冬启乃必有兵。其上多白玉，其下多白金，其木多樗柳，其草多寇脱。

又东一百四十里，曰騩山，其阳多美玉赤金，其阴多铁，其木多桃枝、荆、芑。

又东二百里，曰葛山，其上多赤金，其下多瑊石，其木多柤栗橘櫾楢杻，其兽多麢㚟，其草多嘉荣。

又东一百七十里，曰贾超之山，其阳多黄垩，其阴多美赭，其木多柤栗橘櫾，其中多龙脩。

凡岷山之首，自女几山至于贾超之山，凡十六山，三千五百里。其神状皆马身而龙首。其祠：毛用一雄鸡瘗，糈用稌。文山、勾祢、风雨、騩之山，是皆冢也，其祠之：羞酒，少牢具，婴用一吉玉。熊山，帝也，其祠：羞酒，太牢具，婴用一璧。干儛，用兵以禳；祈，璆冕舞。

* * *

中次十经之首，曰首阳之山，其上多金玉，无草木。

又西五十里，曰虎尾之山，其木多椒椐，多封石，其阳多赤金，其阴多铁。

又西南五十里，曰繁缋之山，其木多楢杻，其草多枝勾。

又西南二十里，曰勇石之山，无草木，多白金，多水。

又西二十里，曰复州之山，其木多檀，其阳多黄金。有鸟焉，其状如鸮，而一足彘尾，其名曰跂踵，见则其国大疫。

又西三十里，曰楮山，多寓木，多椒椐，多柘，多垩。

又西二十里，曰又原之山，其阳多青雘，其阴多铁，其鸟多鸜鹆。

又西五十里，曰涿山，其木多榖柞杻，其阳多㻬琈之玉。

又西七十里，曰丙山，其木多梓檀，多弞杻。

凡首阳山之首，自首山至于丙山，凡九山，二百六十七里。其神状皆龙身而人面。其祠之：毛用一雄鸡瘗，糈用五种之糈。堵山，冢也，其祠之：少牢具，羞酒祠，婴用一璧瘗。騩山，帝也，其祠：羞酒，太牢具，合巫祝二人舞，婴一璧。

* * *

中次十一经荆山之首，曰翼望之山。湍水出焉，东流注于济。贶水出焉，东南流注于汉，其中多蛟。其上多松柏，其下多漆梓，其阳多赤金，其阴多珉。

又东北一百五十里，曰朝歌之山。潕水出焉，东南流注于荥，其中多人鱼。其上多梓枏，其兽多麢麋。有草焉，名曰莽草，可以毒鱼。

又东南二百里，曰帝囷之山，其阳多㻬琈之玉，其阴多铁。帝囷之水出于其上，潜于其下，多鸣蛇。

又东南五十里，曰视山，其上多韭。有井焉，名曰天井，夏有水，冬竭。其上多桑，多美垩、金玉。

又东南二百里，曰前山，其木多槠，多柏，其阳多金，其阴多赭。

又东南三百里，曰丰山，有兽焉，其状如蝯，赤目、赤喙、黄身，名曰雍和，见则国有大恐。神耕父处之，常游清泠之渊，出入有光，见则其国为败。有九钟焉，是和霜鸣。其上多金，其下多榖柞杻橿。

又东北八百里，曰兔床之山，其阳多铁，其木多槠芧，其草多鸡谷，其本如鸡卵，其味酸甘，食者利于人。

又东六十里，曰皮山，多垩，多赭，其木多松柏。

又东六十里，曰瑶碧之山，其木多梓枏，其阴多青雘，其阳多白金。有鸟焉，其状如雉，恒食蜚，名曰鸩。

又东四十里，曰支离之山。济水出焉，南流注于汉。有鸟焉，其名曰婴勺，其状如鹊，赤目、赤喙、白身，其尾若勺，其鸣自呼。多㸲牛，多羬羊。

又东北五十里，曰袟篙之山，其上多松柏机桓。

又西北一百里，曰堇理之山，其上多松柏，多美梓，其阴多丹雘，多金，其兽多豹虎。有鸟焉，其状如鹊，青身白喙，白目白尾，名曰青耕，可以御疫，其鸣自叫。

又东南三十里，曰依轱之山，其上多杻橿，多苴。有兽焉，其状如犬，虎爪有甲，其名曰獜，善駚坌，食者不风。

又东南三十五里，曰即谷之山，多美玉，多玄豹，多闾麈，多麢㚟。其阳多珉，其阴多青雘。

又东南四十里，曰鸡山，其上多美梓，多桑，其草多韭。

又东南五十里，曰高前之山。其上有水焉，甚寒而清，帝台之浆也，饮之者不心痛。其上有金，其下有赭。

又东南三十里，曰游戏之山，多杻橿穀，多玉，多封石。

又东南三十五里，曰从山，其上多松柏，其下多竹。从水出于其上，潜于其下，其中多三足鳖，枝尾，食之无蛊疾。

又东南三十里，曰婴硜之山，其上多松柏，其下多梓櫄。

又东南三十里，曰毕山。帝苑之水出焉，东北流注于视，其中多水玉，多蛟。其上多㻬琈之玉。

又东南二十里，曰乐马之山。有兽焉，其状如彙，赤如丹火，其名曰狼，见则其国大疫。

又东南二十五里，曰葴山，视水出焉，东南流注于汝水，其中多人鱼，多蛟，多颉。

又东四十里，曰婴山，其下多青雘，其上多金玉。

又东三十里，曰虎首之山，多苴椆椐。

又东二十里，曰婴侯之山，其上多封石，其下多赤锡。

又东五十里，曰大孰之山。杀水出焉，东北流注于视水，其中多白垩。

又东四十里，曰卑山，其上多桃李苴梓，多纍。

又东三十里，曰倚帝之山，其上多玉，其下多金。有兽焉，其状如鼣鼠，白耳白喙，名曰狙如，见则其国有大兵。

又东三十里，曰鲵山，鲵水出于其上，潜于其下，其中多美垩。其上多金，其下多青雘。

又东三十里，曰雅山。澧水出焉，东流注于视水，其中多大鱼。其上多美桑，其下多苴，多赤金。

又东五十五里，曰宣山。沦水出焉，东南流注于视水，其中多蛟。其上有桑焉，大五十尺，其枝四衢，其叶大尺余，赤理黄华青柎，名曰帝女之桑。

又东四十五里，曰衡山，其上多青雘，多桑，其鸟多鸜鹆。

又东四十里，曰丰山，其上多封石，其木多桑，多羊桃，状如桃而方茎，可以为皮张。

又东七十里，曰妪山，其上多美玉，其下多金，其草多鸡谷。

又东三十里，曰鲜山，其木多楢杻苴，其草多亹冬，其阳多金，其阴多铁。有兽焉，其状如膜犬，赤喙、赤目、白尾，见则其邑有火，名曰狢即。

又东三十里，曰皋山，其阳多金，其阴多美石。皋水出焉，东流注于澧水，其中多脃石。

又东二十五里，曰大支之山，其阳多金，其木多榖柞，无草。

又东五十里，曰区吴之山，其木多苴。

又东五十里，曰声匈之山，其木多榖，多玉，上多封石。

又东五十里，曰大騩之山，其阳多赤金，其阴多砥石。

又东十里，曰踵臼之山，无草木。

又东北七十里，曰历石之山，其木多荆芑，其阳多黄金，其阴多砥石。有兽焉，其状如狸，而白首虎爪，名曰梁渠，见则其国有大兵。

又东南一百里，曰求山。求水出于其上，潜于其下，中有美赭。其木多苴，多䉋。其阳多金，其阴多铁。

又东二百里，曰丑阳之山，其上多椆椐。有鸟焉，其状如乌而赤足，名曰䳋鵌，可以御火。

又东三百里，曰奥山，其上多柏杻橿，其阳多㻬琈之玉。奥水出焉，东流注于视水。

又东三十五里，曰服山，其木多苴，其上多封石，其下多赤锡。

又东百十里，曰杳山，其上多嘉荣草，多金玉。

又东三百五十里，曰几山，其木多楢檀杻，其草多香。有兽焉，其状如彘，黄身、白头、白尾，名曰闻獜，见则天下大风。

凡荆山之首，自翼望之山至于几山，凡四十八山，三千七百三十二里。其神状皆彘身人首。其祠：毛用一雄鸡祈，瘗用一珪，糈用五种之精。禾山，帝也，其祠：太牢之具，羞瘗，倒毛；用一璧，牛无常。堵山、玉山，冢也，皆倒祠，羞用少牢，婴用吉玉。

* * *

中次十二经洞庭山之首，曰篇遇之山，无草木，多黄金。

又东南五十里，曰云山，无草木。有桂竹，甚毒，伤人必死。其上多黄金，其下多㻬琈之玉。

又东南一百三十里，曰龟山，其木多榖柞椆椐，其上多黄金，其下多青雄黄，多扶竹。

又东七十里，曰丙山，多筀竹，多黄金铜铁，无木。

又东南五十里，曰风伯之山，其上多金玉，其下多痠石、文石，多铁，其木多柳杻檀楮。其东有林焉，曰莽浮之林，多美木鸟兽。

又东一百五十里，曰夫夫之山，其上多黄金，其下多青雄黄，其木多桑楮，其草多竹、鸡鼓。神于儿居之，其状人身而身操两蛇，常游于江渊，出入有光。

又东南一百二十里，曰洞庭之山，其上多黄金，其下多银铁，其木多柤梨橘櫾，其草多葌、蘪芜、芍药、芎䓖。帝之二女居之，是常游于江渊。澧沅之风，交潇湘之渊，是在九江之间，出入必以飘风暴雨。是多怪神，状如人而载蛇，左右手操蛇。多怪鸟。

又东南一百八十里，曰暴山，其木多棕、枏、荆、芑、竹、箭、䉋、箘，其上多黄金、玉，其下多文石、铁，其兽多麋鹿麢，其鸟多就。

又东南二百里，曰即公之山，其上多黄金，其下多㻬琈之玉，其木多柳杻檀桑。有兽焉，其状如龟，而白身赤首，名曰蛫，是可以御火。

又东南一百五十九里，有尧山，其阴多黄垩，其阳多黄金，其木多荆、芑柳、檀，其草多藷萸、茱。

又东南一百里，曰江浮之山，其上多银、砥砺，无草木，其兽多豕鹿。

又东二百里，曰真陵之山，其上多黄金，其下多玉，其木多榖柞柳杻，其草多荣草。

又东南一百二十里，曰阳帝之山，多美铜，其木多橿、杻、檿、楮，其兽多麢、麝。

又南九十里，曰柴桑之山，其上多银，其下多碧，多泠石、赭，其木多柳芑楮桑，其兽多麋鹿，多白蛇、飞蛇。

又东二百三十里，曰荣余之山，其上多铜，其下多银，其木多柳芑，其虫多怪蛇、怪虫。

凡洞庭山之首，自篇遇之山至于荣余之山，凡十五山，二千八百里。其神状皆鸟身而龙首。其祠：毛用一雄鸡、一牝豚刉，糈用稌。凡夫夫之山、即公之山、尧山、阳帝之山，皆冢也，其祠：皆肆瘗，祈用酒，毛用少牢，婴用一吉玉。洞庭、荣余山，神也，其祠：皆肆瘗，祈酒太牢祠，婴用圭璧十五，五采惠之。

右中经之山，大凡百九十七山，二万一千三百七十一里。

大凡天下名山五千三百七十，居地，大凡六万四千五十六里。

禹曰：天下名山，经五千三百七十山，六万四千五十六里，居地也。言其《五臧》，盖其余小山甚众，不足记云。天地之东西二万八千里，南北二万六千里，出水者八千里，受水者八千里，出铜之山四百六十七，出铁之山三千六百九十。此天地之所分壤树谷也，弋矛之所发也，刀铩之所起也，能者有余，拙者不足。封于太山，禅于梁父，七十二家，得失之数，皆在此内，是谓国用。

右《五臧山经》五篇，大众一万五千五百三字。

海外南经

地之所载，六合之间，四海之内，照之以日月，经之以星辰，纪之以四时，要之以太岁，神灵所生，其物异形，或夭或寿，唯圣人能通其道。

海外自西南陬至东南陬者。

结匈国在其西南，其为人结匈。

南山在其东南。自此山来，虫为蛇，蛇号为鱼。一曰南山在结匈东南。

比翼鸟在其东，其为鸟青、赤，两鸟比翼。一曰在南山东。

羽民国在其东南，其为人长头，身生羽。一曰在比翼鸟东南，其为人长颊。

有神人二八，连臂，为帝司夜于此野。在羽民东。其为人小颊赤肩。

毕方鸟在其东，青水西，其为鸟人面一脚。一曰在二八神东。

讙头国在其南，其为人人面有翼，鸟喙，方捕鱼。一曰在毕方东。或曰讙朱国。

厌火国在其国南，兽身黑色，火出其口中。一曰在讙朱东。

三株树在厌火北，生赤水上，其为树如柏，叶皆为珠。一曰其为树若彗。

三苗国在赤水东，其为人相随。一曰三毛国。

䥣国在其东，其为人黄，能操弓射蛇。一曰䥣国在三毛东。

贯匈国在其东，其为人匈有窍。一曰在䥣国东。

交胫国在其东，其为人交胫。一曰在穿匈东。

不死民在其东，其为人黑色，寿，不死。一曰在穿匈国东。

反舌国在其东，其为人反舌。一曰支舌国，在不死民东。

昆仑虚在其东，虚四方。一曰在反舌东，为虚四方。

羿与凿齿战于寿华之野，羿射杀之。在昆仑虚东。羿持弓矢，凿齿持盾。

一曰戈。

三首国在其东，其为人一身三首。一日在凿齿东。

周饶国在其东，其为人短小，冠带。一曰焦侥国在三首东。

长臂国在其东，捕鱼水中，两手各操一鱼。一曰在焦侥东，捕鱼海中。

狄山，帝尧葬于阳，帝喾葬于阴。爰有熊、罴、文虎、蜼、豹、离朱、视肉。吁咽、文王皆葬其所。一曰汤山。一曰爰有熊、罴、文虎、蜼、豹、离朱、鸱久、视肉、虖交。其范林方三百里。

南方祝融，兽身人面，乘两龙。

海外西经

海外自西南陬至西北陬者。

灭蒙鸟在结匈国北，为鸟青，赤尾。

大运山高三百仞，在灭蒙鸟北。

大乐之野，夏后启于此儛《九代》，乘两龙，云盖三层。左手操翳，右手操环，佩玉璜。在大运山北。一曰大遗之野。

三身国在夏后启北，一首而三身。

一臂国在其北，一臂一目一鼻孔。有黄马虎文，一目而一手。

奇肱之国在其北，其人一臂三目，有阴有阳，乘文马。有鸟焉，两头，赤黄色，在其旁。

刑天与帝争神，帝断其首，葬之常羊之山。乃以乳为目，以脐为口，操干戚以舞。

女祭、女薎在其北，居两水间。薎操鱼䱉，祭操俎。

鸾鸟、鹔鸟，其色青黄，所经国亡。在女祭北。鸾鸟人面，居山上。一曰维鸟，青鸟、黄鸟所集。

丈夫国在维鸟北，其为人衣冠带剑。

女丑之尸，生而十日炙杀之。在丈夫北。以右手鄣其面。十日居上，女丑居山之上。

巫咸国在女丑北，右手操青蛇，左手操赤蛇。在登葆山，群巫所从上下也。

并封在巫咸东，其状如彘，前后皆有首，黑。

女子国在巫咸北，两女子居，水周之。一曰居一门中。

轩辕之国在此穷山之际，其不寿者八百岁。在女子国北，人面蛇身，尾交首上。

穷山在其北，不敢西射，畏轩辕之丘。在轩辕国北，其丘方，四蛇相绕。

诸沃之野，沃民是处，鸾鸟自歌，凤鸟自舞。凤皇卵，民食之；甘露，民饮之，所欲自从也。百兽相与群居。在四蛇北。其人两手操卵食之，两鸟居前导之。

龙鱼陵居在其北，状如貍。一曰鰕。即有神圣乘此以行九野。一曰鳖鱼在沃野北，其为鱼也如鲤。

白民之国在龙鱼北，白身被发。有乘黄，其状如狐，其背上有角，乘之寿二千岁。

肃慎之国在白民北，有树名曰雒棠，圣人代立，于此取衣。

长股之国在雒棠北，被发。一曰长脚。

西方蓐收，左耳有蛇，乘两龙。

海外北经

海外自西北陬至东北陬者。

无启之国在长股东，为人无启。

钟山之神，名曰烛阴，视为昼，瞑为夜，吹为冬，呼为夏，不饮，不食，不息，息为风，身长千里。在无启之东。其为物，人面，蛇身，赤色，居钟山下。

一目国在其东，一目中其面而居。

柔利国在一目东，为人一手一足，反膝，曲足居上。一云留利之国，人足反折。

共工之臣曰相柳氏，九首，以食于九山。相柳之所抵，厥为泽谿。禹杀相柳，其血腥，不可以树五谷种。禹厥之，三仞三沮，乃以为众帝之台。在昆仑之北，柔利之东。相柳者，九首人面，蛇身而青。不敢北射，畏共工之台。台在其东。台四方，隅有一蛇，虎色，首冲南方。

深目国在其东，为人深目，举一手。一曰在共工台东。

无肠之国在深目东，其为人长而无肠。

聂耳之国在无肠国东，使两文虎，为人两手聂其耳。县居海水中，及水所出入奇物。两虎在其东。

夸父与日逐走，入日。渴欲得饮，饮于河渭，河渭不足，北饮大泽。未至，道渴而死。弃其杖，化为邓林。

夸父国在聂耳东，其为人大，右手操青蛇，左手操黄蛇。邓林在其东，二树木。一曰博父。

禹所积石之山在其东，河水所入。

拘瘿之国在其东，一手把瘿。一曰利瘿之国。

寻木长千里，在拘瘿南，生河上西北。

跂踵国在拘瘿东，其为人两足皆支。一曰反踵。

欧丝之野在反踵东，一女子跪据树欧丝。

三桑无枝，在欧丝东，其木长百仞，无枝。

范林方三百里，在三桑东，洲环其下。

务隅之山，帝颛顼葬于阳，九嫔葬于阴。一曰爰有熊、罴、文虎、离朱、鴟久、视肉。

平丘在三桑东，爰有遗玉、青马、视肉、杨柳、甘柤、甘华，百果所生。有两山夹上谷，二大丘居中，名曰平丘。

北海内有兽，其状如马，名曰騊駼。有兽焉，其名曰駮，状如白马，锯牙，食虎豹。有素兽焉，状如马，名曰蛩蛩。有青兽焉，状如虎，名曰罗罗。

北方禺彊，人面鸟身，珥两青蛇，践两青蛇。

海外东经

海外自东南陬至东北陬者。

䍃丘，爰有遗玉、青马、视肉、杨柳、甘柤、甘华，百果所生。在东海，两山夹丘，上有树木。一曰嗟丘。一曰百果所在，在尧葬东。

大人国在其北，为人大，坐而削船。一曰在䍃丘北。

奢比之尸在其北，兽身、人面、大耳，珥两青蛇。一曰肝榆之尸在大人北。

君子国在其北，衣冠带剑，食兽，使二文虎在旁，其人好让不争。有薰华草，朝生夕死。一曰在肝榆之尸北。

虹虹在其北，各有两首。一曰在君子国北。

朝阳之谷，神曰天吴，是为水伯。在虹虹北两水间。其为兽也，八首人面，八足八尾，背青黄。

青丘国在其北，其狐四足九尾。一曰在朝阳北。

帝命竖亥步，自东极至于西极，五亿十选九千八百步。竖亥右手把算，左手指青丘北。一曰禹令竖亥。一曰五亿十万九千八百步。

黑齿国在其北，为人黑齿，食稻啖蛇，一赤一青，在其旁。一曰在竖亥北，为人黑首，食稻使蛇，其一蛇赤。

下有汤谷。汤谷上有扶桑，十日所浴，在黑齿北。居水中，有大木，九日居下枝，一日居上枝。

雨师妾在其北，其为人黑，两手各操一蛇，左耳有青蛇，右耳有赤蛇。一曰在十日北，为人黑身人面，各操一龟。

玄股之国在其北，其为人股黑，衣鱼食鴎，两鸟夹之。一曰在雨师妾北。

毛民之国在其北，为人身生毛。一曰在玄股北。

劳民国在其北，其为人黑，食草果实也。有一鸟两头。或曰教民。一曰在毛民北，为人面目手足尽黑。

东方句芒，鸟身人面，乘两龙。

海内南经

海内东南陬以西者。

瓯居海中。闽在海中，其西北有山。一曰闽中山在海中。

三天子鄣山在闽西海北。一曰在海中。

桂林八树在番隅东。

伯虑国、离耳国、雕题国、北朐国皆在郁水南。郁水出湘陵南海。一曰相虑。

枭阳国在北朐之西，其为人人面长唇，黑身有毛，反踵，见人则笑，左手操管。

兕在舜葬东，湘水南，其状如牛，苍黑，一角。

苍梧之山，帝舜葬于阳，帝丹朱葬于阴。

氾林方三百里，在狌狌东。

狌狌知人名，其为兽如豕而人面，在舜葬西。

狌狌西北有犀牛，其状如牛而黑。

夏后启之臣曰孟涂，是司神于巴，巴人讼于孟涂之所，其衣有血者乃执之，是请生。居山上，在丹山西。

窫窳居弱水中，在狌狌之西，其状如貙，龙首，食人。

有木，其状如牛，引之有皮，若缨、黄蛇。其叶如罗，其实如栾，其木若苉，其名曰建木。在窫窳西弱水上。

氐人国在建木西，其为人人面而鱼身，无足。

巴蛇食象，三岁而出其骨，君子服之，无心腹之疾。其为蛇青黄赤黑。一曰黑蛇青首，在犀牛西。

旄马，其状如马，四节有毛。在巴蛇西北，高山南。

匈奴、开题之国、列人之国并在西北。

海内西经

海内西南陬以北者。

贰负之臣曰危，危与贰负杀窫窳。帝乃梏之疏属之山，桎其右足，反缚两手与发，系之山上木。在开题西北。

大泽方百里，群鸟所生及所解。在雁门北。

雁门山，雁出其间，在高柳北。

高柳在代北。

后稷之葬，山水环之。在氐国西。

流黄酆氏之国，中方三百里，有涂四方，中有山，在后稷葬西。

流沙出钟山，西行又南行昆仑之虚，西南入海，黑水之山。

东胡在大泽东。

夷人在东胡东。

貊国在汉水东北。地近于燕，灭之。

孟鸟在貊国东北，其鸟文赤、黄、青，东乡。

海内昆仑之虚，在西北，帝之下都。昆仑之虚，方八百里，高万仞。上有木禾，长五寻，大五围。面有九井，以玉为槛。面有九门，门有开明兽守之，百神之所在。在八隅之岩，赤水之际，非仁羿莫能上冈之岩。

赤水出东南隅，以行其东北，西南流注南海厌火东。

河水出东北隅，以行其北，西南又入渤海，又出海外，即西而北，入禹所导积石山。

洋水、黑水出西北隅，以东，东行，又东北，南入海，羽民南。

弱水、青水出西南隅，以东，又北，又西南，过毕方鸟东。

昆仑南渊深三百仞。开明兽身大类虎而九首，皆人面，东向立昆仑上。

开明西有凤皇、鸾鸟，皆戴蛇践蛇，膺有赤蛇。

开明北有视肉、珠树、文玉树、玗琪树、不死树。凤皇、鸾鸟皆戴瞂。又有离朱、木禾、柏树、甘水、圣木曼兑，一曰挺木牙交。

开明东有巫彭、巫抵、巫阳、巫履、巫凡、巫相，夹窫窳之尸，皆操不死之药以距之。窫窳者，蛇身人面，贰负臣所杀也。

服常树，其上有三头人，伺琅玕树。

开明南有树鸟，六首；蛟、蝮、蛇、蜼、豹、鸟秩树，于表池树木，诵鸟、鵰、视肉。

海内北经

海内西北陬以东者。

蛇巫之山，上有人操柸而东向立。一曰龟山。

西王母梯几而戴胜杖，其南有三青鸟，为西王母取食。在昆仑虚北。

有人曰大行伯，把戈。其东有犬封国。贰负之尸在大行伯东。

犬封国曰犬戎国，状如犬。有一女子，方跪进杯食。有文马，缟身朱鬣，目若黄金，名曰吉量，乘之寿千岁。

鬼国在贰负之尸北，为物人面而一目。一曰贰负神在其东，为物人面蛇身。

蜪犬如犬，青，食人从首始。

穷奇状如虎，有翼，食人从首始，所食被发。在蜪犬北。一曰从足。

帝尧台、帝喾台、帝丹朱台、帝舜台，各二台，台四方，在昆仑东北。

大蜂，其状如螽；朱蛾，其状如蛾。

蟜，其为人虎文，胫有䏿。在穷奇东。一曰状如人，昆仑虚北所有。

阘非，人面而兽身，青色。

据比之尸，其为人折颈被发，无一手。

环狗，其为人兽首人身。一曰蝟状如狗，黄色。

袜，其为物人身、黑首、从目。

戎，其为人人首三角。

林氏国有珍兽，大若虎，五采毕具，尾长于身，名曰驺吾，乘之日行千里。

昆仑虚南所，有氾林方三百里。

从极之渊，深三百仞，维冰夷恒都焉。冰夷人面，乘两龙。一曰忠极之渊。

阳汙之山，河出其中；凌门之山，河出其中。

王子夜之尸，两手、两股、胸、首、齿，皆断异处。

舜妻登比氏生宵明、烛光，处河大泽，二女之灵能照此所方百里。一曰登北氏。

盖国在钜燕南，倭北。倭属燕。

朝鲜在列阳东，海北山南。列阳属燕。

列姑射在海河州中。

射姑国在海中，属列姑射，西南，山环之。

大蟹在海中。

陵鱼人面，手足，鱼身，在海中。

大鯾居海中。

明组邑居海中。

蓬莱山在海中。

大人之市在海中。

海内东经

海内东北陬以南者。

钜燕在东北陬。

国在流沙中者，埻端、玺唤，在昆仑虚东南。一曰海内之郡，不为郡县，在流沙中。

国在流沙外者，大夏、竖沙、居繇、月支之国。

西胡白玉山在大夏东，苍梧在白玉山西南，皆在流沙西，昆仑虚东南。昆仑山在西胡西，皆在西北。

雷泽中有雷神，龙身而人头，鼓其腹。在吴西。

都州在海中，一曰郁州。

琅邪台在渤海间，琅邪之东。其北有山。一曰在海间。

韩雁在海中，都州南。

始鸠在海中，韩燕南。

会稽山在大楚南。

岷三江：首大江出汶山，北江出曼山，南江出高山。高山在成都西。入海，在长州南。

浙江出三天子都，在其东，在闽西北。入海，馀暨南。

庐江出三天子都，入江，彭泽西。一曰天子鄣。

淮水出馀山，馀山在朝阳东，义乡西。入海，淮浦北。

湘水出舜葬东南陬，西环之。入洞庭下。一曰东南西泽。

汉水出鲋鱼之山，帝颛顼葬于阳，九嫔葬于阴，四蛇卫之。

濛水出汉阳西，入江，聂阳西。

温水出崆峒，崆峒山在临汾南，入河，华阳北。

颍水出少室，少室山在雍氏南，入淮西鄢北。一曰缑氏。

汝水出天息山，在梁勉乡西南，入淮极西北。一曰淮在期思北。

泾水出长城北山，山在郁郅长垣北，北入渭，戏北。

渭水出鸟鼠同穴山，东注河，入华阴北。

白水出蜀，而东南注江，入江州城下。

沅水山出象郡镡城西，入东注江，入下隽西，合洞庭中。

赣水出聂都东山，东北注江，入彭泽西。

泗水出鲁东北，而南，西南过湖陵西，而东南注东海，入淮阴北。

郁水出象郡，而西南注南海，入须陵东南。

肄水出临晋西南，而东南注海，入番禺西。

潢水出桂阳西北山，东南注肄水，入敦浦西。

洛水出洛西山，东北注河，入成皋之西。

汾水出上窳北，而西南注河，入皮氏南。

沁水出井陉山东，东南注河，入怀东南。

济水出共山南东丘，绝钜鹿泽，注渤海，入齐琅槐东北。

潦水出卫皋东，东南注渤海，入潦阳。

虖沱水出晋阳城南，而西至阳曲北，而东注渤海，入越章武北。

漳水出山阳东，东注渤海，入章武南。

大荒东经

东海之外大壑，少昊之国。少昊孺帝颛顼于此，弃其琴瑟。有甘山者，甘水出焉，生甘渊。

大荒东南隅有山，名皮母地丘。

东海之外，大荒之中，有山名曰大言，日月所出。

有波谷山者，有大人之国。有大人之市，名曰大人之堂。有一大人踆其上，张其两臂。

有小人国，名靖人。

有神，人面兽身，名曰犂䰠之尸。

有潏山，杨水出焉。

有蒍国，黍食，使四鸟：虎、豹、熊、罴。

大荒之中，有山名曰合虚，日月所出。

有中容之国。帝俊生中容，中容人食兽、木实，使四鸟：豹、虎、熊、罴。

有东口之山。有君子之国，其人衣冠带剑。

有司幽之国。帝俊生晏龙，晏龙生司幽，司幽生思士，不妻；思女，不夫。食黍，食兽，是使四鸟。

有大阿之山者。

大荒中，有山名曰明星，日月所出。

有白民之国。帝俊生帝鸿，帝鸿生白民，白民销姓，黍食，使四鸟：虎、豹、熊、罴。

有青丘之国，有狐，九尾。

有柔仆民，是维嬴土之国。

有黑齿之国。帝俊生黑齿，姜姓，黍食，使四鸟。

有夏州之国。有盖余之国。

有神人，八首人面，虎身十尾，名曰天吴。

大荒之中，有山名曰鞠陵于天、东极、离瞀，日月所出。有神名曰折丹——东方曰折，来风曰俊——处东极以出入风。

东海之渚中，有神，人面鸟身，珥两黄蛇，践两黄蛇，名曰禺虢。黄帝生禺虢，禺虢生禺京。禺京处北海，禺虢处东海，是为海神。

有招摇山，融水出焉。有国曰玄股，黍食，使四鸟。

有因民国，勾姓，黍食。有人曰王亥，两手操鸟，方食其头。王亥托于有易、河伯仆牛。有易杀王亥，取仆牛。河伯念有易，有易潜出，为国于兽，方食之，名曰摇民。帝舜生戏，戏生摇民。

海内有两人，名曰女丑。女丑有大蟹。

大荒之中，有山名曰孽摇頵羝。上有扶木，柱三百里，其叶如芥。有谷曰温源谷。汤谷上有扶木，一日方至，一日方出，皆载于乌。

有神，人面、犬耳、兽身，珥两青蛇，名曰奢比尸。

有五采之鸟，相乡弃沙。惟帝俊下友，帝下两坛，采鸟是司。

大荒之中，有山名曰猗天苏门，日月所生。有壎民之国。

有綦山。又有摇山。有䰠山。又有门户山。又有盛山。又有待山。有五采之鸟。

东荒之中，有山名曰壑明俊疾，日月所出。有中容之国。

东北海外，又有三青马、三骓、甘华。爰有遗玉、三青鸟、三骓、视肉、甘华、甘柤，百谷所在。

有女和月母之国。有人名曰鹓——北方曰鹓，来风曰狻——是处东极隅以止日月，使无相间出没，司其短长。

大荒东北隅中，有山名曰凶犁土丘。应龙处南极，杀蚩尤与夸父，不得复上。故下数旱，旱而为应龙之状，乃得大雨。

东海中有流波山，入海七千里。其上有兽，状如牛，苍身而无角，一足，出入水则必风雨，其光如日月，其声如雷，其名曰夔。黄帝得之，以其皮为鼓，橛以雷兽之骨，声闻五百里，以威天下。

大荒南经

南海之外，赤水之西，流沙之东，有兽，左右有首，名曰跊踢。有三青兽相并，名曰双双。

有阿山者。南海之中，有氾天之山，赤水穷焉。赤水之东，有苍梧之野，舜与叔均之所葬也。爰有文贝、离俞、鸱久、鹰、贾、委维、熊、罴、象、虎、豹、狼、视肉。

有荣山，荣水出焉。黑水之南，有玄蛇，食麈。

有巫山者，西有黄鸟。帝药，八斋。黄鸟于巫山，司此玄蛇。

大荒之中，有不庭之山，荣水穷焉。有人三身，帝俊妻娥皇，生此三身之国，姚姓，黍食，使四鸟。有渊四方，四隅皆达，北属黑水，南属大荒，北旁名曰少和之渊，南旁名曰从渊，舜之所浴也。

又有成山，甘水穷焉。有季禺之国，颛顼之子，食黍。有羽民之国，其民皆生毛羽。有卵民之国，其民皆生卵。

大荒之中，有不姜之山，黑水穷焉。又有贾山，汔水出焉。又有言山。又有登备之山。有恝恝之山。又有蒲山，澧水出焉。又有隗山，其西有丹，其东有玉。又南有山，漂水出焉。有尾山。有翠山。

有盈民之国，於姓，黍食。又有人方食木叶。

有不死之国，阿姓，甘木是食。

大荒之中，有山名曰去痓。南极果，北不成，去痓果。

南海渚中，有神，人面，珥两青蛇，践两赤蛇，曰不廷胡余。

有神名曰因因乎，南方曰因乎，来风曰乎民，处南极以出入风。

有襄山。又有重阴之山。有人食兽，曰季釐。帝俊生季釐，故曰季釐之国。有缗渊。少昊生倍伐，倍伐降处缗渊。有水四方，名曰俊坛。

有臷民之国。帝舜生无淫，降臷处，是谓巫臷民。巫臷民朌姓，食谷，不绩不经，服也；不稼不穑，食也。爰有歌舞之鸟，鸾鸟自歌，凤鸟自舞。爰有百兽，相群爰处。百谷所聚。

大荒之中，有山名曰融天，海水南入焉。

有人曰凿齿，羿杀之。

有蜮山者，有蜮民之国，桑姓，食黍，射蜮是食。有人方扜弓射黄蛇，名曰蜮人。

有宋山者，有赤蛇，名曰育蛇。有木生山上，名曰枫木。枫木，蚩尤所弃其桎梏，是为枫木。

有人方齿虎尾，名曰祖状之尸。

有小人，名曰焦侥之国，幾姓，嘉谷是食。

大荒之中，有山名死涂之山，青水穷焉。有云雨之山，有木名曰栾。禹攻云雨，有赤石焉生栾，黄本，赤枝，青叶，群帝焉取药。

有国曰伯服，颛顼生伯服，食黍。有鼬姓之国。有苕山。又有宗山。又有姓山。又有壑山。又有陈州山。又有东州山。又有白水山，白水出焉，而生白渊，昆吾之师所浴也。

有人曰张弘，在海上捕鱼。海中有张弘之国，食鱼，使四鸟。

有人焉，鸟喙，有翼，方捕鱼于海。大荒之中，有人名曰驩头。鲧妻士敬，士敬子曰炎融，生驩头。驩头人面鸟喙，有翼，食海中鱼，杖翼而行。维宜芑苣，穋杨是食。有驩头之国。

帝尧、帝喾、帝舜葬于岳山。爰有文贝、离俞、鸱久、鹰、延维、视肉、熊、罴、虎、豹；朱木，赤枝、青华、玄实。有申山者。

大荒之中，有山名曰天台，海水南入焉。

东南海之外，甘水之间，有羲和之国。有女子名曰羲和，方日浴于甘渊。羲和者，帝俊之妻，生十日。

有盖犹之山者，其上有甘柤，枝干皆赤，黄叶，白华，黑实。东又有甘华，枝干皆赤，黄叶。有青马。有赤马，名曰三骓。有视肉。

有小人，名曰菌人。

有南类之山。爰有遗玉、青马、三骓、视肉、甘华，百谷所在。

大荒西经

西北海之外，大荒之隅，有山而不合，名曰不周，有两黄兽守之。有水曰寒暑之水。水西有湿山，水东有幕山。有禹攻共工国山。

有国名曰淑士，颛顼之子。

有神十人，名曰女娲之肠，化为神，处栗广之野，横道而处。

有人名曰石夷——西方曰夷，来风曰韦——处西北隅以司日月之长短。

有五采之鸟，有冠，名曰狂鸟。

有大泽之长山。有白民之国。

西北海之外，赤水之东，有长胫之国。

有西周之国，姬姓，食谷。有人方耕，名曰叔均。帝俊生后稷，稷降以百谷。稷之弟曰台玺，生叔均。叔均是代其父及稷播百谷，始作耕。有赤国妻氏。有双山。

西海之外，大荒之中，有方山者，上有青树，名曰柜格之松，日月所出入也。

西北海之外，赤水之西，有天民之国，食谷，使四鸟。

有北狄之国。黄帝之孙曰始均，始均生北狄。

有芒山。有桂山。有榣山。其上有人，号曰太子长琴。颛顼生老童，老童生祝融，祝融生太子长琴，是处榣山，始作乐风。

有五采鸟三名：一曰皇鸟，一曰鸾鸟，一曰凤鸟。

有虫状如菟，胸以后者裸不见，青如猨状。

大荒之中，有山名曰丰沮玉门，日月所入。

有灵山，巫咸、巫即、巫朌、巫彭、巫姑、巫真、巫礼、巫抵、巫谢、巫罗十巫，从此升降，百药爰在。

有西王母之山、壑山、海山。有沃民之国，沃民是处。沃之野，凤鸟之卵是食，甘露是饮。凡其所欲，其味尽存。爰有甘华、甘柤、白柳、视肉、三骓、璇瑰、瑶碧、白木、琅玕、白丹、青丹，多银、铁。鸾凤自歌，凤鸟自舞，爰有百兽，相群是处，是谓沃之野。

有三青鸟，赤首黑目，一名曰大鵹，一名曰少鵹，一名曰青鸟。

有轩辕之台，射者不敢西乡，畏轩辕之台。

大荒之中，有龙山，日月所入。有三泽水，名曰三淖，昆吾之所食也。

有人衣青，以袂蔽面，名曰女丑之尸。

有女子之国。

有桃山。有虻山。有桂山。有于土山。

有丈夫之国。

有弇州之山，五采之鸟仰天，名曰鸣鸟。爰有百乐歌舞之风。

有轩辕之国。江山之南栖为吉。不寿者乃八百岁。

西海陼中，有神人面鸟身，珥两青蛇，践两赤蛇，名曰弇兹。

大荒之中，有山名曰日月山，天枢也。吴姖天门，日月所入。有神，人面无臂，两足反属于头上，名曰嘘。颛顼生老童，老童生重及黎，帝令重献上天，令黎印下地，下地是生噎，处于西极，以行日月星辰之行次。

有人反臂，名曰天虞。

有女子方浴月。帝俊妻常羲，生月十有二，此始浴之。

有玄丹之山。有五色之鸟，人面有发。爰有青鴍、黄鷔，青鸟、黄鸟，其所集者其国亡。

有池，名孟翼之攻颛顼之池。

大荒之中，有山，名曰鏖鏊钜，日月所入者。

有兽，左右有首，名曰屏蓬。

有巫山者。有壑山者。有金门之山，有人名曰黄姖之尸。有比翼之鸟。有白鸟，青翼、黄尾、玄喙。有赤犬，名曰天犬，其所下者有兵。

西海之南，流沙之滨，赤水之后，黑水之前，有大山，名曰昆仑之丘。有神——人面虎身，有文有尾，皆白——处之。其下有弱水之渊环之，其外有炎火之山，投物辄然。有人戴胜，虎齿，有豹尾，穴处，名曰西王母。此山万物尽有。

大荒之中，有山名曰常阳之山，日月所入。

有寒荒之国。有二人女祭、女薎。

有寿麻之国。南岳娶州山女，名曰女虔。女虔生季格，季格生寿麻。寿麻正立无景，疾呼无响。爰有大暑，不可以往。

有人无首，操戈盾立，名曰夏耕之尸。故成汤伐夏桀于章山，克之，斩耕厥前。耕既立，无首，走厥咎，乃降于巫山。

有人名曰吴回，奇左，是无右臂。

有盖山之国。有树，赤皮支干，青叶，名曰朱木。

有一臂民。

大荒之中，有山名曰大荒之山，日月所入。

有人焉三面，是颛顼之子，三面一臂，三面之人不死，是谓大荒之野。

西南海之外，赤水之南，流沙之西，有人珥两青蛇，乘两龙，名曰夏后开。开上三嫔于天，得《九辩》与《九歌》以下。此天穆之野，高二千仞，开焉得始歌《九招》。

有氐人之国。炎帝之孙名曰灵恝，灵恝生氐人，是能上下于天。

有鱼偏枯，名曰鱼妇。颛顼死即复苏。风道北来，天乃大水泉，蛇乃化为鱼，是为鱼妇。颛顼死即复苏。

有青鸟，身黄，赤足，六首，名曰鸀鸟。

有大巫山。有金之山。西南，大荒之隅，有偏句、常羊之山。

大荒北经

东北海之外，大荒之中，河水之间，附禺之山，帝颛顼与九嫔葬焉。爰有鸱久、文贝、离俞、鸾鸟、凤鸟、大物、小物。有青鸟、琅鸟、玄鸟、黄鸟、虎、豹、熊、罴、黄蛇、视肉、璿、瑰、瑶、碧，皆出于山。丘方员三百里，丘南帝俊竹林在焉，大可为舟。竹南有赤泽水，名曰封渊。有三桑无枝，皆高百仞。丘西有沈渊，颛顼所浴。

有胡不与之国，烈姓，黍食。

大荒之中，有山，名曰不咸。有肃慎氏之国。有蜚蛭，四翼。有虫，兽首蛇身，名曰琴虫。

有人名曰大人。有大人之国，釐姓，黍食。有大青蛇，黄头，食麈。

有榆山。有鲧攻程州之山。

大荒之中，有山名曰衡天。有先民之山。有槃木千里。

有叔歜国，颛顼之子，黍食，使四鸟：虎、豹、熊、罴。有黑虫如熊状，名曰猎猎。

有北齐之国，姜姓，使虎、豹、熊、罴。

大荒之中，有山名曰先槛大逢之山，河济所入，海北注焉。其西有山，名曰禹所积石。

有阳山者。有顺山者，顺水出焉。有始州之国，有丹山。

有大泽方千里，群鸟所解。

有毛民之国，依姓，食黍，使四鸟。禹生均国，均国生役采，役采生修鞈，修鞈杀绰人。帝念之，潜为之国，是此毛民。

有儋耳之国，任姓，禺号子，食谷。北海之渚中，有神，人面鸟身，珥两青蛇，践两赤蛇，名曰禺彊。

大荒之中，有山名曰北极天柜，海水北注焉。有神，九首人面鸟身，名曰九凤。又有神，衔蛇操蛇，其状虎首人身，四蹄长肘，名曰彊良。

大荒之中，有山名曰成都载天。有人珥两黄蛇，把两黄蛇，名曰夸父。后土生信，信生夸父。夸父不量力，欲追日景，逮之于禺谷。将饮河而不足也，将走大泽，未至，死于此。应龙已杀蚩尤，又杀夸父，乃去南方处之，故南方多雨。

又有无肠之国，是任姓，无继子，食鱼。

共工臣名曰相繇，九首蛇身，自环，食于九山。其所歍所尼，即为源泽，不辛乃苦，百兽莫能处。禹湮洪水，杀相繇，其血腥臭，不可生谷，其地多水，不可居也。禹湮之，三仞三沮，乃以为池，群帝因是以为台。在昆仑之北。

有岳之山，寻竹生焉。

大荒之中，有山名曰不句，海水北入焉。

有系昆之山者，有共工之台，射者不敢北乡。有人衣青衣，名曰黄帝女魃。蚩尤作兵伐黄帝，黄帝乃令应龙攻之冀州之野。应龙畜水，蚩尤请风伯雨师，纵大风雨。黄帝乃下天女曰魃，雨止，遂杀蚩尤。魃不得复上，所居不雨。叔均言之帝，后置之赤水之北。叔均乃为田祖。魃时亡之。所欲逐之者，令曰："神北行!"先除水道，决通沟渎。

有人方食鱼，名曰深目民之国，盼姓，食鱼。

有钟山者。有女子衣青衣，名曰赤水女子魃。

大荒之中，有山名曰融父山，顺水入焉。有人名曰犬戎。黄帝生苗龙，苗龙生融吾，融吾生弄明，弄明生白犬，白犬有牝牡，是为犬戎，肉食。有赤兽，马状无首，名曰戎宣王尸。

有山名曰齐州之山、君山、鬵山、鲜野山、鱼山。

有人一目，当面中生，一曰是威姓，少昊之子，食黍。

有无继民，无继民任姓，无骨子，食气、鱼。

西北海外，流沙之东，有国曰中辐，颛顼之子，食黍。

有国名曰赖丘。有犬戎国。有人，人面兽身，名曰犬戎。

西北海外，黑水之北，有人有翼，名曰苗民。颛顼生驩头，驩头生苗民，苗民釐姓，食肉。有山名曰章山。

大荒之中，有衡石山、九阴山、灰野之山，上有赤树，青叶，赤华，名曰若木。

有牛黎之国。有人无骨，儋耳之子。

西北海之外，赤水之北，有章尾山。有神，人面蛇身而赤，身长千里，直目正乘，其瞑乃晦，其视乃明，不食、不寝、不息，风雨是谒。是烛九阴，是谓烛龙。

海内经

东海之内，北海之隅，有国名曰朝鲜、天毒，其人水居，偎人爱之。

西海之内，流沙之中，有国名曰壑市。

西海之内，流沙之西，有国名曰氾叶。

流沙之西，有鸟山者，三水出焉。爰有黄金、璿瑰、丹货、银、铁，皆流于此中。又有淮山，好水出焉。

流沙之东，黑水之西，有朝云之国、司彘之国。黄帝妻雷祖，生昌意。昌意降处若水，生韩流。韩流擢首、谨耳、人面、豕喙、麟身、渠股、豚止，取淖子曰阿女，生帝颛顼。

流沙之东，黑水之间，有山名不死之山。

华山青水之东，有山名曰肇山，有人名曰柏子高，柏子高上下于此，至于天。

西南黑水之间，有都广之野，后稷葬焉。其城方三百里，盖天地之中，素女所出也。爰有膏菽、膏稻、膏黍、膏稷，百谷自生，冬夏播琴。鸾鸟自歌，凤鸟自舞，灵寿实华，草木所聚。爰有百兽，相群爰处。此草也，冬夏不死。

南海之内，黑水青水之间，有木名曰若木，若水出焉。

有禺中之国。有列襄之国。有灵山，有赤蛇在木上，名曰蝡蛇，木食。

有盐长之国。有人焉鸟首，名曰鸟氏。

有九丘，以水络之：名曰陶唐之丘、叔得之丘、孟盈之丘、昆吾之丘、黑白之丘、赤望之丘、参卫之丘、武夫之丘、神民之丘。有木，青叶紫茎，玄华黄实，名曰建木，百仞无枝，上有九欘，下有九枸，其实如麻，其叶如芒。大暤爰过，黄帝所为。

有窫窳，龙首，是食人。有青兽，人面，名曰猩猩。

西南有巴国。大皞生咸鸟，咸鸟生乘釐，乘釐生后照，后照是始为巴人。

有国名曰流黄辛氏，其域中方三百里，其出是麈。有巴遂山。渑水出焉。

又有朱卷之国。有黑蛇，青首，食象。

南方有赣巨人，人面长唇，黑身有毛，反踵，见人则笑，唇蔽其面，因可逃也。

又有黑人，虎首鸟足，两手持蛇，方啖之。

有嬴民，鸟足。有封豕。

有人曰苗民。有神焉，人首蛇身，长如辕，左右有首，衣紫衣，冠旃冠，名曰延维，人主得而飨食之，伯天下。

有鸾鸟自歌，凤鸟自舞。凤鸟首文曰德，翼文曰顺，膺文曰仁，背文曰义，见则天下和。

又有青兽如菟，名曰菌狗。有翠鸟。有孔鸟。

南海之内，有衡山。有菌山。有桂山。有山名三天子之都。

南方苍梧之丘，苍梧之渊，其中有九嶷山，舜之所葬，在长沙零陵界中。

北海之内，有蛇山者，蛇水出焉，东入于海。有五采之鸟，飞蔽一乡，名曰翳鸟。又有不距之山，巧倕葬其西。

北海之内，有反缚盗械、带戈常倍之佐，名曰相顾之尸。

伯夷父生西岳，西岳生先龙，先龙是始生氐羌，氐羌乞姓。

北海之内，有山，名曰幽都之山，黑水出焉。其上有玄鸟、玄蛇、玄豹、玄虎，玄狐蓬尾。有大玄之山。有玄丘之民。有大幽之国。有赤胫之民。

有钉灵之国，其民从膝以下有毛，马蹄善走。

炎帝之孙伯陵，伯陵同吴权之妻阿女缘妇，缘妇孕三年，是生鼓、延、殳。殳始为侯，鼓、延是始为钟，为乐风。

黄帝生骆明，骆明生白马，白马是为鲧。

帝俊生禺号，禺号生淫梁，淫梁生番禺，是始为舟。番禺生奚仲，奚仲生吉光，吉光是始以木为车。

少皞生般，般是始为弓矢。

帝俊赐羿彤弓素矰，以扶下国，羿是始去恤下地之百艰。

帝俊生晏龙，晏龙是为琴瑟。

帝俊有子八人，是始为歌舞。

帝俊生三身，三身生义均，义均是始为巧倕，是始作下民百朽。后稷是播百谷。稷之孙曰叔均，是始作牛耕。大比赤阴，是始为国。禹、鲧是始布土，均定九州。

炎帝之妻，赤水之子听讠夭生炎居，炎居生节并，节并生戏器，戏器生祝融。祝融降处于江水，生共工，共工生术器，术器首方颠，是复土壤，以处江水。共工生后土，后土生噎鸣，噎鸣生岁十有二。

洪水滔天。鲧窃帝之息壤以堙洪水，不待帝命。帝令祝融杀鲧于羽郊。鲧复生禹，帝乃命禹卒布土以定九州。